곽선희 목사 설교집
37

신앙인의 신앙

곽선희 지음

계몽문화사

머 리 말

'복음은 들음에서' — 이는 진리이며 우리의 경험입니다. 하나님께서 우리에게 주신 복 가운데 가장 큰 복은 말씀을 주신 것입니다. '말씀이 육신을 입어서 오신 것' 입니다. 말씀을 주셨고 들을 수 있게 하셨고 마음문을 열고 받아 믿게 하신 것, 참 놀라운 은혜입니다.

말씀은 단순한 지식이 아닙니다. 추상적인 이론이 아닙니다. 말씀은 선포되는 하나님의 계시적 능력인 것입니다. 말씀의 권능, 그 능력을 알고 체험하면서 비로소 '말씀 안에서 태어나는 생명적 기적'이 나타나게 됩니다. 오늘도 그 말씀이 증거되고 새롭게 선포되고 있습니다. 설교가 곧 말씀입니다. 성령의 역사와 함께 끊임없이 이루어지는 생명의 역사입니다. 이 선포되는 말씀, 증거되는 진리를 통하여 구원의 능력은 항상 새로워집니다. 말씀 안에서 새 생명이 탄생하고 말씀 안에서 영혼이 소생하며, 그 큰 능력 안에서 우리는 강건해집니다. 우상을 이기는 능력의 사람으로 성장해가는 신비롭고 놀라운 사건을 강단에서 늘 경험하고 있습니다.

여기에 또다시 설교말씀을 모아 책자로 내어놓습니다. 소망교회 강단을 통하여 하나님께서 우리에게 주신 말씀입니다. 이제 그 말씀을 책자로 엮어 내어놓음으로써 우리가 시간과 공간을 초월하여 개별적으로 하나님을 만나게 되는 '말씀의 역사'에 귀중한 방편이 되고자 합니다. 책자라는 그릇에 담긴 이 말씀들은 읽는 자의 마음 안에서 또다른 '말씀의 신비한 기적'을 낳게 되리라 확신합니다.

한 시간 한 시간의 설교를 위하여 간절히 기도해주신 소망교회 성도들과 이 책자를 출간하기까지 수고해주신 여러분께 진심으로 감사를 드립니다. 그리고 또다시 영광을 오직 하나님께 돌리면서……

곽선희

차 례

머리말 ——— 3
제사장나라가 되리라(출 19: 1-6) ——— 8
발걸음을 새롭게(롬 10: 9-15) ——— 19
세리와 죄인의 친구(눅 7: 29-35) ——— 31
한 알의 밀의 신비(요 12: 20-26) ——— 41
십자가로 승리하시다(골 2: 8-15) ——— 50
그리하여 주와 함께 있으리라(살전 4: 13-18) ——— 60
그리하고 믿는 자가 되라(요 20: 24-31) ——— 70
주께서 아시나이다(요 21: 15-17) ——— 78
참권세자의 속성(시 37: 1-11) ——— 87
회개에 합당한 열매(마 3: 7-12) ——— 96
그 어버이와 그 자녀(고전 4: 14-17) ——— 105
네 부모를 공경하라(엡 6: 1-4) ——— 115
성령 충만한 자의 고백(행 7: 54-60) ——— 125

한 수난자의 간증(욥 23: 10-17) ──── 137
생명의 면류관을 주리라(계 2: 8-11) ──── 147
주여 보여주옵소서(요 14: 7-11) ──── 158
영원한 평화의 복음(미 4: 1-5) ──── 169
은혜를 헛되이 받지 말라(고후 6: 1-2) ──── 179
아버지의 뜻대로 한 사람(마 21: 28-32) ──── 190
아담아 네가 어디 있느냐(창 3: 6-13) ──── 201
너는 이것을 기억하라(눅 16: 19-31) ──── 211
이 아브라함의 딸(눅 13: 10-17) ──── 221
삼가 말씀에 주의하는 자(잠 16: 16-20) ──── 231
베푸신 큰 일을 본 사람(출 14: 26-31) ──── 242
신앙인의 신앙(롬 4: 16-25) ──── 253
선택적 고난의 의미(벧전 2: 18-25) ──── 264
끝까지 사랑하시다(요 13: 1-11) ──── 274

곽선희 목사
장로회 신학대학 졸업
프린스턴 신학석사
풀러신학 선교신학박사
인천제일교회 목사
장로회 신학대학 교수 역임
숭의여자전문대학 학장 역임
서울장로회신학교 교장 역임
소망교회 원로목사

곽선희 목사 설교집 제37권
신앙인의 신앙

인쇄 · 2004년 4월 16일
발행 · 2004년 4월 20일
지은이 · 곽선희
펴낸이 · 김종호
펴낸곳 · 계몽문화사
등록일 · 1993년 10월 11일
등록번호 · 제16—765호
전화 · (02)917-0656
정가 · 13,000원
총판 · 비전북 / (031)907-3927
ISBN 89-89628-11-3 03230

* 잘못 만들어진 책은 바꾸어 드립니다.

신앙인의 신앙

제사장나라가 되리라

　이스라엘 자손이 애굽 땅에서 나올 때부터 제 삼월 곧 그 때에 그들이 시내 광야에 이르니라 그들이 르비딤을 떠나 시내 광야에 이르러 그 광야에 장막을 치되 산 앞에 장막을 치니라 모세가 하나님 앞에 올라가니 여호와께서 산에서 그를 불러 가라사대 너는 이같이 야곱 족속에게 이르고 이스라엘 자손에게 고하라 나의 애굽 사람에게 어떻게 행하였음과 내가 어떻게 독수리 날개로 너희를 업어 내게로 인도하였음을 너희가 보았느니라 세계가 다 내게 속하였나니 너희가 내 말을 잘 듣고 내 언약을 지키면 너희는 열국 중에서 내 소유가 되겠고 너희가 내게 대하여 제사장 나라가 되며 거룩한 백성이 되리라 너는 이 말을 이스라엘 자손에게 고할지니라
　　　　　　(출애굽기 19 : 1 - 6)

제사장나라가 되리라

　불확실한 세대를 살아가는 우리 현대인들이 사람으로서 사람답게, 인간으로서 인간답게 살기 위해서는 절대요건이 세 가지 있다고 합니다. 이것은 심리학자들의 공통된 의견입니다. 'Three Needs'라고 흔히들 말합니다. 첫째가 need of significance입니다. 중요성의 필요라는 것입니다. 이것은 의미의 문제요, 삶의 뜻의 문제요, 존재의식의 문제요, 보람의 문제요, 삶의 질의 문제입니다. 여러분, 우리는 과거보다 확실히 물질적으로는 여유가 있습니다. 뭐니뭐니해도 이것은 부정할 수가 없습니다. 그러나 우리는 지금 저 옛날 만큼 행복하지를 못합니다. 행복지수는 바닥을 헤맵니다. 모두가 죽고 싶다고만 합니다. 왜 그렇습니까? 보람을 잃어버렸습니다. 의미를 잃어버렸습니다. '내가 정말 살아야 하는가? 내가 살아야 할 이유가 무엇인가? 내 주변 사람들에게 나는 얼마나 의미가 있는가?' 아이들이 조금 크기 시작하면 어거지를 쓰고 울 때가 있지요. 일부러 사고도 내고… 왜요? '이 가정에 내가 얼마만한 존재인가?' 의미를 확인하기 위해서 그렇습니다. 나는 얼마나 소중한 존재인가? 그걸 알고 싶은 것입니다. 사람은 밥을 먹고 사는 게 아니고 보람을 먹고 삽니다. 보람이 없으면 못살아냅니다. 살았으나 산 것이 아닙니다. 숨을 쉰다고 살아 있는 것이 아니라는 말씀입니다. 내 존재의 의미, 그것을 알고 깨닫고 그것을 확대 확장하고 높일 수 있을 때, 나라는 존재는 그만큼 의미가 커집니다. 내 삶의 가치가 높아집니다. 그럴 때 거기에 행복이 있고, 또 살아갈 수 있는 힘도 있는 것입니다. 나이가 많다는 것이 왜 비참합니까. 아무리 생각해도 나는 필요가 없는 존재인 것같거든요. 이 사람에게도 저 사람에게도 나는 귀찮은 존재인 것만 같습니다. 벌써 정신적으로 간 것입니다. 나는 살아야 할 이유가 없다, 여러 사람에게 불편만 끼치고 있다—이거 어떻게 되겠습니까. 이게 산 것입니까, 죽은 것입니까. 그럼 어떻게 되면, 어떤 경우에, 어떤 조건에서 삶의 의미를 찾을 수 있겠습니까. '예수를 믿는다'란 무엇입니까. 단적으로 말해서 십자가 안에서 자기존재의 의미를 발견하는 것을 말합니다. 온세상 사람이 다 나를 버려도 상관없습니다. 하나님께서 세상을 이처럼 사랑하사 나를 위하여 독생자를 주셨고 그가 십자가에 죽으셨습니다. 그의 죽으심 속에 내게 향한 사랑이 있고 내 삶의 의미가 있고 내 삶의 가치가 있습니다. 사도 바울의 유명한 윤리학적 명제가 있습니다. '그리스도께서 위하여 죽으신 형제를 식물로 망하게 하지 말라.' 그리스도께서 위하여 죽으신 나요, 그리스도께서 위하여 죽으신 이웃입니다. 그리스도께서 위하여 죽으셨다고 하는 거기에 그리스도께서 위하여 죽으실만한 가치가 있다는 것입니다. 엄청난 가치가. 거기에 내 삶의 의미가 있습니다. 이것을 깨닫고 이것을 확인하며 살아갑니다. 그것이 예수를 믿는다, 하는 뜻입니다.

또하나는 need of security입니다. 안정성의 필요입니다. 불안을 싫어합니다. 위험을 싫어합니다. 위기에 대한 고민이 많습니다. 그래서 언제나 평안을 추구합니다. 의식주 문제가 아닙니다. 문제는 정신적 안정입니다. 이것을 찾지 못해서 술을 마시고, 도박을 하고, 오락을 하고, 몸부림을 칩니다. 밤마다 유흥장에서 발광합니다. 왜들 이러는 것입니까. 마음의 안정을 얻지 못한 탓입니다. 근심과 걱정과 불안으로부터 벗어날 길이 없습니다. 자유의식을 따라서 저렇게 발광을 합니다마는 점점 더 무서운 함정으로 빠질 뿐, 거기에 마음의 평안은 없습니다. 마음의 평안을 찾아 술을 마신들 술을 깰 때 가서는 더 비참해집니다. 더욱더 비참해집니다. 중요한 상징적 의미가 여기 있습니다. 사람이 저나름으로 평안을 찾아, 마음의 평안을 찾아, 안정을 찾아 헤매는 모든 안간힘이 바로 이러한 것입니다. 다 부질없는 노력입니다. 그러면 참안정은 어디에 있는 것입니까. 내가 하나님을 발견할 때까지, 하나님께서 나와 함께하심을 발견할 때까지, 그리스도의 사랑 안에 있는 내 존재를 발견할 때까지는 절대로 security라는 것은 없습니다. 거기에만 진정한 평안이 있습니다.

셋째는 need of belongings입니다. 소속의 필요입니다. 고독은 죄입니다. 사람은 고독할 수 없는 존재입니다. 고독해서는 안됩니다. 그런데 고독의 엄습으로부터 헤어날 길이 없습니다. 소속을 잃어버렸습니다. 내가 누구에게 속한 것입니까. 가정이다, 친구다, 공동체다, 그룹이다… 하는 모든 문제가 바로 여기에 걸리는 것입니다. 소속감을 찾기 위해서입니다. 소속의 확인을 위해서입니다. 문제는 내가 속한 그곳이 내 삶의 의미를 찾아주고 있느냐입니다. 그 또한 부질없는 일입니다. 내가 하나님의 소유 되었다고 하는 것, 하나님의 큰 가정에 한 식구가 되었다고 하는 것, 그것 외에 참된 소속은 없습니다. 애시당초 세상에 날 때부터 시작해서 그의 은혜 가운데 살았고, 그의 은혜에 예속되어 있습니다. 그의 거룩한 사역에 예속되어 있습니다. 그 소속을, 본질적 소속을 분명히하는 순간 나의 존재는 삶의 보람을 찾게 되는 것입니다.

본문에 보면 애굽에서 430년 동안 노예생활을 하던 이스라엘백성, 완전히 노예화하여버린 그 백성, 그 아브라함의 후손을 하나님께서 구속하십니다. 큰 이적으로 구원하셔서 홍해를 건너 광야로 옮겨놓으십니다. 그리고 가나안땅으로 들기 전에 거기 광야에서 훈련을 시키십니다. 교육을 시키십니다. 가나안의 새로운 생활에 대한 new orientation을 시키시는 시간입니다. 하나님께서는 당신의 백성을 향하여 계시하시고, 말씀하시고, 교육하시고, 훈련하시기만 하는 것이 아닙니다. 인도하십니다. 그들에게 뭘 물으시는 것이 아닙니다. 주도적으로 인도하십니다. 인도하시고, 깨닫기를 원하십니다. 이제 설득을 하고 깨달을 때까지만 기다릴 수는 없습니다. 깨달음이란 머리속에서 이루어지는 것이 아니고 경험에서 이루어지는 것입니다. 우리는 내가 경험한 것 만큼밖에는 깨달을 수가 없습니다. 그런고로 하나님께서는 그들을 인도하시고, 많은 사건에 부딪히게 하시고 언젠가 알 것이다, 하십니다. 우리가 자녀교육을 어떻게 합니까. 때로는 아이들을 설득시켜서 이것이 좋으냐 싫으냐, 이것이 좋은 것이다 저것이 좋은 것이다, 가르쳐주지마는 그게 통합니까. 어느 결정적인 시간에 가서는 "따라와" 합니다. 그리고 저만치 가서 "언젠가는 알게 될 것이다. 네가 내 나이 되면 알 것이다. 네가 어머니가 되고 아버지가 되어보면 내가 지금 무슨 말 하고 있는지를 알 것이다" 하고 가르치는 거 아닙니까. 이와같이 하나님께서는 우리를 인도하시고 창조적으로 훈련하십니다. 그래서 창조적 교육, 창조적 사랑을 이루어가시는 것입니다. 신명기 32장 10절로 12절에 보면 다음과 같은 모세의 마지막기도가 있습니다. 하나님의 부르심을 받기 전에 광야에서 그가 하나님의 음성을 들었습니다. 아주 절실한, 함축성있는 깊은 말씀을 들었습니다. 이제 그는 백성에게 말씀합니다. "여호와께서 그를 황무지에서, 짐승의 부르짖는 광야에서 만나시고 호위하시며 보호하시며 자기 눈동자같이 지키셨도다 마치 독수리가 그 보금자리를 어지럽게 하며 그 새끼 위에 너풀거리며 그 날개를 펴서 새끼를 받으며 그 날개 위에 그것을 업는 것같이 여호와께서 홀로 그들을 인도하셨고…" 아주 귀한 비유를 들어서 말씀하고 있습니다.

독수리라는 것은 새 중에 왕입니다. 힘세지요 위엄있지요 자유롭지요, 그리고 용맹이 있습니다. 어느 날것도 그를 해할 자가 없습니다. 그가 날개를 쭉 펴고, 푸덕거리는 것도 없이 쭉 펴고 기류를 타고 유유히 하루종일 하늘을 나는 것 보면 정말 저렇게 한번 해봤으면 싶어집니다. 이것이 독수리입니다. 독수리는 이 지구상에 48종 있다고 합니다. 아무도 침범할 수 없는 아주 높은 바위산 벼랑에다가 둥지를 틉니다. 그 둥지는 직경이 무려 2.7미터나 되고 무게는 2톤이나 된다고 합니다. 그런 엄청난 둥지를 만들어놓고 거기서 새끼를 낳고 기릅니다. 이제 그가 먹이를 향해서 아주 급강하할 때는 시속이 180킬로미터라고 합니다. 여러분은 보았습니까? 저는 시골서 자라 많이 봤습니다. 봄에 마당에 닭들을 많이 키우는데, 독수리가 와가지고 많이 채갑니다. 그래서 "저놈들이 십일조 가져간다"하고 농담도 했습니다. 그저 얼마나 많이 잡아가는지, 빙빙돌다가 쏜살같이 내려꽂아가지고 딱 낚아채어 하늘로 올라가는데 도리가 없는 것입니다, 이것은. 그저 먹이로 얼마를 줄 수밖에 없습니다. 이게 독수리입니다. 그는 90킬로 반경의 넓은 범위를 제 영역으로 하고 그 안에서 왕같이, 왕노릇하며 사는 것입니다. 그런데 오늘본문에는 독수리의 새끼 훈련하는 이야기가 나옵니다. 나는 법을 가르칩니다. 자유롭게 나는 법. 기류를 타고 하루종일이라도 날 수 있는 그 법을 가르치고, 또 강한 날개를 키워줍니다. 강한 날개가 저저 생기는 게 아닙니다. 이걸 알아야 합니다. 많은 시련을 통하여 얻어지는 것입니다. 욥기 23장 10절에 보면 "그가 나를 단련하신 후에는 내가 정금같이 나오리라" 하였습니다. 단련을 통하여 강한 날개를 만들어줍니다. 또한 독수리로서 사는 법을 가르칩니다. 독수리로 독수리답게 사는 법, 사냥하는 법, 높은 곳에 집을 짓는 법, 모든것을 일일이 전수합니다. 그리고 어떻게 하느냐하면 오늘본문에 뚜렷이 나타나는대로 어지럽히며 새끼가 얼마만큼 컸을 때 떨어뜨립니다. 상상을 해보십시오. 떨어뜨리면 이 새끼가 풀렁풀렁 날면서, 푸덕거리면서 '아이고, 나 죽는다' 하지요. 독수리는 그 새끼를 멀리서 지켜봅니다. 거리를 재고 시간을 재면서 지켜보다가 땅에 딱 닿기 직전에 급강하해가지고 탁 받아서 날개 위에 올려놓고 다시 올라갑니다. 조금 있다가 다시 떨어뜨립니다. 또 이렇게 합니다. 수없이 이것을 반복해서 강한 날개를 만들어줍니다. 잘 날 수 있는 독수리로 키워가는 것입니다. 이걸 잊지 말아야 합니다. 위기는 위기일 뿐입니다. 독수리에게는 그 위기를 통하여 훈련하는 능력과 지혜가 있습니다. 새끼에게 고통을 가합니다. 가혹할 정도로 고통을 가합니다. 그 새끼를 막 밀어서 땅으로 떨어뜨려요. 그때 그 새끼의 마음이 어떻겠습니까. '우리어미는 날 왜 이렇게 괴롭히나? 날 죽일 작정인가?' 하겠지만 그렇지 않습니다. 여러분, 손을 안쓰면 손이 약해집니다. 발을 안쓰면 발이 약해집니다. 눈을 안쓰면 눈도 약해집니다. 머리를 안쓰면 멍청해집니다. 결국 힘이라는 것은 이렇게 강하게, 고통을 가함으로 얻어지는 것입니다. 그냥 얻어지는 게 아닙니다.

　　요새는 아이들을 과잉보호 하는 경향이 있는데, 문제가 아닐 수 없습니다. 언젠가 책을 보면서 한참 웃었습니다. 신혼여행 간 아들이 신부한테 얻어맞고 엄마한테 전화걸어 "엄마!"하고 울더라는 것입니다. 어쩌다가 이 모양이 되었습니까. 전부 그대로 보호하고, 대신해주고 대신해주다보니 자기 스스로 할 수 있는 일이 아무것도 없습니다. 이 모양이 되었거든요. 강하다는 것이 뭡니까. 홀로 서는 것입니다. 사건에 부딪혀야 되는 것입니다. 도전적으로 부딪히면서 배우는 게 아닙니까. 제가 늘 생각합니다만 여러분이 아이들에게 자전거타기를 가르칠 때 자전거 뒤를 붙들고 있어주면 아이가 자전거 배웁니까? 넘어지든 쓰러지든 무릎이 깨지든 손을 놓아야 합니다. 손을 놓고 밀어버리는 것입니다. 그래야 자전거를 배웁니다. "애, 무릎 깨질라, 목부러질라…"하면 못배웁니다. 세상에 위험 없는 일 없습니다. 강하게 힘을 준다는 말은 내버려둔다는 말입니다. 제발 좀 내버려두십시오. 제발 좀 간섭하지 마십시오. 스스로 깨닫고 스스로 판단하도록 할 것입니다. 요즘의 아버지 어머니들이 도대체 너무 간섭이 많고, 심지어는 목사인 나까지 괴롭습니다. 전화 걸어가지고 "목사님, 우리아들이…" "우리딸이…" 내가 간단히 말합니다. "전화 끊습니다. 그만두세요." 이래버리고 맙니다. 하도 기가막혀서입니다. 왜 그렇게 자꾸 쓸데없는 간섭을 하는 것입니까. 아이들이 뭐 결혼생활이 어떻고, 하거든 저들끼리 좀 싸우라고 놔두세요. 원래 신혼 1년 동안은 전쟁이거든요. 싸워가면서 정이 드는 거지, 맞아가면서 사는 거고… 뭘 그렇게 야단입니까. 맞으면서 정드는 거고, 다 그런 것입니다. 그렇게 야단하고 벌벌떨고 할 것 아닙니다. 안죽습니다. 걱정하지 마세요. 하나님께서 이스라엘백성을 가르치는데 독수리가 새끼를 가르치는 것처럼 가혹하다싶게 고통을 가하십니다. 그리고 지켜보십니다. 멀리서 지켜보십니다. 시간을 재고, 거리를 재가면서 빙빙돌면서 지켜보시는데, 그런가하면 절대로 버려두시지 않습니다. 땅에 떨어지기 직전에 급강하해가지고 날개에 얹어가지고 올라갑니다. 상상을 해보십시오, 얼마나 아름다운가. 저는 시골서 자란 덕에 이걸 많이 보았으므로 실감이 납니다마는 여러분, 상상을 해보십시오. 이것이 사랑입니다. 그는 주도적으로 인도하는 것입니다. 그 새끼가 무엇을 원하는가를 보지 않습니다. 다만 무엇이 필요한가를 알고 있습니다. 그의 길이 아니고, 어미의 길로입니다. his way, his initiative, 이것이 그를 주도하여 그의 길로 가르칩니다. 절대 안일하게 인도하는 것이 아닙니다. 절대 평안하게 하지 않습니다. 능력과 지혜와 사랑은 거저 주어지는 것이 아닙니다. 많은 훈련을 통해서 역경과 부딪히면서 겪어나가는 것입니다.

로마서 5장을 여러분이 아십니다. 환난은 인내를 인내는 연단을 연단은 소망을 이룬다, 하였습니다. 소망을 이룬다, 그런고로 기뻐한다, 하였습니다. 이스라엘백성은 확실히 강합니다. 이스라엘사람은 확실히 지혜가 있습니다. 그게 어디서 온 것입니까. 바로 며칠전에도 이스라엘 대사하고 점심을 같이 하는데 "당신들이 이렇게 강하고 참 지혜로운데 그게 어디서 온 것이오?" 물었더니 "expectation, hope"라고 대답합니다. 소망, 소망… 그럼 소망은 어디서 왔느냐? 많은 고통에서, 많은 시련에서, 남보다 많은 시련을 겪었기 때문에 강해진다는 것입니다. 그도 걱정을 합디다. "우리 중학교 고등학교 아이들이 멍청해요." 그거 좀 가르치는 방법 없느냐고 하기에 우리도 고민이라고 대답했습니다. 왜요? 저들은 겪은 바가 없거든요. 어렵게 산다는 것이 얼마나 어려운 것입니까. 제가 옛날에 혼자 나와서 고학을 하고 지낼 때, 배고플 때가 많았습니다. 어쩌다가 식당에 가서 식사를 하게 되면 밥을 퍼주는데… 지금도 생각이 납니다. 여러 그릇 중에 제일 큰 그릇, 조금이라도 밥을 더 담은 것, 그것이 내게로 왔으면 좋겠는데 달라고는 못하고, 기다리다가 그것이 내 차례로 오면 '오늘은 좋은 날이다'하였습니다.

여러분, 홀로 서고 사건에 부딪혔을 때 이것이 내게 주신 선물이라는 것을 잊지 말아야 합니다. 나를 강하게 하시는 하나님의 지혜요 나로 바로 서게 하시는 하나님의 능력입니다. 이스라엘이 강한 것은 많은 고통을 당했기 때문이고 이스라엘이 강한 것은 남보다 더 많은 시련을 겪었기 때문입니다. 거기서 지혜를 얻은 것입니다. 한국, 우리 인구가 얼마입니까, 이 좁은 땅에. 우리가 강합니다. 각 나라에 가서도 제법 다 잘삽니다. 그게 어디서 왔느냐고요? 간단합니다. 6·25를 겪었거든요. 6·25를 겪었습니다. 그 전쟁이 우리로하여금 이만큼 강인하고, 이만큼 지혜롭고, IMF사태같은 큰 사건도 넉넉히 넘어설 수 있는 체질로 만든 것입니다. 하나님께서는 이 민족을 사랑하십니다. 그래서 오늘성경은 말씀합니다. '너희가 내 말을 듣고 잘 지키면 제사장나라가 되게 하리라.' 제사장은 바로 영적 대표자요 지도자요 치유자요 구속하는 자입니다. '제사장나라가 되게 하리라.' 모든 민족을 대표한 제사장나라가 되게 하리라, 말씀하십니다. 카프만 부인의 「광야의 샘」이라고 하는 책이 있습니다. 그 속에 나오는 이야기입니다. 어느날 누에고치를 들여다보자니 직경 한 2밀리 정도밖에 안되는 구멍이 빠끔 뚫립니다. 거기서 번데기가 나비가 되어서 나오려고 합니다. 몸부림을 칩니다. 흔들흔들합니다. 그 애쓰는 것을 가만히 보니 천신만고인 것입니다. 그 좁은 구멍으로 나오려고. 그래서 카프만 부인이 '내가 긍휼을 베풀어야지'하면서 가

위로 구멍을 넓혀줬다는 것 아닙니까. 그랬더니, 그렇게 편안하게 나온 나비는 그 자리에서 죽어버리더랍니다. 그는 가위로 자르면서 말했답니다. "내가 하나님보다 자비가 더 많다." 그랬더니 그건 죽었습니다. 그 좁은 구멍으로 나오려고 몸부림을 치는 동안에 비로소 그 영양이 온날개로 뻗치는 것입니다. 온몸에 근육이 생기는 것입니다. 그리고 거기에 강한 마찰과 함께 전신의 체력이 강해지는 것입니다. 그래서 살아남는 것인데 구멍을 넓히고 편하게 나오도록 했다가 '그만 내가 나비 하나를 죽여버렸구나' 하고 뉘우쳤다는 것 아닙니까. 때때로 우리가 어려움당할 때마다 '어째서 이런 일이 있을까? 왜 이러해야 되나?'하지 말고 믿을 것입니다. 그 속에 하나님의 사랑이 있고, 하나님의 지혜가 있고, 하나님의 내게 향한 능력이 있다는 것을 잊지 마십시오. 하나님께서 이 민족과 이 나라를 사랑하시는 것이 분명합니다. 모든 사건마다 그 사건들을 통하여 더 높은 길로, 더 바른 길로, 더 강한 세계로 인도하시는 것을 봅니다. 그의 길로 인도하십니다. 믿고 순종하고 따르면 제사장나라가 되게 하겠다고 말씀하십니다. △

발걸음을 새롭게

네가 만일 네 입으로 예수를 주로 시인하며 또 하나님께서 그를 죽은 자 가운데서 살리신 것을 네 마음에 믿으면 구원을 얻으리니 사람이 마음으로 믿어 의에 이르고 입으로 시인하여 구원에 이르느니라 성경에 이르되 누구든지 저를 믿는 자는 부끄러움을 당하지 아니하리라 하니 유대인이나 헬라인이나 차별이 없음이라 한 주께서 모든 사람의 주가 되사 저를 부르는 모든 사람에게 부요하시도다 누구든지 주의 이름을 부르는 자는 구원을 얻으리라 그런즉 저희가 믿지 아니하는 이를 어찌 부르리요 듣지도 못한 이를 어찌 믿으리요 전파하는 자가 없이 어찌 들으리요 보내심을 받지 아니하였으면 어찌 전파하리요 기록된 바 아름답도다 좋은 소식을 전하는 자들의 발이여 함과 같으니라

(로마서 10 : 9 - 15)

발걸음을 새롭게

근엄하긴 한데 어리석기 그지없는 어떤 왕이 있었답니다. 먼 옛날이야기입니다. 발걸음을 옮길 때마다 이 왕은 짜증을 냈습니다. 때로는 화를 냈습니다. 발에 먼지가 묻는다고. 그리고 거친 땅 때문에 발이 종종 상하게 된다고 투덜거렸습니다. 늘 이렇게 불만스러웠는데, 급기야 이런 명령을 했답니다. "나라 전역을 쇠가죽으로 깔라." 이 소문이 삽시간에 전국에 퍼지고 사람들은 배꼽을 잡고 웃었답니다. 어떻게 이런 명령이 있을 수가 있단말입니까. 어느 지혜로운 사람이 왕을 찾아가 충고했습니다. "쇠가죽으로 온땅을 덮는다니요. 그것은 가당치도 않은 생각입니다. 온세상 소를 다 잡아도 그렇게는 못합니다. 그럴 것 없이 폐하의 두 발을 보호해줄 수 있는 정도의 쇠가죽 두 조각만 있으면 되지 않겠습니까. 그 가죽으로 폐하의 발을 잘 싸면 다시는 상처도 나지 않을 것이고 먼지도 묻지 않을 것이 아니겠습니까." 이 어리석은 왕은 무릎을 쳤습니다. "오, 그거 참 좋은 생각이로다." 이것이 구두의 유래랍니다. 여러분, 길이 좋아지기를 바랍니까? 그럴 것이 아니라 내 발걸음이 좋아져야 되겠습니다. 길이 새롭게 되기를 바랄 것이 아니라 내 발과 내 발걸음이 새로워진다면 세상은 달라질 것입니다. 길을 걸어갈 때 보면 발걸음이 무거울 때도 있고 가벼울 때도 있습니다. 이상하게도 가는 길은 멀고 오는 길은 가깝습니다. 같은 거리인데도 그렇습니다. 결국 발걸음이 무거운 것은 내가 모르는 길을 가기 때문입니다. 낯선 길, 익숙하지 않은 길, 전혀 모르는 길을 갈 때는 그 길이 아주 멀게 느껴집니다. 또 불확실한 길을 가게되면 발걸음이 무겁습니다. 내가 지금 어디로 가고 있는 것인가 분명치 않습니다. 또 앞에 어떤 일을 만날 는지 두려운 마음도 있습니다. 이렇게되면 발걸음이 무겁습니다. 게다가 자의로 선택한 것이 아니고 그 누구의 명령에 따라서 억지로 발걸음을 옮기고 있다면 이 발걸음은 무거울 수밖에 없습니다. 또한 모든 일을 혼자서 결정해야 하는 외로운 길을 갈 때 발걸음이 무겁고 그 길은 점점 더 어려워집니다. 그럴 것 아니겠습니까. 반대로 가벼운 발걸음이 있습니다. 내가 아는 길을 가는 걸음입니다. 또한 무엇보다도 최종목적지를 보장받고 가는 걸음입니다. 내가 지금 어디로 가는지 그 final destination, 종착지가 분명합니다. 확실한 목표를 정했고, 또 내 자유의지로 스스로 결정하고 선택하고 가는 길일 때는 가볍습니다. 또는 억지로 하는 것이 아니고 자의로, 기쁜 마음으로 하게되면 그 일은 더욱 가볍게 처리할 수가 있습니다. 이보다 더 중요한 문제는 사랑하는 누군가와 동행하고 있다면 먼 길도 가깝고 또 긴 시간도 짧게만 느껴진다는 것입니다. 그리고 내가 가는 길에 보람을 느끼고 있다면, 이 걸음으로해서 어떤 일이 이루어지고 있다, 하고 큰 보람을 알고 창조하며 그 길을 행하여 간다면 내 발걸음은 신바람날 수 있습니다.

　　예수회 사제이자 심리학자였던 헨리 나우언이라고 하는 분이 쓴 책 「영적 발돋움(Reaching Out)」에 보면 'three moments of spiritual life'라고 하는 주제로 말하기를 사람은 영적으로 성장해야 되는데 그 성장하는 것이 마치 한 나무가 자라는 것과도 같다고 비유하였습니다. 나무가 자라기 위해서는 먼저 밑으로 뿌리가 자라야 됩니다. 위로 나무만 자라는 게 아닙니다. 밑으로 뿌리가 충실하게 깊이깊이 뻗어 자라고나서 비로소 위로 자랄 수가 있는 것입니다. 이 '밑으로

'자란다'는 것은 곧 내적 성장을 뜻합니다. 스스로 내면적으로 깊은 인격의 성숙함이 있어야 되는 것입니다. 그리고 옆으로 퍼지면서 많은 사람들과의 인간관계가 또 성숙해야 되고 그 다음에는 위로 자라면서 햇빛을 보듯 하나님께로 향한 그런 영적 성숙이 있어야 한다는 것입니다. 이렇게 성숙한 자만이 성숙한 발걸음을 가지고 바른 운명의 길을 갈 수 있다, 하는 말입니다.

오늘본문에는 썩 아름다운 말씀이 한 말씀 있습니다. "아름답도다 좋은 소식을 전하는 자들의 발이여"라는 말씀입니다. 아름답도다 좋은 소식을 전하는 자들의 발—구구절절 깊은 의미를 품고 있습니다. 복음의 역사라고 하는 것, '유앙겔리온'이라고 하는 것에는 절대조건 세 가지가 있답니다. 첫째가 하나님의 말씀입니다. 둘째는 그 말씀을 전하고 받아들이게 하는 성령의 감화입니다. 셋째는 이것을 전하는 인격입니다. 그 누군가가 전도하여야 되는데, 그 전도자를 말하는 것입니다. 이 세 가지 요소가 합쳐질 때 구원의 역사가 이루어지는 것입니다. 여러분도 예수를 믿게될 때 여러분을 위해서 전도해준 누군가가 있었습니다. 그런 고마운 분이 있습니다. 그가 말씀을 전했고 그가 위하여 기도하는 중에 성령이 역사해서 오늘 '나'라고 하는 그리스도인이 된 것입니다. 그러면 한번 생각을 해봅시다. 이 구원의 역사를 내게 전해준 분, 얼마나 고마운 분입니까. 요사이 우리는 앞에 '월드컵'이라고 하는 축구대회가 있다고해서 준비중입니다마는 원래 그 전의 이야기는 올림픽경기가 아닙니까. 올림픽이라고 하는 것은 헬라의 아덴에서 시작되었습니다. 그 올림픽경기의 첫째가는 종목, 주종목이 마라톤입니다. 지금도 그렇습니다. 시작도 끝도 마라톤이 중요한 것입니다. 이 마라톤이 어떻게 생긴 것이냐하면 그 유래가 이렇습니다. 그옛날에는 전쟁이 많았습니다. 한번 전쟁에 나갔다하면 1년이고 2년이고 못돌아오는 것입니다. 남편이 아들이 전쟁터에 나가는데, 요새같은 통신수단이 있는 것도 아니었습니다. 전화도 없고 우편도 없고… 그러니 후방에 앉아서는 이게 죽었는지 살았는지, 이겼는지 패했는지 알 수가 없는 것입니다. 소식이 궁금합니다. 그런데 전쟁에 이겼다면 이겼다는 소식을 후방에 전해야 될 거 아닙니까. 이겼더라도 지금 후방의 성내에서는 그걸 모르는 채 걱정과 근심으로 지내고 있거든요. 그래 이 좋은 소식을 한시바삐 전하기 위하여 승전보를 가지고 뛰는 것입니다. 산을 넘고 강을 건너고 길을 달리고… 전하기 위하여 뛰는 사람을 선발하고자 만든 것이 올림픽경기입니다. 상상을 해보십시오. 전쟁에 이겼습니다. 이겼다는 소식을 가지고 먼 길을 뜁니다. 뛰는 사람의 발걸음이 얼마나 가볍겠습니까. 이 사람이 소식을 전할 때, 성문에 올라가서 "우리나라 군대가 이겼습니다"하고 소리를 지를 때 온 성의 사람들이 다 나와서 그를 맞고 얼마나 반가워하겠습니까. 승전보, 기쁜 소식을 가지고 뛰는 그 사람의 발걸음, 그 마음이 얼마나 가볍고 행복하겠습니까. 또 그를 맞는 사람들도 얼마나 얼마나 행복하겠습니까. 이게 바로 복음이라는 것입니다. 먼저는 이 복된 소식을 내것으로 삼아야 됩니다. 이 복음이 남을 위한 것이 아닙니다. 먼저 이겼습니다. 이긴 병사가 뛰는 것입니다. 승리감에 취해서 만족한 마음으로 입니다. 예수 그리스도로 말미암아 구속받은 자의 그 놀라운 영적 체험, 성숙한 그리스도인의 모습이 먼저입니다. 그리고 이 감격을 가지고 증인이 됩니다. 증인의 역할을 합니다. 그리고 행동으로 옮깁니다. 이 소식을 나 혼자 가지고 있을 수는 없다, 모든 사람에게 전해야겠다, 이 기쁨을 모든 사람과 함께 나누어야겠다 해서 달려가는 것입니다. 달려갈 때 그 사람은 이 거룩한 역사에 내가 쓰여진다 하는, employee 되었다고 하는 데 대한, 고용되었다고 하는 데 대한 기쁨이 있습니다. 많은 사람 중에서 나를 선발하셔서 나로하여금 이 좋은 소식을 전하게 하셨다—이 감격이 있는 것입니다. 고용된 감격, 기쁨으로 달려가게 됩니다. 그야말로 발걸음이 얼마나 가볍겠습니까. 또하나는 그리스도의 마음입니다. 이 소식을 듣지 못해서 절망하고, 이 소식을 듣지 못해서 죽어가는 사람들이 있지 않습니까. 그걸 생각해서 감사한 마음으로 뛰는 것입니다. 달려가는 것입니다. 이 얼마나 놀라운 얘기입니까. "그런즉 저희가 믿지 아니하는 이를 어찌 부르리요 듣지도 못한 이를 어찌 믿으리요 전파하는 자가 없이 어찌 들으리요 보내심을 받지 아니하였으면 어찌 전파하리요 기록된 바 아름답도다 좋은 소식을 전하는 자들의 발이여 함과 같으니라"하고 사도 바울은 말씀합니다. 엄청난 소식이 여기에 있지마는 전하는 자가 없다면 이를 어찌 듣겠느냐, 듣지 못했다면 어찌 믿겠느냐, 믿지 않는다면 어찌 구원받겠느냐—여기 그리스도의 마음이 있습니다. 내가 누리는 이 기쁨과 감격을 저 사람도 누리고, 내 기쁜 소식으로 인해서 오는 행복으로 저 사람들도 행복하게 해줘야 하고, 내가 이 자유를 누리고 있는데 그들도 이 자유에 동참하게 하여야겠다, 하는 마음입니다. 그리스도의 마음, 아가페 마인드가 필요한 것입니다. 이 마음이 있을 때만이 역사가 이루어집니다. 이 기쁨을 나 혼자서만 누릴 수는 없습니다. 모든 사람으로 하여금 더불어 기뻐하게 하고 싶은 것입니다. 그래서 찾아가는 그 모습입니다. 우리 깊이 생각하여야 합니다. 그 누구에게 가는 것입니까. 때로는 나와 상관이 없는 낯선 사람에게 가는 것입니다. stranger, 낯선 사람에게 이 복음을 전하는 것입니다.

사도행전에 보면 초대교회는 성령 충만한 가운데서 유무상통 하며 은혜의 생활을 누릴 때에 어쩌면 예루살렘에 그대로 머물러버리려고 한 것같습니다. 그럴 때 하나님께서는 큰 핍박을 주셨습니다. 야고보가 죽고, 스데반이 돌에 맞아 죽고… 큰 핍박이 있을 때 사람들은 사방으로 흩어졌습니다. 흩어져서 사마리아로도 가고 다른 나라로도 갑니다. 다시말하면 난민이 된 것입니다. 고향을 떠나 정처 없이 피난의 길을 떠납니다. 그런데 사도행전 8장에서는 이렇게 말씀합니다. "그 흩어진 사람들이 두루 다니며 복음의 말씀을 전할새…(행 8:4)." 흩어진 사람들이 두루 다니며 복음을 전했다―난민이 복음을 전했습니다. 그렇고보니 복음 전하도록 그들을 난민되게 하신 것입니다. 이것을 잊지 말아야 합니다. 저들이 원치 않는 사마리아땅에도 가게 하시고 이방땅까지 가게 하신 것입니다. 갈 수밖에 없도록 강하게 역사하신 것입니다. 그렇습니다. 소식을 나 혼자 듣고 말아서는 안됩니다. 그 누구에게 전해야 됩니다. 전할 수밖에 없도록 역사하십니다. 낯선 사람들을 만나도록, 편견이나 고집은 버리고 그들에게 나아가 복음을 전하도록 주께서 강권적으로 역사하십니다. 하비 콕스라고 하는 학자가 있습니다.「Secular City(세속 도시)」라고 하는 유명한 책을 썼습니다. 그 책에 보면 현대인의 특색을 딱 두 가지로 요약해서 말하고 있습니다. 아주 요점입니다. 첫째가 뭐냐하면 익명성(匿名性)입니다. 옛날사람들은 한 마을이 서로 다 알고 지냈습니다. 그래서 문을 잠그면 복이 안들어온다고 서로 나무랐습니다. 문잠그면 못쓴다고해서 다들 열어놓고 살았습니다. 온동네가 서로 알고 지냈습니다. 이 집 숟가락이 하나 없으면 저 집에 가 있는 것입니다, 틀림없이. 그러니까 뭐 도둑질은 할 수가 없지요. 모두가 다 알고 개방적으로 살았는데 요새의 세속도시라고 하는 것은 그렇지를 않습니다. 문을 닫아걸고 삽니다. 여러분 주머니 보십시오. 도대체 열쇠가 몇 개입니까. 숫제 '꾸러미'로 되어 있지 않습니까. 잠그고잠그고 또 잠그고… 이렇게 살아야 한다는 것입니다. 그게 바로 마음을 잠근 거나 같은 것입니다. 익명적입니다. 이건 좀 부끄러운 얘기지만, 그리 좋은 얘기가 아니지만, 소망교회 교인 많이 나오는 이유가 익명성이 보장되기 때문이라고들 합니다. 나와도 누가 누군지 모르거든요. 묻지도 않고 인사도 안하고, 그거 좋더라, 이럽니다. 자꾸 찾아오고 뭘 물어보고 하면 '귀찮다, 골치아프다' 할까요? 여러분, 이걸 알아야 됩니다. 현대인은 자기를 폐쇄하고 삽니다. 심지어는 어린아이들이 앉아서 얘기하는 걸 보고 "무슨 얘기 하느냐?" 물어보면 아이들, 대답을 안하거나 "알 것 없어요"합니다. 그런 세상입니다. 철저하게 폐쇄적입니다. 어쩌면 어느 정도는 전부 자폐증에 빠져 삽니다. 자, 이렇게 문을 닫아건 사람들을 우리는 일삼아 찾아들어가야 합니다. 마음의 문을 닫은 사람들을 찾아가 그 마음문을 열어야 됩니다. 그리하여 한 사람을 구원합니다. 얼마나 아름다운 일입니까. 우리교인 가운데 이런 분이 있습니다. 옆집사람이 예수믿으라고 권해서 예수믿게 됐습니다. 믿고나서 보니 너무 후회가 되는 것입니다. '왜 나는 이렇게 늦게야 믿게 됐나. 주변에 예수믿는 친구들도 많은데 그 누구도 나더러 예수믿으라고 권하는 사람이 하나도 없었구나!' 나이 오십이 된 지금와서 내가 예수를 믿게되니 참으로 야속하구나, 합니다. 저희들만 믿고 나 보고는 예수믿으라는 말을 안했다는 것입니다. 하기야 얘기해봐야 안믿을 거같으니까 그랬겠지만… 좌우간 이게 문제라니까요. 문을 두드려야 됩니다. 익명성을 해체하여야 됩니다. 또 한 가지, 제가 얼마전 아는 분으로부터 책을 한 권 선물받았습니다. 「Bowling Alone」이라는 책입니다. 좀 이상하지 않습니까? 볼링이라는 운동을 하는데 혼자 한다는 것입니다. 그 책의 서문에 나오는 것 보니 맞는 얘기입니다. 현대인을 맞게 비평한 것입니다. 옛날에는 운동을 할 때 둘이 셋이 같이 했습니다. 요새는 혼자 하는 것입니다. 미국가서 볼링장에 가보면 72레인이나 되는 그 많은 레인에 한 사람씩 혼자서 하고 있습니다. 철저하게 이기적입니다. 누구하고 함께 할 줄을 모릅니다. 요새 우리한국도 교육에 문제가 있습니다. 전부 혼자서입니다. 이게 바로 고독병, 정신병 만드는 것입니다. 우리는 폐쇄적인 사람을 찾아 들어가서 복음을 전해야 됩니다. 그게 아름다운 일입니다. 그 문을 열어야 됩니다. 거룩한 사랑으로 폐쇄된 인간을 개방하여야 되겠습니다.

익명성과 더불어 또하나의 특색은 이동성이라고 했습니다. 그렇습니다. 이사들을 참 자주 다닙니다. 아마도 요새는 한 집에 한 15년 살았다고 하면 존경할만한 사람입니다. 아파트생활 하는 사람들 보면 3년도 못가서 이사 또 합니다. 왜 이사하느냐? 좀이 쑤셔서, 지루해서 못견뎌하는 것입니다. 이리 이사가고 저리 이사가고… 그래서 이삿짐센터가 돈을 버는 것입니다. 이렇게 이사를 많이 하는데, 이래서 결국은 모든 사람을 피상적으로 만나고 맙니다. 적당히적당히 "How are you?" "Fine, thank you." 요렇게만 만나지 그 이상은 묻지도 않습니다. 클럽이니 회담이니 뭘 한다고 해봐야 전부 피상적입니다. 깊은 만남이 없습니다. 바로 이 사람이기 때문에 미쳐돌아가는 것입니다, 고독해서. 바로 이런 사람들을 찾아가서 깊은 만남의 관계를 가지고 복음을 전합니다. 복음을 들고 들판을 뛰는 게 아닙니다. 바로 여러분의 이웃을 찾아야 됩니다. 굳게 닫힌 문을 열어야 됩니다. 제가 아는 교인 가운데도 어떤 사람 하나 친구를 인도하기 위하여 소망교회 테이프를 좌우간 매주일마다 갖다주기를 3년 했더니 교회 나오더랍니다. '나는 말재주가 없어서 뭐라고 전도도 못하겠고…' 이거 좀 들어보라고 계속 3년을 그리한 것입니다. 복음을 전하는 자의 발이 아름답습니다. 좋은 소식을 전할 때, 그리고 그가 구원을 받았을 때, 나로 인하여 구원을 받았을 때 나도 행복하고 저도 행복한 것입니다. 이같은 거룩한 역사의 종말을 생각해봅시다. 영국 시인이며 수필가요 극작가인 조셉 에디슨이라고 하는 분의 책에 이런 시적인 말이 있습니다. '위대한 사람들의 무덤을 볼 때 시기질투하는 마음이 다 사라지고 말더라. 미인들의 묘비명을 읽으면서 무절제하게 사는 욕망이 얼마나 무상한가를 보았노라. 부모님들의 묘비 앞에 섰을 때 그들을 위하여 슬퍼할 것이 아닌 것은 내가 그 뒤를 꼭 따를 것이기 때문이다. 쫓겨난 왕들이나 쫓아낸 왕들의 무덤을 보면서 경쟁과 불화와 논쟁이 얼마나 헛된 일인지를 생각했노라.' 묘비에 보면 몇년 몇월부터 몇년 몇월까지 살았다고 날짜가 기록되어 있습니다. '그걸 읽으면서 나는 생각했노라. 부활하는 날짜는 같은 날짜일 거라고…' 여러분, 이것을 생각해야 됩니다. 우리의 마지막을, 종착점을 생각해보십시오. 지금 우리는 어디로 가고 있습니까? 어떤 걸음을 걷고 있는 것입니까? 언젠가는 마지막에, 종착점에 도달합니다. 그때를 생각하며 오늘을 생각해야 됩니다.

아프리카 콩고의 선교사로 있던 스티븐슨이 어떤 날 먼 길을 가다가 산중에서 조난을 했습니다. 비가 막 쏟아지고 바람이 사납습니다. 폭우 속에서 길을 잃어버렸습니다. 동으로 갈지 서로 갈지 완전히 길을 잃어버린 채 헤매다가 오막살이 하나를 만났습니다. 원주민을 만나 부탁을 했습니다. "나는 지금 징스강으로 가다가 이렇게 길을 잃어버렸습니다. 좀 도와주세요." 그러니까 원주민이 요렇게요렇게요렇게 가세요, 합니다. "잘 모르겠는데요." 다시 설명해줍니다. 요렇게요렇게요렇게 가시오, 아무리 설명해도 못알아듣겠어서 잘 모르겠다고 했더니 원주민은 "할수없군요. 내가 같이 가야지"하고 나섭니다. 주님께서 우리와 같이 가셔야 합니다. 유명한 이야기가 전설로 전해집니다. 어느 수도사가 하나님 앞에 갔는데 천국문에서 베드로가 그를 반갑게 맞이하고 하는 말이 당신이 살아온 일생을 한번 돌아보라고 하기에 뒤를 돌아다보니 자기가 살아온 발자취가 죽 나 있는데 자세히 보았더니 발자국이 두 사람의 발자국입니다. 왜 두 사람의 발자국이냐 물으니 "예수님께서 함께하신 것이오"하고 대답합니다. 다시 자세히 보았더니 어떤 데서는 발자국이 한 줄인 것입니다. "저기는 왜 혼자요?" "당신이 너무 힘들어해서 예수님께서 업고 걸으신 때문이오"하고 대답하는 것입니다. 그는 생각했습니다. 세상을 나 혼자 산 줄 알았습니다. 주님께서 나와 함께하셨다는 것을 이제야 깨닫고 감사했습니다. 여러분, 히브리서 12장에 보는대로 구름과 같이 둘러싼 허다한 증인들이 우리를 지켜보고 있습니다. 먼저 가신 우리의 믿음의 조상들이 다 우리를 지켜보고 있습니다. 구름과 같이 허다한 증인이 지켜보는 가운데 우리가 지금 마지막 코스를 달리고 있습니다. 사도 바울은 말씀합니다. '달려갈 길을 다 가고 믿음을 지켰으니 내 앞에 면류관이 있다'라고. 종착점을 바라보며,

결승점을 바라보며 마지막 코스를 달리는 사도 바울의 모습입니다. 바르고 복되고 신바람나게 마지막 얼마 안남은 요 시간을 최선의 길로, 가장 행복한 발걸음으로 달려갔더라는 말씀입니다. 이제 우리의 발걸음이 새로워져야 하겠습니다. △

세리와 죄인의 친구

    모든 백성과 세리들은 이미 요한의 세례를 받은지라 이 말씀을 듣고 하나님을 의롭다 하되 오직 바리새인과 율법사들은 그 세례를 받지 아니한지라 스스로 하나님의 뜻을 저버리니라 또 가라사대 이 세대의 사람을 무엇으로 비유할꼬 무엇과 같은고 비유컨대 아이들이 장터에 앉아 서로 불러 가로되 우리가 너희를 향하여 피리를 불어도 너희가 춤추지 않고 우리가 애곡을 하여도 너희가 울지 아니하였다 함과 같도다 세례 요한이 와서 떡도 먹지 아니하며 포도주도 마시지 아니하매 너희 말이 귀신이 들렸다 하더니 인자는 와서 먹고 마시매 너희 말이 보라 먹기를 탐하고 포도주를 즐기는 사람이요 세리와 죄인의 친구로다 하니 지혜는 자기의 모든 자녀로 인하여 옳다 함을 얻느니라

            (누가복음 7 : 29 - 35)

세리와 죄인의 친구

예수님께서 우리를 위하여 십자가에 돌아가시고 우리 의를 위하여 부활하시고 그 부활하신 거룩한 몸을 맨먼저 보여주신 분이 바로 막달라 마리아입니다. 그 놀라운 역사, 그 엄청난 사건의 첫번증인, 첫번목격자가 막달라 마리아라고 하는 여자입니다. 어떻게해서 예수님께서 이와같이 그 천한 여자에게 거룩한 몸을 먼저 보여주셨는지, 그가 첫증인이 되었는지, 생각할수록 놀라운 기적입니다. 궁금한 것 또 한 가지는 어떤 경로로, 또 어떤 계기에 막달라 마리아를 처음 만나게 되셨을까입니다. 막달라 마리아가 어떤 때에 예수님을 만나고 예수님의 제자가 되었을까? 이 또한 궁금한 일입니다. 그런데 한 전설을 근거로 쓴 어느 추리소설이 그 경로를 말해주고 있습니다. 1998년의 노벨문학상 수상작인 「The Gospel According to Jesus Christ」라고 하는, 호세 사라마구(Jose Saramago)라고 하는 포르투갈 사람이 쓴 소설이 그것입니다. 그가 전설에 근거해서 이 사실을 우리에게 말해주고 있습니다. 예수님께서 가버나움에서 전도하실 때 가버나움 동구밖으로 나가시다가 그만 실족을 해서 발을 좀 다치셨습니다. 발에 상처가 생겨 피가 납니다. 이걸 좀 싸매고 싶으시지마는 인근에 집이 없습니다. 그래서 두리번거리고 보았더니 저 동구밖에 외딴 집 하나가 있습니다. 그래서 그 집을 찾아가십니다. 가서 문을 두드리시고 거기서 막달라 마리아가 나옵니다. 이 집은 전문적으로 간판을 내걸고 하는 창녀집입니다. 창녀 막달라 마리아가 요염하게 차려입고 손님을 기다리다가 문두드리는 소리에 반색을 하고 나온 것입니다. "어서 오십시오"하고 문을 열었는데 보자하니 점잖은 어른이 문밖에 서 있거든요. 막달라 마리아는 이렇게 말합니다. "선생님, 이 집이 어떤 집인지 알고 오셨습니까?" "어떤 집인데?" "창녀집입니다." 이때 예수님께서 말씀하십니다. "그게 무슨 상관이냐." 저는 이 소설을 읽다가 이 대목에서 얼마나 울었는지 모릅니다. 그게 무슨 상관이냐! 막달라 마리아가 예수님을 영접합니다. 만일 이때 예수님께서 화들짝 놀라시고 "이 더러운 것!"이라는 반응까지 보이시고 물러나셨더라면 마리아는 어떻게 되었을까 생각해봅니다. 예수님께서 들어가셔서 그 상처를 치료받으시고 그 집에서 떠나지를 못하시고 막달라 마리아와 이야기를 나누시느라 그날밤을 거기서 유숙하십니다. 그리고 그 뒤 나사렛고향으로 가셨다가 일주일쯤 지나서 거기를 또 지나가시게 됩니다. 지나가시다가 궁금해하십니다. '그 마리아는 어떻게 지낼까? 나를 만난 다음에도 계속해서 창녀일을 하고 살아갈까?' 적이 궁금하십니다. 그래서 이 집을 또 찾아드셨습니다. 마리아가 반갑게 맞이합니다. '이 여자가 변화했을까? 아니면 그대로 창녀일을 계속하는가?' 궁금하시지만 그렇게 물어보시지는 않습니다. 그녀의 자존심과 그녀의 아픈 마음을 생각해서입니다. 예수님께서 말씀하십니다. "요새 손님이 많으냐?" 이 말씀, 참 얼마나얼마나 깊은 사랑에서 하시는 말씀입니까. 막달라 마리아는 정색을 하고 대답합니다. "선생님, 여자는요, 참으로 존경하는 어른을 한번 만나고나면 다시는 다른 사람을 사랑할 수가 없답니다." 이때 예수님 말씀하십니다. "나를 따르라." 그래 예수님의 제자가 됩니다. 그때부터 열심히 따르고 마침내 십자가까지 따라가고 부활하시는 언덕까지, 그 무덤까지 따라가서 예수님을 뵙게 됩니다. 여러분 한번 상상을 해보십시오. 무엇이 사랑입니까. 성도 여러분은 진정으로 누구를 사랑해본 일이 있습니까? 정말 내가 누구를 사랑한다고 생각하고 있습니까? 누구를 친구로 맞아보았습니까? 내가 누구의 친구라고 생각해보십니까?「런던 타임즈」가 '도대체 친구가 뭐냐, 어떤 걸 친구라고 말할 수 있느냐' 하는 설문조사를 해서 그 가운데서 가장 잘 됐다고 하는 친구의 정의를 내놓았습니다. 그 첫째가 뭔고하니 '모든 사람이, 온세상 사람이 다 나를 버릴 때, 그때에 나를 찾아오는 사람, 그 사람이 친구다' 하는 것입니다. 어떤 이유로든지 모든 사람이 나를 배척하고 버릴 때 나에게 가까이 오는 사람이 친구다, 한 것입니다. 둘째는 '나의 침묵을 이해하는 사람이다' 한 것입니다. 말이 필요없습니다. 오히려 설명하려고들면 설명하지 말라고 합니다. 다 아니까. 무슨 긴긴 말이 필요합니까. 무슨 구차한 설명이 필요합니까. 나는 너를 안다, 네 억울함을 안다, 네 고통을 안다, 네가 바로하고 있다는 것도 안다, 네 진실을 안다—침묵을, 나의 침묵을 충분히 이해하는 사람, 그게 내 친구입니다. 또하나는 '나의 기쁨은 곱해주고 나의 슬픔은 쪼개주는 자다' 한 것입니다. 나의 기쁨에 대해서는 multiply, 그와 만나면 기쁨이 배나 커집니다. 점점 커집니다. 곱절로 커집니다. 슬픈 마음으로 만나면 슬픈 마음이 반으로 감해집니다. 자꾸만 작아집니다. 그것이 친구다, 하는 것입니다. 참 훌륭한 해석이요 정의라고 생각합니다.

예수님께서는 죄인을 사랑하십니다. 그 사랑을 우리는 때때로 너무 쉽게, 감상적으로 생각합니다. 하나님께서 우리를 사랑하신다는 그 사랑의 의미를 우리가 잘 깨닫지를 못합니다. 편견과 집착, 잘못된 관념 때문에 참사랑에 대한 이해가 없습니다. 참사랑을 깨닫는 순간 벌써 나는 새사람이 됩니다. 참사랑을 베푸는 순간 전혀 다른 세계가 내 앞에 전개되는 법입니다. 사랑은 위대합니다. 예수님 보십시오. 우리 죄인을 사랑하신 나머지 '세리와 죄인의 친구'라고 하는 오명을 받으셨습니다. 달갑지 않은, 명예롭지 못한 이름을 가지셨습니다. 세리와 죄인의 친구—여러분, 다시 돌아가 생각해봅시다. 예수님께서 창녀집에서 주무셨습니다. 그러니 이제 어떤 오해가 따라오겠습니까. 얼마나 소문이 많이 나겠습니까. 어떻게 하겠습니까. 그러나 예수님께서는 막달라 마리아가 창녀라는 것을 아셨기 때문에 거기를 떠나실 수가 없었습니다. 등지고 나오실 수가 없었습니다. 그것이 무엇을 의미하는지를 우리는 알아야 합니다. 사랑은 사람을 변화시킵니다. 사랑하면 변화합니다. 남을 사랑하는 순간 먼저 내가 변합니다. 누구를 사랑하는 순간에 내가 달라집니다. 내가 달라지지 않았다면 그것은 사랑이 아닙니다. 먼저는 듣는 마음이 생깁니다. 깊은 관심을 가지고 그의 말을 듣습니다. 그게 사랑입니다. 들어주는 게 사랑입니다. 비판이 없습니다. 지루함도 없습니다. 계속해서 들을 뿐만 아니라, 이해하는 것이 아니라 이해됩니다. 이게 사랑이라는 것입니다. 긴 설명을 듣지 않아도 그를 사랑한다면 '그랬을 거다. 오, 나도 그랬을 거다. 아니, 나는 너보다 더 어려워졌을 거다. 네 심정을 내가 안다'합니다. 어떤 형편이라도 충분히충분히 이해가 됩니다. 이해못할 일이 하나도 없습니다. 그런데 이해가 안된다해서 그럴 수 있느냐, 택도 없다, 한다면 이건 사랑이 아닙니다. 사랑을 한다면 그 누구일지라도 충분히충분히 이해가 됩니다. 그게 달라지는 것입니다. 전같았으면 비판했겠는데 이제는 비판할 마음이 없습니다. 이제는 충분히 이해가 되니까요. 또하나는 애정의 눈으로 본다는 것입니다. 사랑의 눈으로 보니 다 아름답습니다. 아름답지 않은 것이 없습니다. 그리고 희망적으로 봅니다. 사랑에는 낙심이 없습니다. 어떤 자를 사랑했든지 사랑하는 순간 그에게서 소망이 보입니다. 희망적입니다. 사랑은 절대로 절망하지 않습니다. 실망이란 없습니다. 환하게 미래가 보입니다. 그것이 사랑이라는 것입니다. 우리는 가끔 자식을 사랑한다고 하면서도 겁도없이 "싹이 노랗다"하는 것을 봅니다. "에잇 싹수없는 것!" 이건 절대로 사랑이 아닙니다. 사랑은 어떤 경우에도 그런 소리 하지도 않고 그렇게 생각하지도 않습니다. 또 사랑은 내가 그에게로 가까이 가는 것입니다. 저가 나에게 오기를 기다리지 않습니다. 내가 그에게로 갑니다. 그리고 그의 처소에 머뭅니다. 그와 함께합니다. 그와 함께 먹습니다. 함께 잡니다. 함께 삽니다. 그리고 책임을 같이 집니다. 누가복음 13장에 보면 3년 동안 열매를 맺지 못한 무화과나무가 있었다 합니다. 주인이 '이제는 더 땅을 허비할 수 없으니 찍어 버리라. 열매 없는 이 나무 찍어버리라' 했는데 과원지기가 대신 나서서 하는 말이 '1년만 더 기다려주세요'합니다. 여기는 중요한, 깊은 신앙이 있습니다. 열매 없는 책임이 내게 있습니다, 이 책임을 내가 지겠습니다, 내게 기회를 주십시오—열매 없어 심판받은 이 무화과나무에 대한 책임을 과원지기가 대신 집니다. 그것이 사랑이라는 것입니다. 아무도 비판하지 않습니다. 심판하지 않습니다. 그리고 책임을 함께, 아니, 대신 집니다.

그리고 나아가서, 사랑은 주는 것입니다. 주는 마음으로 바뀝니다. 받고자 하는 마음이 주는 마음으로 바뀝니다. 얻고자 하는 마음이 베푸는 마음으로 바뀝니다. 그런데 중요한 것은 저에게 무엇이 필요한지를 알기 시작한다는 것입니다. 내 입장에서 내가 생각하는

대로 주는 게 아닙니다. 그가 정말로 필요로하는 게 뭔가, 그걸 알게 됩니다. 오순절 성령 강림 충만했던 바로 그 교회의 특징이 무엇입니까. 필요에 따라 나누어주었다는 것입니다. 필요, 필요를 알기 시작했습니다. 내가 사랑하는 사람에게 필요한 게 뭔가? 정말로 필요한 게 뭔가? 그것이 보이는 것입니다. 그것을 알게되는 것입니다. 또한 그것을 충족시켜주는 것입니다. 여기서 마음이 가고 관심이 가고 사랑이 갑니다. 그리고 가장 중요한 게 바로 내 의를 준다는 것입니다. 내 명예가 더러워지지마는 그에게 의를 줍니다. 의롭다 함을 줍니다. 이보다 더 귀한 선물은 없습니다. 보십시오. 마태복음 9장 9절로 보면 예수님께서 세관에 앉아 세무를 보고 있는 사람 마태를 현장에서 부르십니다. "나를 좇으라." 아, 이 세리가 얼마나 감격했겠습니까. 뭇사람들로부터 멸시를 받고사는 세리 내가 예수님의 제자가 되다니… 하도 감격한 나머지 그는 동료들을 다 불러가지고 집에서 잔치를 합니다. 예수님, 이 집에 들어가시어 잡수십니다. 이건 안되는 일이었습니다. 세리의 집에 들어가도 안되고 세리와 만나도 안되고 그 집에 가서 음식이라는 건 말도 안되는 것이었습니다. 그것이 당시의 그곳 세태였습니다. 심지어는 거지도 세리가 주는 돈은 안받았다고 합니다. 모르고 받았다가도 누가 "지금 너한테 돈 한푼 구제해준 사람은 바로 세리다"하고 일러주면 "그래?"하고 도로 갖다 던졌다고 합니다. 죽어도 세리의 돈은 안받는다, 이것입니다. 이런 형편이었습니다. 그런데 예수님께서는 세리의 집에 드시고 잡수십니다. 아니나다를까 바리새인, 서기관들이 입방아를 찧습니다. 그때 예수님 하시는 말씀이 이것입니다. "건강한 자에게는 의원이 쓸데없고 병든 자에게라야 쓸데있느니라(눅 9:12)." 들어가시고 잡수시고 유숙하셨습니다. 다시말하면 이 집에 선물보따리를 가지고 오신 게 아니라 오히려 대접을 받으셨습니다. 같이 잡수셨습니다. 그것이 사랑입니다. 왜요? 그를, 죄인을 의인으로 대접하셨기 때문입니다. 추한 자를 거룩한 자로 영접하시는 시간이기 때문입니다. 이렇게 의를 주셨던 것입니다. 뿐만아니라 이렇게 참사랑을 베풀면 이제 사랑받는 자가 변합니다. 사랑받는 자가 달라집니다. 이걸 잊지 말아야 합니다. 사랑할 때 내가 변하고 저가 변합니다. 내가 달라지고 저가 달라지고 세상이 달라집니다. 그것이 사랑의 신비요 사랑의 속성입니다. 사랑하는 내가 달라집니다. 사랑받는 저가 달라집니다. 그래서 죄인이 하나님의 자녀가 됩니다. 죄인이 의롭다 하심을 얻어 하나님의 자녀가 됩니다. 새사람이 됩니다. 제가 인천에서 목회할 때 경험했던 일입니다. 어떤 날 젊은 여자분이 찾아와서 자기고민을 털어놓습니다. 일류대학을 다녔는데, 대학을 다니면서 소위 학사들 사이에 서로 연애가 되어서 학사부부로 결혼을 했습니다. 10년 동안 아주 무난하게 아이 둘 낳고 잘 살았습니다. 그런데 어느날 남편이 밖으로 나돌기 시작하더니 어느 여대생과 동거하고 있다는 것입니다. 일주일에 한번씩 돌아오기도 하고 한 달에 한 번도 돌아오고. 큰일난 것입니다. 이렇게도 해보고 저렇게도 해봤는데 이제는 영 안돌아오는 것입니다. 듣고 제가 물어봤습니다. 혼자 살 자신이 있느냐고요. 없다고 합니다. "그 남편을 사랑합니까?" 한다고 합니다. 그래서 돌아오게 하려고 백방으로 잘해주고, 불평도 하지 않고, 심지어는 몸이 허해보여서 보약도 지어주었다고 합니다. 그러면 보약 먹고 보따리 싸가지고 나간다고 합니다. 기가 찰 일이지요. 아무리 해도 안돌아오기에 몰래 가보았더니 그 여자가 자기보다 젊기는 해도 어느 모로나 자기만 못하더라고 합니다. 그런데 왜 거기 가서 그 여자를 좋아하는지 알 수가 없다는 것입니다. "정말로 남편을 사랑합니까?" 다시 물었더니 사랑한다고 합니다. "그렇습니까. 그러면 나 하나 묻겠소. 부끄러워하지 말고 대답하세요. 남편 돌아왔을 때 잠자리는 어떻게 합니까? 부부생활은 어떻습니까?" 펄쩍 뜁니다. "그건 안돼요. 그 더러워진 거… 안돼요." 절대 안된다는 것입니다. 그래 저는 이야기했습니다. "죄인을 사랑하려면 내가 죄인이 되어야 됩니다. 더러운 자를 사랑하려면 내가 더러워져야 됩니다. 당신이 남편을 사랑한다는 것은 사랑이 아닙니다. 그건 자기사랑일 뿐입니다." 갔습니다. 얼마뒤 이 여인, 다시 찾아오더니 남편이 돌아왔다고 말합니다. 어떻게 되어 돌아온 거요, 물었더니 그날 내 말 듣고 집에 돌아가서 가만히 기도하고 생각해보았다고 합니다. 많이 기도하는 중에 응답을 받았는데, 남편이 밖으로 돌게 된 동기가, 원인이 자신에게 있더라고 합니다. "당신이 밖으로 나돌게 된 원인 제공자는 나입니다. 내가 잘못했습니다. 당신에겐 잘못이 없습니다. 내 잘못입니다" 하고 남편한테 고백했다는 것입니다. 했더니 저쪽에서 "아니야. 사실은 내가 나쁘지." 아주 가정에 부흥이 일어났습니다. 마침내 아주 뜨거운, 새로운 차원의 사랑을 하게된 것입니다.

다시 묻습니다. 사랑이 무엇입니까. 높은 자리에 서서 약간의 구제금이나 던져줄 생각입니까? 내자랑 하면서 선한 일 했노라고 할 것입니까? 사랑의 깊은 뜻을 알아야 합니다. 죄인을 사랑한다면 죄인이 되어야 합니다. 칼 바르트의 유명한 명언을 제가 늘 마음에 새깁니다. 'God's love does not find its object but creates it.' 하나님의 사랑은 대상을 찾는 것이 아니라 대상을 창조하는 것이다 ─ 창조적 사랑, 이것을 잊지 말아야 합니다. 성도 여러분, 참사랑을 배워야 합니다. 참사랑을 얼마만큼 깨달았습니까? 여러분은 사랑이 무엇이라고 생각하십니까? 내가 받는 사랑이 얼마나 엄청나다는 걸 아십니까? 주께서 나를 위하여 오시고 십자가를 지시고 죄인이 되시고 저주를 받으시고 죽으셨습니다. 나를 사랑하시기 위하여 당신은 죄인이 되셨습니다. 내가 죽는 대신 당신이 죽으셨습니다. 여기에 사랑의 깊은 의미가 있는 것입니다. 그 사랑 안에 내가 있습니다. 이 사랑을 실천하게될 때 나도 변하고 저도 변합니다. 오직 사랑만이 사람을 바꿉니다. 오직 사랑만이 세상을 바꿉니다. 세리와 죄인의 친구—이것이 예수님께서 얻으신 이름이었습니다. △

한 알의 밀의 신비

   명절에 예배하러 올라온 사람 중에 헬라인 몇이 있는데 저희가 갈릴리 벳세다 사람 빌립에게 가서 청하여 가로되 선생이여 우리가 예수를 뵈옵고자 하나이다 하니 빌립이 안드레에게 가서 말하고 안드레와 빌립이 예수께 가서 여짜온대 예수께서 대답하여 가라사대 인자의 영광을 얻을 때가 왔도다 내가 진실로 진실로 너희에게 이르노니 한 알의 밀이 땅에 떨어져 죽지 아니하면 한 알 그대로 있고 죽으면 많은 열매를 맺느니라 자기 생명을 사랑하는 자는 잃어버릴 것이요 이 세상에서 자기 생명을 미워하는 자는 영생하도록 보존하리라 사람이 나를 섬기려면 나를 따르라 나 있는 곳에 나를 섬기는 자도 거기 있으리니 사람이 나를 섬기면 내 아버지께서 저를 귀히 여기시리라
                    (요한복음 12 : 20 - 26)

한 알의 밀의 신비

2002년 2월 28일 어느 신문에 깜짝놀랄 기사가 실렸었습니다. 친일파 708명의 명단이 발표됐다고 하는 그것입니다. 이 '친일파 계보'를 보면서 저는 옛날일이 생각났습니다. 우리가 이름을 대면 알만한 유명한 사람들, 교육계와 나라를 위해서도 크게 일 많이 하신 분들, 그 유명인사 가운데도 친일파가 있다는 것입니다. 태평양전쟁이 막바지에 이르렀을 때 이 유명인사들이 우리가 지목하는, 지금 기억하고 있는 친일파라고 하는 사람들이 말입니다, 동네마다 다니면서 전쟁에 대해서 설명하기를 이 전쟁은 거룩한 전쟁이라고, 심지어는 성전이라고 했습니다. 이 전쟁에 나가서 죽는 것은 순교와도 같다고 했습니다. 이런 어처구니없는 소리들이 그 당시에 나온 신문에 그대로 기재되어 있습니다. 이렇게 한국젊은이들을 독려해서 무서운, 다시 못돌아올 전쟁터로 내몰았습니다. 이 얼마나 답답한 이야기입니까. 이 일로 인하여 친일파라는 씻을 수 없는 이름을 가졌고 본인은 물론 그 자손들도 부끄러움을 당하고 고개를 들 수가 없습니다. 수십 년이 지나갔지만 여전히 우리에게 이 이야기는 악몽같은 기억으로 남아 있습니다. 어째서 이들은 이렇게 우리 젊은이들을 향하여 그 전쟁에 나가라고 돌아다니며 강연회를 하고 그렇게 독려했을까, 하는 것입니다. 첫째는 8·15광복이 눈앞에 있다는 것을 몰랐습니다. 일본이 그렇게 빨리 망할 것을 몰랐습니다. 그렇게 빨리 망할 줄 알았으면 미쳤다고 그러고 다녔겠습니까. 역사의식이 부족했습니다. 앞을 내다보지 못했습니다. 일본이 이렇게 쉽게 빨리 망할 것을 모르고 일본사람에게 붙어서 그 어처구니없는 말들을 하고 반민족적인 행동을 했더라는 얘기입니다. 또한 저들은 죽음이 무서웠습니다. 여러분, 목숨은 하나라고 하지 않습니까. 살고 죽는 문제는 참 심각한 문제입니다. 그렇지만 이걸 잊지 말아야 합니다. 죽음보다 더 귀한 것이 있습니다. 죽음보다 더 귀한 것이 얼마든지 많습니다. 우선 살고보자는 이런 이야기는 인간답지 못합니다. 보십시오. 부끄럽게 살기가 죽기보다 못합니다. 창피스럽게, 부끄럽게 살아남아서 뭘 하겠다는 것입니까. 차라리 죽는 것이 좋았거늘 죽어야 할 때 죽지 못함으로 이렇게 부끄러움을 당합니다. 그 자손들 가운데 이렇게 말하는 사람도 있습니다. "나는 이 아버지 이름 때문에 장가도 못가겠다." 한평생 그 이름이 따라다니니까요. 이 부끄러운 이름, 이걸 어떻게 하면 좋겠습니까. 씻을 수 없는 것입니다. 또한 죽음으로써 더 큰 삶을 살 수 있다고 하는 것을 저들은 몰랐습니다. 죄송하지만 어차피 사람은 한 번 갑니다. 그런데 잘 죽으면 산 때보다 더 큰 일을 할 수가 있습니다. 참으로 훌륭한 죽음은 많은 훌륭한 사람을 탄생케 하는 결과가 되거든요. 저들은 이걸 몰랐습니다. 8·15광복 뒤 왜정말기에 신사참배문제로 감옥에 들어갔다 나온 전도사님이 계시는데, 신학대학 간판도 못보았다고 합니다. 그러니까 신학교육을 못받은 집사님인데 목사님 안계시는 시골교회에서 이 분이 전도사로 일하다가 신사참배 반대하고 감옥에 들어가 7년동안 고생하고 산 순교자로 살아남았습니다. 그래 출옥을 해서 나왔는데 이 분을 모셔다가 우리교회에서 부흥회를 했습니다. 제가 어렸을 때, 초등학교 5학년때입니다. 그런데 옷이 많지 않을 때라 그 전도사님은 하얀 무명두루마기를 입고 오셔서 시간시간 일주일 동안 설교하시는데 손을 딱 들고 소리쳤습니다. "죽도록 충성하라!" 얼마나 은혜가 되는지, 모두가 감격감격 했었습니다. 죽도록 충성하라, 그리하면 생명의 면류관을 주리라—그게 총주제였습니다. 얼마나 많은 사람이 부러워했는지, 얼마나 영광스러운지. 낮공부시간에 그때 고생한 이야기를 하고 또 장로님들이 보여주십사 해서 옷을 벗고 배를 보여주는데… 가슴과 배가 만국지도같이 얼룩져 있습니다. 인두로 지진 것입니다. 고문을 하면서 계속 지져서 몸이 온통 데이고 만신창이였습니다. 정말 우러러보이고 영광스러워보입디다. 그 부흥회가 있은 뒤 바로, 멀지 않은 곳에 있는 큰 교회 목사님은 사표를 내고 먼 지방으로 가버렸습니다. 왜요? 그분은 부끄럽게도 신사참배 했거든요. 죽음이 무서워서 신사참배 한 것입니다. 목사가 신사에 가서 꾸벅꾸벅 절을 했다는 말입니다. 이러고 해방을 맞으니 그게 부끄러워 살 수가 있어야지요. 여러분, 오늘도 보면 누가 얼마를 횡령했느니 누가 얼마를 수뢰했느니, 시끄럽습니다. 사실여부는 제가 알고 싶지 않습니다. 왜 이렇게 부끄러운 짓들을 하고 있나, 아, 좀 가난하게 살면 안되나… 창피하게 이게 뭡니까. 이래놓고 고개를 들지 못하고 다니다니, 어리석기 그지없습니다. 생명보다 귀한 것이 명예입니다. 왜 이 생각을 못하고 부끄러운 짓들을 하고 있는지…

오늘말씀에 귀를 기울여봅시다. "한 알의 밀이 땅에 떨어져 죽지 아니하면 한 알 그대로 있고 죽으면 많은 열매를 맺느니라." 예수님께서 이 진리를, 이 생명의 진리를 말씀하시고 믿으시고, 이 생명의 진리를 따라 죽으십니다. 놀라운, 영광스러운 생명을 위하여 그는 한 알의 밀이 되어 땅에 떨어져 죽으십니다. 이것은 선택적인 죽음입니다. 예수님의 십자가사건은 안죽으려고 이리저리 도망가다가 억지로 어떻게 되어서 죽었다, 하는 이야기가 아닙니다. 오늘본문에서 보는 바와 같이 '한 알의 밀이 땅에 떨어져 죽으면 많은 열매를 맺느니라' 하시고 예루살렘으로 올라가십니다. 당당하게 올라가셔서 십자가를 지신 것입니다. 왜요? 그는 저 앞에 있는 영광과 많은 열매를 맺는 저 미래를 바라보고 계시기 때문입니다. 그 결과를 알고 계시기 때문입니다. 이것이, 이 죽음이 끝이 아닙니다. 끝이 아니라 생명의 시작입니다. 이 죽음으로 인하여 많은 열매가 맺힐 것을 알고 계셨습니다. 본문에 헬라인이 예수님 앞에 와서 요청을 했다, 하는 이야기가 있는데 이에 대해서는 조금 해석이 필요합니다. 누가 왔을까? 이 헬라인들이 누구들일까? 그들은 예수님께 간청을 합니다. 이들의 청을 받고 제자들이 예수님께 "여짜온대" 하였습니다. 그런데 무엇을 여쭈었는지 그 내용이 나와 있지 않습니다. 다만 전설이 있을 뿐입니다. 그렇게 믿을만한 얘기는 아닌대로 그 전설이 여기 해석을 주고 있습니다. 이 헬라사람들이라는 것이 에데스다 왕국에서 온 사신들이었다는 것입니다. 에데스다 왕의 아들이 지금 한센병(문둥병) 걸려 죽어가므로 왕이 백방으로 애를 쓰다가 고칠 수가 없던 차에 소문을 듣자하니 유대땅에 예수라고 하는 분이 있어 그는 한센병도 고친다더라, 하는 것입니다. 그래 사신들을 보냈는데 예수님의 제자 가운데 가장 헬라문화에 가까이 있는 분이 바로 빌립이었습니다. 그가 헬라말을 했던 것같습니다. 그래 빌립이 그들의 얘기를 듣고 안드레와 함께 예수님께 가서 여쭈었다는 것입니다. 뭘 여쭈었느냐? 여기 계시지 말고 에데스다로 가십시다, 왕의 아들의 한센병만 고쳐주시면 우리가 당신을 평생토록 왕의 고문으로 있게 해서 잘 모시겠습니다, 한 것입니다. 저들은 유대사람들이 예수를 죽이려고 한다는 정보까지 입수하고 왔다는 것입니다. 그래 '이 위험한 데 계시지 마시고 우리나라로 가십시다' 하였다는 것입니다. 어쩌면 그럴 법합니다. 그래 예수님께서 이 시간에 말씀하십니다. 전혀 딴 방향으로 말씀하십니다. "인자의 영광을 얻을 때가 왔도다." 이 돌연한 말씀의 뜻이 뭐냐하면 이렇습니다. 이쪽에는 에데스다나라에 가서 누릴 수 있는 세속적인 영광이 있습니다. 이쪽에는 십자가의 권한이 있고 저 앞에 부활의 영광이 있습니다. 이 세속적인 영광과 영원한 영광 사이에서 말씀하십니다. "인자의 영광을 얻을 때가 왔도다." 그리고 십자가의 길을 선택하시는 그 순간입니다. 그런 결단의 말씀입니다. 오늘 3월 17일 주일은 결심주일입니다. 예수님께서 예루살렘으로 올라가시기로 굳게 결심하시는, 십자가를 지시기로 결심하시는 결단이 여기에 있습니다. "인자의 영광을 얻을 때가 왔도다." 그리고 십자가를 바라보십니다. 이것이 예수님의 역사의식입니다. 예수님의 인생관이요 세계관이요, 그리고 예수님의 마음속 깊이에 있는 소신입니다. 십자가를 선택하시고 십자가를 통해서 이루시는 영광의 아침을 바라보십니다. '한 알의 밀이 죽지 아니하면 그대로 있고 죽으면 많은 열매를 맺느니라.'

　　1865년 추운 겨울, 눈보라가 치는 어느날이었습니다. 한 여인이 영국 사우스 웨일즈라고 하는 곳 언덕을 지나고 있었습니다. 남편 없이 갓난아기를 감싸안고 가는 길인데 그만 길을 잃어버렸습니다. 추위에 떨다떨다못해서 이 어머니는 끝내 숨지고 말았습니다. 눈보라가 그친 다음에 사람들이 이 여자가 앉은 채 죽은 것을 발견했습니다. 그런데 놀라운 것은 여자가 홀랑 벗고 있었다는 것입니다. 안고 있는 아기를 살리려고 하나씩하나씩 자기옷을 자꾸 벗어서 그 아이를 감쌌던 것입니다. 그래 어머니는 죽었는데 놀랍게도 아기는 살아 있었습니다. 어느 착한 사람이 이 아기를 안아다가 키웠습니다. 이 아기가 커서 1916년 영국수상이 됩니다. 그가 바로 제1차세계대전을 승리로 이끈 데이비드 로이드 조지(David Lloyd George) 수상입니다. 그는 이 어머니의 이야기를 어렸을 적부터 들으면서 자랐습니다. 어머니는 나를 위해서 죽으셨다, 내 대신 죽으셨다, 나를 살리려고 알몸이 되어 죽으셨다―그 뜨거운 사랑에 감격하고, 한평생을 부모 없이 살았으나 위대한 지도자가 됩니다. 한 사람이 죽어서 또 다른 사람을 살리고 많은 열매를 맺습니다. 오늘 죽으면 내일 삽니다. 이것을 알아야 합니다. 저는 여류피아니스트 한 분을 압니다. 훌륭한 분입니다. 남편도 훌륭해보이고 겉보면 그 가정은 단란한 가정입니다. 그런데 밤낮 티격태격입니다. 한번씩 별거했다가 또 만났다가 별거했다 만났다… 온교회가 그 집을 걱정합니다. 그래 제가 한번 만나서 개인적으로 물어보았습니다. "아니, 행복하게 살아도 모자랄 세상에 우리가 보니 두 사람 다 좋은 여건인데 왜 그렇게 힘들게 사시오?" 무슨 방법이 없을까요, 했더니 대답이 재미있습니다. "있지요." "아, 있으면 그리합시다. 뭔데요?" "내가 죽으면 되지요." 여러분 내가 죽으면 됩니다. 별것도 아닌 거 살아가지고 야단입니다. 죽어버립시다. 어차피 죽을 거니 죽어버립시다. 어차피 끝난 거니 죽어버립시다. 그러면 되는 것입니다. 왜 이렇게 별것도 아닌 것, 별것도 아닌 자존심, 다 없어진 그까짓 체면 챙기고자시고 그럽니까. 툭툭 털어버립시다. 그리하면 살 길이 있습니다. 오늘 죽으면 내일 삽니다. 내가 죽으면 많은 사람이 삽니다. 바르게 죽으면 영광의 아침이 옵니다. 이게 사는 길입니다. 죄 짓고 부끄럽게 사는 것은 사는 길이 아닙니다. 나 죽고 남 죽이는 것입니다.
　오늘말씀, 신비로운 말씀입니다. 신비가 있습니다. 죽으면 산다, 내가 죽으면 많은 사람을 살린다, 바르게 죽으면 영생이 있다, 하심입니다. 오늘 죽고 미래에 사는 것입니다. 인도의 갠지스강, 어떤 노인이 강둑에 앉아서 조용히 명상을 하고 있습니다. 강물이 흘러가는 것을 조용히 봅니다. 유리알같이 맑은 물이 흘러갑니다. 보다보니 꿈틀꿈틀하는 것이 보입니다. 전갈 하나가 지금 물에 떠내려가고 있는 것입니다. 떠내려가면서 육지로 나와보려고 애쓰는데 이게 헤엄을 잘 못치거든요. 그래서 나뭇가지를 붙들고 하려는데 그 나뭇가지도 흘러가고 있습니다. 여러 모로 살아보려고 바둥거리는 것을 보고 이 노인이 그 전갈을 건져주었습니다. 건지자마자 전갈은 노인을 물었습니다. 물고나서 그 유명한 전갈꼬리로 쏘지 않겠습니까. 지나가던 사람이 한마디 던집니다. "노인장, 그 전갈은 살려줘서 뭘 하겠다고 그렇게 구출하려고 하는 거요. 쏘이면서…" 노인은 빙그레 웃고 말합니다. "전갈은 쏘는 것이 본능이고 나는 구원하는 것이 본능이오." 대상을 묻지 맙시다. 나는 나대로 한 알의 밀이 되어 죽을 것입니다. 희생할 것입니다. 자기생명을 잃는 자는 얻으리라, 네가 죽으면 많은 사람을 살리리라, 하십니다.
　성도 여러분, 현재에 죽고 미래에 삽시다. 나 하나 죽고 많은 사람을 살립시다. 순간에 죽고 영원한 영광을 바라봅시다. 이것은 추상적인 이야기가 아닙니다. 이것은 실제상황입니다. 이 진리를 버렸기 때문에 부끄러운 생을 살고 나라도 망하고 세상도 망하고 가문도 망하는 것입니다. 그리스도와 함께 죽으면 그리스도와 함께 삽니다. 그리스도와 함께 영광 얻기 위해서는 주저없이 그리스도와 함께 고

난의 길을 가야 할 것입니다. '한 알의 밀이 땅에 떨어져 죽으면 많은 열매를 맺느니라.' △

십자가로 승리하시다

　누가 철학과 헛된 속임수로 너희를 노략할까 주의하라 이것이 사람의 유전과 세상의 초등 학문을 좇음이요 그리스도를 좇음이 아니니라 그 안에는 신성의 모든 충만이 육체로 거하시고 너희도 그 안에서 충만하여졌으니 그는 모든 정사와 권세의 머리시라 또 그 안에서 너희가 손으로 하지 아니한 할례를 받았으니 곧 육적 몸을 벗는 것이요 그리스도의 할례니라 너희가 세례로 그리스도와 함께 장사한 바 되고 또 죽은 자들 가운데서 그를 일으키신 하나님의 역사를 믿음으로 말미암아 그 안에서 함께 일으키심을 받았느니라 또 너희의 범죄와 육체의 무할례로 죽었던 너희를 하나님이 그와 함께 살리시고 우리에게 모든 죄를 사하시고 우리를 거스리고 우리를 대적하는 의문에 쓴 증서를 도말하시고 제하여 버리사 십자가에 못 박으시고 정사와 권세를 벗어 버려 밝히 드러내시고 십자가로 승리하셨느니라
　　　　　　(골로새서 2 : 8 - 15)

십자가로 승리하시다

아프리카 우간다의 어느 교회에 있었던 실화입니다. 당시의 우간다는 이디 아민이라고 하는 악명높은 독재자가 대통령으로 통치하고 있는 때였습니다. 케파 셈팡기라고 하는 목사님이 교인 7000명이 넘는 큰 교회의 영적 지도자로 귀한 역사를 담당하고 있었습니다. 그는 부득불 정부를 비판하는 설교를 종종 하곤 했습니다. 저 독재자에게 억압당하고 있는 백성들을 위로하는 설교를 자주 했습니다. 이것이 정부에 알려졌습니다. 부활절 아침, 다섯 명의 비밀경찰이 찾아왔습니다. 모두는 다 그것이 무엇을 의미하는지 알고 있었습니다. 예배가 끝나자 그들은 총을 겨누고 사무실에 들어와 "반국가사범을 처단하라는 명령을 받고 왔소"하고 말했습니다. 목사님은 이미 각오한 터이라 그들 보고 태연히, 온유하게 말했습니다. "오늘은 부활절 아침입니다. 나는 죽는 것 조금도 두렵지 않습니다. 내게 2분만 시간을 주시면 기도를 드리고 나의 생을, 내 목회를 마무리하겠습니다." "그러시오." 목사님은 무릎을 꿇고 하늘을 향하여 또박또박 큰 소리로 기도했습니다. "하나님 아버지, 우간다 통치자 이디 아민을 용서하여주시옵소서. 그 명령을, 원치 않으면서도 받아들여야 하는 불행한 이 다섯 사람을 용서하여주시옵소서. 그리고 우간다국민에게 자유를 주시옵소서. 내 사랑하는 조국이 사랑의 땅, 의의 땅이 되도록 도와주시옵소서. 나의 죽음으로 다시는 이러한 비극이 되풀이되지 않게 하여주시옵소서, 아멘." 기도하는 목사님의 눈에서는 눈물이 뚝뚝 떨어졌습니다. 비밀경찰들도 울었습니다. 마침내 그 대장되는 사람이 말합니다. "엄청난 실수를 범했습니다. 못본 것으로, 못들은 것으로 하겠습니다"하고 조용히 사무실을 빠져나갔습니다. '가장 강한 것이 무엇이냐?'하는 재미있는 이야기가 있습니다. '가장 강한 것은?'하는 제목의 글입니다. '가장 강한 것은 돌이다. 그러나 돌을 깨뜨리는 것은 쇠다. 쇠를 녹이는 것은 불이다. 불을 끄는 것은 물이다. 물은 구름에 흡수되어버린다. 구름은 바람에 날려간다. 바람은 사람을 어찌하지 못한다. 사람은 죽음을 향해서 아무 대책이 없다. 그런고로 죽음이 가장 강하다. 죽음보다 강한 것은 바로 십자가이다. 십자가는 죽음을 이길 수 있기 때문이다.' 여러분, 깊이 생각해보아야 하겠습니다. 크리스천이 누구입니까. 도대체 기독교인이라는 것이 뭡니까. 크리스천이라는 것은 바로 십자가 이해에 있는 것입니다. 십자가를 어떤 측면에서 어떻게 이해하느냐입니다. 거기서 그리스도인의 속성이 결정됩니다. 분명히 알 것은 십자가는 죽음이라는 사실입니다. 십자가는 죄인에 대한 아주 처참한 처형법입니다. 아주 부끄러운 죽음입니다. 저주스러운 죽음입니다. 인류역사상 가장 비참한, 가장 부끄럽고 가장 저주스러운 죽음이 바로 십자가죽음입니다. 그러나 우리 그리스도인들은 생각합니다. 십자가 안에 무궁무진한 비밀이 숨기어 있습니다. 그 속에 미스터리가 있습니다. 엄청난 생명력이 거기에 있습니다. 그것을 믿는 것이 바로 예수를 믿는다는 것입니다.

　　예수님께서 말씀하십니다. 몇시간만 지나면 십자가를 지실 것인데 제자들에게 말씀하십니다. '너희가 다 나를 버릴 것이다. 그러나 나는 혼자 있는 것이 아니다. 내가 세상을 이겼노라.' 이렇게 선포하십니다. '내가 세상을 이겼노라.' 말씀하시고 십자가를 지십니다. 십자가를 지시고 승리하신 게 아니라 승리하시고 십자가를 지셨습니다. 승리로 십자가를 지셨습니다. 십자가로 승리하셨습니다. 그것이 십자가 안에 나타난 신비입니다. 또한 십자가 위에서 죽어가시는 시간에 말씀하십니다. "아버지여 저희를 사하여주옵소서 자기의 하는 것을 알지 못함이니이다(눅 23:34)." 엄청난 선언이요 엄청난 여유요 엄청난 위세입니다. 죽으시면서도 그렇게 죽이는 자들을 여유있게 용서하시고 위하여 기도하고 계십니다. 거기에 승리가 있습니다. 짓궂은 상상입니다마는 만일에 예수님께서 이렇게 한마디 하셨다면 어떨까, 하는 쓸데없는 상상을 해볼 때가 있습니다. 십자가 위에서 내려다보시고 '이놈들, 두고보자.' 만일에 그렇게 말씀하셨다면 이야기는 완전히 달라집니다. "저들의 죄를 사하여주옵소서." 이 한마디가 역사를 바꿉니다. 십자가의 의미를 완전히 다른 의미로 만드신 것입니다. 십자가는 절대로 불가피한 것이 아닙니다. 십자가 속에 자발성이 있다는 것을 잊지 말아야 합니다. 그것이 승리입니다. 이리저리 도망다니다가 능력도 없고 지혜도 없고 일이 꼬여들어서 할 수없이 죽으셨다는 얘기가 아닙니다. 그것은 절대로 실패가 아닙니다. 성경이, 복음서가 계속 증거하는 그 주제의 초점이 십자가는 우연한 일이 아니라는 데 있습니다. 십자가는 예정된 것이요 십자가는 계획된 것이요 십자가는 하나님의 큰 경륜 속에 미리 약속된 것이요, 그리고 십자가를 지신 거다—이것을 설명하는 것이 성경책 전부입니다. 총주제입니다. 이것을 모른다면 성경을 못본 사람입니다. 예수님의 많은 이적이 무엇을 말씀합니까. 병든 자를 고치시고 먹은 귀를 여시고 죽은 자를 살리시고… 죽은 지 나흘이나 된 나사로의 무덤에 가시어 '나사로야 나오너라' 소리치십니다. 죽었던 사람이 살아서 걸어나옵니다. 이것은 뭘 말씀하는 것입니까. 이러한 능력을 가지신 분이 십자가에 죽으셨다, 이 말씀입니다. 그것을 설명하자는 것입니다. 십자가를 설명하는 내용입니다, 이것이. 그 능력을 가지신 분이 말없이 십자가를 지십니다. 그래 빌라도는 그것을 알 수가 없어서 "Behold the man!" 이 사람을 보라, 도대체 알 수가 없는 사람이다, 그 능력을 가지신 분이 왜 말없이 죽어가는가, 합니다. 그것을 알 수가 없다는 것이지만 거기에 십자가의 비밀이 있는 것입니다. 오랫동안 예언되어왔습니다. 예표로 확증되어왔습니다. 수많은 양과 소를 잡아 제사를 드렸습니다. 그것은 십자가에 대한 예표, prototype입니다. 계속해서 보여주고 예언하고 그 예언이 오늘와서 십자가에서 성취되는 것입니다. 클라이막스에 와서 이루어진 것입니다. 십자가는 그렇게 이루어지는 것입니다. 자발적으로 자원적으로 하나님의 오묘한 우주적 섭리 속에서 이루어진 계획적인 일이라는 것입니다. 거기에 진정한 승리가 있습니다. 이것은 완성이요 이것은 예언의 성취요 이것은 본래부터 계획되었던 것이며 그것이 이제 결정적인 시간에 이루어진 것입니다.

그런가하면 십자가는 뭐니뭐니해도 사랑의 계시요 사랑의 실천입니다. 사랑의 승리입니다. 여러분, 사랑이 무엇입니까. 사랑자체도 설명하기 어렵지만 사랑의 소위 커뮤니케이션, 사랑을 전달한다는 게 이렇게 어려울 수가 없습니다. 누구 보고 쉽게 사랑한다는 말 했다가는 뺨맞습니다. 이 사랑이 전달돼야겠는데 이 뜨거운 마음을 전달하는 길이 어디에 있습니까. 사랑의 진실한 언어는 희생밖에 없는 것입니다. 그래서 죄송하지만 부잣집 아들딸들이 이게 문제라고요. 부모님이 아무리 사랑한다 사랑한다 해도, 이거 해주고 저거 해주고 해도 그저 못마땅합디다. 저로서 볼 때는 지금 철딱서니없는 아이들 장가가고 시집가는 데다가 큰 집을 사주고 뭐하고… 마음에 안듭니다. 그렇게 하는 것이 아닙니다. 저들도 저들대로 고생을 하고 살아야 합니다. 그런데 부모 자신이 옛날에 고생했다고해서 "너는 고생하지 마라"하고 집 사주고 차 사주고 다 사주는데, 틀림없는 것은 이렇게 사랑받은 자녀는 불효자가 된다는 것입니다. 오히려 가난하고 어려워서 밥 한끼를 제대로 못주고 미안하다, 미안하다, 하면서 키운 그 자녀는 커서 철저하게 효자가 됩니다. 그걸 알아야 합니다. 오직 희생만이 사랑의 효과적 언어입니다. 제가 인천에서 본 일입니다. 너무도 가난하고 어려운 집입니다. 겨울 추운 때에 어머니가 메리야스장사를 합니다. 메리야스 몇 가지를 들고 나가 이 집 저 집 다니면서 팝니다. 아들은 남의 사무실에 가 청소하면서 일을 하고 야간고등학교를 다닙니다. 밤중에 돌아온 아들을 놓고 어머니는 "미안하다. 오늘은 밥을 못했다"하고 구워놓았던 고구마 하나를 까주면서 "오늘은 이걸로 때우자"합니다. "어머니가 시장하실 텐데 왜 이걸 제게 줘요?" 그 고구마 하나를 받아먹으면서 눈물을 뚝뚝뚝뚝 흘렸습니다. 이 아들이 고려대학교 상과대학에 수석으로 들어갔습니다. 그 어려운 가운데 고학을 해서 졸업을 했습니다. 졸업식날 제가 같이 갔었습니다. 보니 아들이 졸업장을 어머니에게 줍니다. "이것은 제것이 아닙니다. 어머니 졸업장입니다." 어머니는 울먹입니다. "내가 너한테 해준 게 뭐냐. 밥도 제대로 못주고 학비도 못줬는데…" 둘이 그러안고 우는 장면은 참 감격스러웠습니다. 저도 함께 울었습니다. 고구마 얻어먹고 자란 아이는 효도하더라고요. 자동차 준 아이는 효도하지 않습니다. 그걸 알아야 합니다. 많은 고난 속의 희생, 사랑은 분명합니다. 저분이 얼마나 희생하는가? 나를 위해서 얼마나 희생하는가? 그것을 보고야 사랑을 느낍니다. 사랑을 수용합니다. 사랑을 믿습니다. 예수께서 우리를 위하여 죽으십니다. 십자가에 죽으십니다. 우리 살리시기 위하여 그는 죽으십니다. 끝까지 사랑하십니다. 십자가 안에 엄청난 사랑이 계시되어 있고 그 사랑 안에 나의 삶의 의미가 계시되어 있는 것입니다.

또한 십자가는 의의 계시입니다. 의의 승리를 말씀하는 것입니다. 죄란 그저 흐지부지 용서될 수가 없는 것입니다. 죄값은 사망입니다. 누가 당하든지 당해야 되는 것입니다. 우리나라 정치처럼 흐지부지되는 것이 아닙니다. 분명하게 밝혀서 잘못한 것은 잘못한 것으로 벌을 받아야 합니다. 누가 당하든지 당해야 합니다. 그냥 어물쩍 넘어가는 게 아닙니다. 하나님의 심판은 엄연합니다. 죄값은 사망입니다. 그런고로 주님께서 우리를 대신해서 죽으셔야 했던 것입니다. 죽으시지 않고는 절대로 살리지 못하니까요. 어느 puritan마을, 깨끗하게 정결하게 술집도 창녀도 없는 것을 자랑삼고 사는 좀 엄격한 마을인데 어느 처녀가 어쩌자고 결혼하기 전에 임신을 했습니다. 이 마을에 한 수도사가 있어 사람들에게 존경을 받았습니다. 그는 마을사람들의 궂은 일, 온마을의 궂은 일은 도맡아 했습니다. 이 마을 처녀가 임신을 했고, 이제 그 태아의 아비가 누구인지 대지 못하면 간음죄로 추방당하거나 맞아죽을 판입니다. 그런데 처녀는 뱃속아기의 아비가 누구인지를 밝히지 않습니다. 그래서 지금 추방당하게 되었습니다. 그제야 "저 수도사"가 아비다, 했습니다. 수도사는 그대로 끌려가 많은 몰매를 맞고 수모를 겪고 투옥되어 시름시름 앓다가 감방에서 죽었습니다. 죽은 다음에 시신을 염하면서 보니 이게 남자가 아니고 여자였습니다. 남장여인이었던 것입니다. 온마을

이 숙연해졌습니다. 이 여자는, 이 수도사는 왜 '그것은 내 아이가 아니다'하지 않았을까? 저 처녀를 살리기 위해서는 내가 죽어야 했습니다. 내가 죽어야만 그 누군가를 살릴 수 있기 때문입니다. 여러분, 십자가는 의의 승리입니다. 그가 우리를 위하여, 우리를 대신해서 먼저 죽으셨습니다. 하나님의 공의가 거기서 완전히 충족되는 것입니다. 이것을 충족원리라고 합니다. 충족됩니다. 그리하여 죄인이 의인처럼 살 수 있게 되는 것입니다.

또한 십자가는 긍휼의 승리입니다. 불쌍히 여기시는 것입니다. 율법과 은혜—은혜의 승리를 웅변하는 것입니다. 그래 주님께서는 십자가상에서 '하나님이여, 저들의 죄를 사하소서'하고 말씀하시는 것입니다. 이것만이, 이 십자가만이, 이 긍휼이 모든것을 이길 수 있다는 것을 확증해줍니다.

또한 십자가는 죽음의 승리입니다. 죽음을 넘어섭니다. 죽음을 초월합니다. 십자가는 생의 끝이 아닙니다. 영원한 세계의 시작입니다. 그것을 믿고 죽음의 세계를 훌쩍 넘어서는 것이 십자가의 말씀이요 그리스도를 믿는 사람들의 생명의 길입니다. 신학자 칼 바르트는 그의 교회교의학에서 '사람의 생의 단 한 번의 기회'라고 하는 논문을 씁니다. 사람에게 많은 기회가 있는 것같으나 가장 중요한 기회는 오직 하나 있습니다. 단 한 번의 기회, 그것은 곧 죽음이다, 그 기회를 어떻게 맞이하느냐가 중요한 것이다, 이것을 영원한 생명의 세계로 향하는 길로 맞이하느냐, 아니면 이것이 영원한 저주로 끝내는 시간이냐, 하는 것입니다. 우리는 죽음을 향해서 삽니다. 죽음이라고 하는 그 한 순간을 작품처럼, 클라이막스로 맞이해야 한다는 말입니다. 그러기 위해서 우리는 두 가지를 생각해야 한다고 말합니다. 하나는 미멘토 모리(memento mori), 당신은 곧 죽어야 한다는 것을 기억하고 사십시오, 하는 것입니다. 또하나는 미멘토 도미니(memento Domini), 주님을 생각하십시오, 하는 것입니다. 사람은 죽는다, 그리고 주님을 생각하라, 십자가를 지시고 부활하신 주님을 생각하라—이래야만 나의 일생에 딱 한 번 있는 기회를 가장 귀한 기회로 의미를 바꾸어놓을 수 있고 방향을 돌려놓을 수 있다는 것입니다. 아시는대로 저는 이래저래 북한을 자주 내왕합니다. 북한에 있는 고관들과 자주 만나서 얘기도 해봅니다. 언젠가는 아시는대로 평양과학기술대학을 세우려는 큰 계획을 가지고 재단이사장의 임명장을 받고, 큰 행사를 치르고 저녁에 파티를 하는데 "목사님, 목사님은 왜 우리를 돕는 겁니까? 무엇 때문에 도우려고 하는 겁니까? 목사님의 아버지가 우리 공산당원에게 총살당한 것에도 불구하고 북한을 10여년 동안 한결같이 돕는데, 그 돕는 이유가 뭡니까? 무슨 대가를 바라십니까?"하고 묻습니다. "바라는 대가 없습니다. 내가 평양시내에다가 굉장한 교회를 세우겠다는 것도 아닙니다. 지금 그런 얘기는 안하겠습니다. 내가 목사 아닙니까. 뭘 요구한다는 걸 다 알고 있으면서 뭘 물어봅니까." "그래도 한 말씀 해주십시오." "딱 한 마디만 할께요. 예수믿는 사람들 죽이지 마세요. 이것만 약속해주면 제가 얼마든지 도와드리겠습니다." 작년에도 400명 죽였다며, 인정을 합디다. 그는 말합니다. "안죽일 수가 없어요." "왜요?" "반동이거든요." "어째서?" "공산당보다 기독교인은 훨씬 셉니다." 왜 세냐고 물었더니 "공산당원들은 죽음을 무서워합니다. 그러나 기독교인들은 죽음을 무서워하지 않습니다. 전혀 죽음을 무서워하지 않습니다. 그래서 어찌할 길이 없습니다. 그래서 죽는 겁니다. 어쩌면 그렇게 죽기를 기독교인들은 바라고 있습니다." 거기서 죽을 뻔하고 산 사람들 만나보니 그때 죽었으면 얼마나 좋았을까, 합디다. 기독교인은 죽음을 무서워하지 않습니다. 더구나 예수의 이름으로 죽을 수 있다면 그것은 지상의 영광입니다. 단 한 번밖에 없는 기회입니다. 그러니 사양할 리가 없지요. 두려워할 리도 없지요. 승리를 위하여 사는 것입니다. 승리를 위하여만 사는 것이 아닙니다. 승리를 보장받고 사는 것입니다. 승리를 믿고만 사는 것이 아닙니다. 승리를 누리면서 사는 것입니다. 나의 승리의 계시가 바로 십자가에 확증되어 있는 것입니다. 예수님께서 나귀타시고 입성하신 것은 이 길을 통하여 승리하시겠다는 것이 아니고 승리의 호산나를 먼저 부르고 당당하게 갈보리언덕으로 가셨음입니다. 여기에 그리스도인의 승리의 의미가 있는 것입니다. △

그리하여 주와 함께 있으리라

형제들아 자는 자들에 관하여는 너희가 알지 못함을 우리가 원치 아니하노니 이는 소망이 없는 다른 이와 같이 슬퍼하지 않게 하려 함이라 우리가 예수의 죽었다가 다시 사심을 믿을진대 이와 같이 예수 안에서 자는 자들도 하나님이 저와 함께 데리고 오시리라 우리가 주의 말씀으로 너희에게 이것을 말하노니 주 강림하실 때까지 우리 살아 남아 있는 자도 자는 자보다 결단코 앞서지 못하리라 주께서 호령과 천사장의 소리와 하나님의 나팔로 친히 하늘로 좇아 강림하시리니 그리스도 안에서 죽은 자들이 먼저 일어나고 그 후에 우리 살아 남은 자도 저희와 함께 구름 속으로 끌어 올려 공중에서 주를 영접하게 하시리니 그리하여 우리가 항상 주와 함께 있으리라 그러므로 이 여러 말로 서로 위로하라

(데살로니가전서 4 : 13 - 18)

그리하여 주와 함께 있으리라

　이번달 「가이드 포스트」지에는 특별한 보고서가 실려 있습니다. 현재 터키의 수도는 이스탐불인데 이 도시의 본래이름은 콘스탄티노플입니다. 이 옛도성 안에 성 소피아 사원이라는 게 있습니다. 중동지역을 여행해본 분들은 한번씩 가보았을 거라고 생각합니다. 유명한 관광지입니다. 특별히 그리스도인에게는 중요한 의미가 있는 곳입니다. 이것은 1700년된 엄청난 성전입니다. 1700년 전에 어찌 이렇게 큰 성전이 지어질 수 있었을까, 상상을 해보십시오. 세 차례나 지진을 만났어도 이 집은 무너지지 않고 지금까지 서 있어서 기독교 문화의 그 화려했던 옛날을 우리에게 증거해줍니다. 거기에 비밀한, 아주 소중한 보고서가 소장되어 있어서 이것을 이번 「가이드 포스트」에서 소개하고 있습니다. 그 제목이 「예수의 체포와 심문 및 처형에 관하여 가이사에게 보낸 빌라도의 보고서」라고 하는 문건입니다. 로마황제 티베리우스에게 보낸 빌라도총독의 보고서로 대단히 중요한 증거를 전해주고 있습니다. 그 내용은 이렇게 시작됩니다. '각하께 문안드립니다. 제가 다스리는 지역에서 최근 수년동안에 일어난 사건은 나라의 운명까지도 변하게 할지 모르는 일이기에 각하께 소상히 알려드리고자 합니다.' 이어지는 내용은 대체로 성경에 있는 기록과 비슷하게 전개됩니다. 그리고 빌라도는 이렇게 말합니다. '원치 않았지만 폭동이 무서워서 희생양으로 예수라는 청년을 십자가에 처형했습니다. 그리고 다 끝난 줄 알았는데 더 큰 혼란에 빠지게 되었습니다. 그 이유는 그가 부활했기 때문입니다. 무덤은 비었고 제자들은 용기를 내어 예수 부활했다고 전파하기 시작했습니다. 예수의 생애는 마치 진흙이 토기장이의 손에 있듯이 모든것이 그의 손에 있음을 증명하고 있습니다. 따라서 그의 주장이 사실일 수밖에 없다고 감히 말씀을 드립니다. 십자가 옆에서 말커스가 말한 것처럼 이 사람은 하나님의 아들이었다고 나는 말하고 싶습니다. 각하, 이것은 제가 할수있는 한 사실대로 기록한 것입니다. 저는 각하의 가장 충실한 신하입니다—본디오 빌라도.' 이렇게 되어 있습니다.

여러분, 부활사실을 어떻게 생각하십니까? 우리 부활절을 당해서 다시한번 생각해야 될 문제는 부활의 역사성입니다. 부활은 철학적으로 추상적으로 심리학적으로 설명할 문제가 아닙니다. 혹은 도덕적으로 설명할 문제도 아닙니다. 부활은 역사적 사실입니다. 이 철저한 사건으로부터 기독교는 시작됩니다. 이 역사적 사실, 이것에 대해서 우리는 다시한번 우리의 신앙을 새롭게 해야 될 것입니다. 사실로 인간의 인간됨은 바로 그의 생각에 있는 것입니다. 생명은 바로 생각입니다. 믿음은 바로 깨달음입니다. 영생은 바로 믿음입니다. 이 사실을 알고 믿는 것이 바로 영생입니다. 유명한 신학자 칼 바르트의 말, 지난 주일에 말씀드린대로 다시한번 생각합니다. 우리는 두 가지를 잊지 말아야 합니다. '미멘토 모리—죽음을 생각하라. 미멘토 도미니—주님을 생각하라.' 복잡한 일이 많겠지만 이 두 가지는 절대로 잊지 말 것입니다. 우리는 죽습니다. 죽는다는 것을 미리 아는 것이 인간입니다. 주님께서 우리를 위하여 죽으시고 우리를 위하여 부활하셨기에 우리에게는 부활이 있고 영생이 있다는 것을 알고 생각하고 믿는 것이 그리스도인입니다. 아무것도 모르고 사는 것은 동물입니다. 알고 사는 것이 인간이요 아는 만큼의 인간은 존재합니다. 믿는 만큼 우리의 생명의 가치는 존재하는 것입니다. 거기에 영생이 있습니다.
　예수의 부활—깊이 생각하여야 합니다. 예수의 부활만이 부활입니다. 그것만이 부활입니다. 말로 다 설명되지 않습니다. 어떤 비사로도 어떤 논리로도 다 설명할 수는 없습니다. 생명은 본래 설명을 필요로 하지 않습니다. 사실은 사실일 뿐입니다. 우리가 알고 모르고 믿고 안믿고가 상관없습니다. 사실대로 실재할 뿐입니다. 부활—예수 그리스도의 부활만이 부활이라는 것을 잊지 마십시오. 이것은 자연현상이 아닙니다. 영혼불멸설 같은 이론도 아닙니다. 물론 옛생명의 회생도 아닙니다. 특별히 윤회는 더더욱 아닙니다. 이것은 구속사적인 사건이며 참생명, 영원한 생명을 설명하고 증거하는 첫 열매가 되는 것입니다. 그래서 중요한 것입니다. 부활이라는 사건이 바로 우리에게 주시는 계시요 우리에 대한 약속이요 우리의 생명에 대한 증거이기 때문에 중요한 것입니다. 역사상의 그 어느 때에 있었던 하나의 사건이 아닙니다. 그것은 바로 우리들을 위한 것입니다. 그런고로 구속사적인 사건입니다. 첫열매가 되십니다. 이것은 역사적인 사건이며 우주적인 사건이며 구속사건이며 동시에 부활에 대한, 부활생명에 대한 증거이며 우리를 향한 예표요 우리생명을 향한 약속의 증거입니다. 여러분은 죽음을 어떻게 생각하십니까? 육체의 죽음은 동물적인 죽음이요 하나의 자연현상입니다. 그러나 인간의 죽음은 절대로 그것이 끝이 아닙니다. 육체의 죽음일 뿐 그 생명의 죽음이 아니요 오히려 자유로운 생명의 시작이라는 것을 잊지 말아야 합니다. 생명은 여전히 신비입니다. 출생이 신비입니다. 성장이 신비입니다. 요새 뭐 DNA니 혹은 유전학이니 유전공학이니해서 많은 연구를 합니다. 유전자를 해독했다느니뭐니 합니다. 굉장한 일인 양 떠듭니다. 문자 그대로 해독은 했습니다. 그러니 어쩌라는 것입니까. 하나님의 오묘한 신비의 세계를 터럭끝만큼 해독 좀 했다고 문제가 다 해결이라도 난 것처럼 착각을 합니다. 여러분, 여러분 생전에 죽지 않을 약이 나오리라고 착각하지는 마십시오. 죽습니다. 그런 줄 아십시오. 늙지 않는다고요? 사람 안늙어도 걱정이지요, 사실은. 안죽어도 걱정이지요. 생명은 신비로운 것입니다. 그 성장이 신비롭고 유전인자가 신비롭고 죽음 그 자체가 점점더 신비로워집니다. 그래서 오히려 과학자들이 더 신앙이 좋습니다. 연구해갈수록 점점 더 깊은 세계를 발견합니다. 점점더 놀라운 것입니다. 나아가 부활이라는 것은 더더욱 신비로운 것입니다. 참생명이 육체라는 옷을 잠깐 입었다가 그 어느 순간에 벗어버린다고 생각하십시오. 이것이 사도 바울의 '인간론'입니다.

　오늘본문에서는 죽음을 가리켜 '자는 것'이라고 세 번이나 말씀합니다. "자는 자들에 관하여는…" "자는 자들도…" "자는 자보다…" 예수님께서도 죽은 사람 두고 '잔다' 하셨습니다. 죽었다고 모두가 울고 있고 장례식까지 치른 터인데 '잔다' 하셨습니다. 예수님의 죽음관은 휴식입니다. '잔다.' 잔다는 것이 무슨 뜻입니까. 쉰다는 말입니다. 피곤해서 좀 쉬는 것입니다. 우리가 낮에 힘써 일하고 밤에 피곤해서 잡니다. 죽음이란 그 잠자는 것과 의미가 똑같은 것입니다. 쉬는 것입니다. 그리고 잔다고 하는 것은 그 속에 생명이 있다는 뜻입니다. 아시는대로 잠자는 것도 가만히 보면 아이들 자는 것은 예쁩니다. 그러나 어른 자는 건 영 아닙니다. 게다가 코를 드르렁드르렁 골다가 숨넘어갈 것같이 걸떡거리면 아하, 참 힘쓰입니다. 내가 잠들었으니망정이지 깨서 그거 계속 들으라고 한다면 곤란합니다. 그러나 우리는 낙심하지 않습니다. 생명이 그 안에 있어서입니다. 죽은 것같으나 생명이 그 안에 있습니다. 그게 자는 것입니다. 곧 '잔다'하는 것은 '생명이 있다'하는 뜻입니다. 혹 여러분에게 죽음이라고 하는 현상 자체에 대한 두려움이 있습니까? '얼마나 괴롭고 얼마나 아플까, 얼마나 숨이 답답할까?' 그리 생각하십니까? 너무 걱정하지 마십시오. 죽음은 자는 것과 똑같습니다. 생명은 의식의 세계이기 때문에 우리가 잠들어서 의식이 몽롱해지는 것과 꼭같은 현상으로 죽을 것입니다. 그런고로 죽음 자체에 대해서는 걱정할 것 없습니다. 오직 지옥갈까 걱정하십시오. 그거나 걱정하십시오. 주님 앞에 가서 얼마나 부끄러운 모습으로 서게 될까, 하는 걱정이나 할 것이지 죽는 것 자체는 걱정하지 마십시오. '아이고, 숨막힐텐데 그거 어떡하지?' 그 걱정은 하지 마십시오. 여러분은 잠들 때 그 걱정 했습니까? 잠자는 그것은 죽는 연습입니다. 매일매일 우리는 죽는 연습을 합니다. 죽었다살았다 합니다. 그런데 잠이라는 것이 현상이야 어떻게 전개되든 예수님의 시각으로는 '그 속에 생명 있다'하는 말씀입니다. 또한 잠이라는 것은 깰 때가 있습니다. '깬다' 그 말입니다. 지금은 자지만 깨어날 때가 있습니다. 그것을 내다보기 때문에 '잔다'하는 것입니다. 예수님께서는 분명히 죽어서 장례식을 하는 사람을 보시고도 '잠들었다'하셨습니다. 예수님의 능력이 플러스 알파로 역사할 때 그건 깨어나게 되는 것입니다. 그 깨어날 아침을 생각하기 때문에 예수님께서는 '잔다. 죽은 것이 아니라 잔다'라고 평화롭게 말씀하신 것을 볼 수 있습니다. 이게 잔다는 뜻입니다. '죽음은 잠이다.' 또하나는, 그리스도 안에서 잔다는 것입니다. 이게 문제입니다. 그리스도 안에 살던 사람이 그리스도 안에서 잔다―여기에 죽음을 넘어서는 엄청난 신비가 있습니다. 그리스도를 사랑하고 그리스도의 사랑을 받아들이고 그를 믿고 그의 능력 안에 사는 것입니다. 그리고 자유한 모습을 가리켜 그리스도 안에 산다, 합니다. 그리고 잠들었을 때 그리스도 안에 잔다고 말합니다.

스턴버그라고 하는 심리학자가 쓴 「The Psychology of Love」라고 하는 책에 보면 사랑의 3요소를 말합니다. 우리가 인격과 인격의 관계에서 서로 믿고 사랑한다는 게 뭘 의미하느냐? 첫째는, intimacy 곧 친밀감이다, 하였습니다. 가깝게 느낍니다. 상대방의 행복을 증진시키고자 하는 마음으로 가득찹니다. 지시를 받으려는 마음, 지시하려는 마음으로 꽉찹니다. 이것이 '사랑'이라는 것입니다. 어린아이들을 보십시오. 그 철없는 것들이 부모님의 사랑을 가까이 느끼고 있습니다. 이 사랑이 잠깐만 떠나도 못삽니다. 따로 떨어져 노는 것 같아도, 장난감 가지고 놀고 친구와 같이 노는 것같아도 지금 부모님이 여기 있고 부모님의 사랑이 여기에 있고 나는 부모의 사랑을 받는 사람이다, 하는 자신감을 가지고 있습니다. 그런 친밀감을 가지고 있습니다. 어머니를 떠나서 나는 존재하지 않는다―이것을 믿고 있습니다. 그러한 느낌이 실제로 육체의 생활 속에도 나타납니다. 이 친밀감, 어머니의 젖을 빨고 있으면서 어머니의 눈을 쳐다보고 있는 거와 같은 관계, 친밀함이 있습니다. 이것은 두 생명의 연합을 말하는 것입니다. 둘째는, 정열입니다. passion입니다. 관심이 있고 사랑과 사랑의 대상에 몰두합니다. 그의 사랑을 듬뿍 받으면서 아무런 구속이 없습니다. 자유하고 행복합니다. 이것이 믿음이라는 것입니다. 셋째는, total commitment입니다. 전적으로 위탁하고 헌신합니다. 독립되게 별도로 걱정할 일이 아무것도 없습니다. 그에게

다 맡겼습니다. 내 생명을 그에게 다 위탁해버렸습니다. 그리고 그의 뜻을 그대로 나의 행복으로 받아들이고 있습니다. 자, 이렇게 예수님을 사랑하고 믿고 그리고 죽었습니다. 이 사람을 성경은 '그리스도 안에 자는 사람이다. 잠깐 잠들어 있는 사람이다'라고 표현합니다. 그리고나서 이제 장차는 그리스도와 함께 영원히 있을 것입니다. 지금도 영원히 생명은 그리스도의 것이고 그리스도 안에 있습니다. 그리스도와 함께합니다. 그것은 사랑이요 그것은 헌신이요 그것은 행복이요, 동시에 그리스도 안에 있는 엄청난 자유와 용기입니다. 그것으로 영원한 세계까지 이어지는 것입니다. 그래서 "항상 주와 함께 있으리라"하고 약속하는 것입니다.

그렇다면 이렇게 부활생명 속에 사는 오늘의 생은 무엇인가, 하는 것입니다. 여기서는 마더 테레사의 말을 인용하겠습니다. 한평생 인도에서 불쌍한 사람들을 위해서 생을 바친 이 수녀 테레사는 「아름다운 선물」이라는 책에서 말합니다. 그리스도인이란 첫째, 선교적으로 사는 모습이다, 선교사적으로 산다, 하였습니다. 다시말하면 사명을 지니고 산다는 것입니다. 부활의 증인 된 사명으로 사는 것입니다. 내 얼굴을 보는 사람들이 생명이 무엇인지를 알도록, 나와 만나는 사람들이 영생이 무엇인지를 알 수 있도록 그렇게 사는 것입니다. 증인으로 살고 선교사적으로 사는 것입니다. 엄청난 사명을 지니고 삽니다. 둘째, 명상가로 산다, 하였습니다. meditation, 무슨 말입니까. 명상이란 한 가지만 생각하는 것입니다. 거기다가 사랑과 정열을 쏟습니다. 그 외에는 아무것도 생각지 않습니다. 이게 명상입니다. 우리는 그리스도만을 쳐다보고 그리스도께만 집중합니다. 그 외에는 아무것도 상관하지 않습니다. 명상가적으로 사는 것입니다. 셋째, 보편적으로 산다, 하였습니다. 이게 무슨 말인고하니 의인이면서도 죄인 속에 살고, 선하면서도 악한 사람들 속에 보편적으로 산다는 것입니다. 그리스도인이지마는 죄악세상에 아무 불평 없이 그대로 흡수되어 살아갑니다. 철저한 보편성, 여기에는 높고낮고가 없습니다. 부하고 가난하고가 없습니다. 철저한 보편성을 지니고 평범하게 사는 것입니다. 그리고 마지막으로, 단순성을 말합니다. 단순하다, 하였습니다. simplicity. 그렇습니다. 현대의학에서도 말합니다. 심령의학에서도 말합니다. 병이 왜 생기느냐고요? 복잡성 때문에 생깁니다. 오직 한 가지만 집중적으로 생각하면 사람은 엄청난, 병에 대한 저항력을 가집니다. 그런데 이 생각 하고 저 생각 하고, 생각이 분열 분산되기 시작하면 힘이 약해집니다. 그러니 병마를 이기지 못합니다. 단순성, 사랑에 대하여 단순하고 믿음에 대하여 단순하고 생의 목적에 대해서 단순하고 사명감에 대해 철저하게 simple mind로, simplicity로, 집중적으로 사는 것, 그것이 그리스도인의 삶이라고 말했습니다.

독일의 젊은 신학자 본훼퍼, 순교자입니다. 그는 「기독교 윤리」라는 책에서 '에케 호모(ECCE Homo)'라고 하는 유명한 말에 대한 논문을 씁니다. '에케 호모'라는 말은 "Behold the man(이 사람을 보라)"이라는 말입니다. 예수님을, 빌라도 앞에 서신 예수님을 지칭한 말입니다. 그런 예수님을 이런 각도에서 봅니다. 첫째, 예수님께서는 스스로를 우상화하시지 않았다, 철저하게 우상화하시지 않았다, 하였습니다. 여러분, 여러분이 아직도 뭘 가졌다고 생각하십니까? 뭘 안다고 생각하십니까? 스스로 잘났다고 생각하십니까? 예수님처럼 깨끗이 지워버립시다. 자기를 우상화하는 것처럼 맹랑한 게 없습니다. 별것도 아닌 것이 대단한 듯 착각을 하고 있지만 잊어버립시다. 예수께서는 당신을 철저하게 우상화하지 않으셨습니다. 둘째, 예수님께서는 성공을 우상화하시지 않았다, 실적을 우상화하시지 않았다, 하였습니다. 내가 뭘 했노라, 하시지 않았습니다. 예수님 병고치시고 절대로 아무에게도 말하지 마라, 하셨습니다. 그 많은 역사를 이루시고도 오히려 피하셨습니다. 사람들이 실적을 자랑합니다. 그게 무슨 의미가 있습니까. 했다면 뭘 했다는 것입니까. 여러분, 자기공적을, 성공을 절대로 우상화해서는 안됩니다. 셋째, 예수님께서는 죽음을 우상화하시지 않았다, 합니다. 모든 사람이 죽음을 두려워합니다. 죽음 앞에 꼼짝을 못합니다. 그러나 예수님께서는 죽음에 대한 그늘이 전혀 없이 사셨습니다. 죽음에 대한 두려움이나 근심이나 공포가 전혀 없이 깨끗하게, 정말 영원을 지향하며 임시적인 세상을 가장 성공적으로 살아가시는 모습을 볼 수 있습니다.

부활사건, 역사적인 부활사건이 제자들을 통해서 부활신앙으로 화합니다. 부활사건이 오순절 성령강림으로 인하여 부활신앙이 되고, 부활신앙이 부활생명 됩니다. 이는 아무도 막을 수가 없습니다. 빌라도가 이것을 긍정했습니다. 역사적으로 인정했습니다. 막을 길이 없다고요. 부활생명은 가장 위대한 능력이요 지혜요 삶의 힘인 것입니다. 이 부활신앙의 보장을 받고 그 믿음에 살고 그 사랑으로 살고 그 감격에 살고 그 능력에 살아가는 것이 그리스도인입니다. 성경말씀에 귀를 기울입시다. "그리하여 우리가 항상 주와 함께 있으리라." △

그리하고 믿는 자가 되라

　열 두 제자 중에 하나인 디두모라 하는 도마는 예수 오셨을 때에 함께 있지 아니한지라 다른 제자들이 그에게 이르되 우리가 주를 보았노라 하니 도마가 가로되 내가 그 손의 못자국을 보며 내 손가락을 그 못자국에 넣으며 내 손을 그 옆구리에 넣어 보지 않고는 믿지 아니하겠노라 하니라 여드레를 지나서 제자들이 다시 집 안에 있을 때에 도마도 함께 있고 문들이 닫혔는데 예수께서 오사 가운데 서서 가라사대 너희에게 평강이 있을지어다 하시고 도마에게 이르시되 네 손가락을 이리 내밀어 내 손을 보고 네 손을 내밀어 내 옆구리에 넣어 보라 그리하고 믿음 없는 자가 되지 말고 믿는 자가 되라 도마가 대답하여 가로되 나의 주시며 나의 하나님이시니이다 예수께서 가라사대 너는 나를 본 고로 믿느냐 보지 못하고 믿는 자들은 복되도다 하시니라 예수께서 제자들 앞에서 이 책에 기록되지 아니한 다른 표적도 많이 행하셨으나 오직 이것을 기록함은 너희로 예수께서 하나님의 아들 그리스도이심을 믿게 하려 함이요 또 너희로 믿고 그 이름을 힘입어 생명을 얻게 하려 함이니라

(요한복음 20 : 24 - 31)

그리하고 믿는 자가 되라

중국고전에 「여씨춘추(呂氏春秋)」라고 하는 책이 있습니다. 혹 「여람(呂覽)」이라고도 합니다. 귀에 익숙지 않은 책이지만 이것은 중국 춘추시대에 기록된 유명한 책입니다. 진나라의 재상 여불위(呂不韋)가 삼천 명이나 되는 지혜자들의 지혜를 모아 지었다고 하는 역사 평론서입니다. 모두 126권으로, 중국이 자랑하는 명저입니다. 이 책에 보면 간단하고 평범한 것같으나 많은 진리를 담은 이야기가 있습니다. 어떤 사람이 도끼를 잃어버렸습니다. 이 사람은 이웃집에 있는 아이가 이 도끼를 훔쳐갔을 거라고 의심했습니다. 그 아이의 걸음걸이를 보나 안색을 보나 말하는 것을 보나, 그 행동거지를 볼 때 저 아이가 도끼를 훔친 게 틀림없구나 싶었습니다. 그 얼마 뒤 산골짝으로 나무하러 나갔다가 잃어버렸던 그 도끼를 찾았습니다. 이 일이 있은 다음에 그 집 아이를 다시 보게 되었습니다. 이제는 아이의 행동이나 태도나 얼굴이나, 어디를 보아도 도끼를 훔칠 아이가 아니더라는 것입니다. 의심할 여지가 없는 순진한 아이인 것을 발견하게 된 것입니다. 결국은 아이가 변한 것이 아니고 아이를 보는 내 눈이 변했다는 것을 알게 되었습니다. 의심은 병입니다. 의심은 불치병입니다. 의심은 나 자신의 병입니다. 다시 말씀드립니다. 그것은 나 자신의 병입니다.

세상에서 가장 불행한 것은 믿음을 잃어버린다는 것입니다. 이웃을 못믿고 세상도 못믿고 누구도 못믿습니다. 아니, 나 자신도 못믿습니다. 참으로 불행한 일입니다. 요새와서 사람의 인격을 평가할 때 그의 소유로, 소속으로, 능력으로, 아이큐로… 다 생각합니다마는 뺄 수 없는 절대적 평가지수가 있습니다. 바로 신용지수입니다. credit입니다. 신용이 없으면 다 헛것입니다. 신용 없이는 다 쓸모없습니다. 믿을 수 없는 사람은 쓸모없는 인간입니다. 그에게서 더 바랄 것이 없습니다. 보십시오. 경제도 트러스트(trust)에 의해서 평가됩니다. 신용등급입니다. 나라도 신용등급입니다. 회사도 신용등급입니다. 신용등급으로 평가할 수밖에 없습니다. 여러분, 복잡하게 생각하지 맙시다. 공산주의가 왜 무너졌습니까. 공산주의사회가 무너진 이유, 간단합니다. 기술도 있고 자본도 있습니다. 능력도 있고 다 있는데 신용이 없습니다. 공산주의사회는 믿지를 않습니다. 아무도 안믿습니다. 불신사회입니다. 그래서 비밀경찰이 있는 것입니다. 그래서 거기에 스파이가 있는 것입니다. 서로 의심하고 결국은 무너지고 말았습니다. 그렇다면 가장 큰 복은 무엇입니까. 믿음입니다. 믿는 것, 믿어지는 것이 복입니다. 믿음을 갖는다는 것이 복입니다. 위대한 믿음을 갖는다는 것은 위대한 인격의, 위대한 축복의 결과입니다.

가장 큰 사랑은 믿음을 주는 것입니다. 가정교육백서에 보니까 어떻게 하면 자녀들을 바로 가르칠 수 있을까, 이 방법 저 방법 열심히 연구해가지고 얻은 마지막 결론이 딱 두 마디의 말입니다. 이것이면 충분하다고 했습니다. 'I still love you.'—나는 아직도 너를 사랑한다, 하는 말과 'I still trust you.'—나는 너를 믿는다, 하는 두 마디의 말이면 충분합니다. 여러분, 가정교육이 빗나갔다고 생각하십니까? 이 두 마디가 없기 때문입니다. 이 두 마음이 없었습니다. 거기서 빗나간 것입니다. 이유는 이렇게 간단합니다. 진단도 간단하고 해결도 간단합니다. 그러나 실천은 어렵습니다. 끝까지 나는 너를 사랑한다, 그리고 나는 너를 믿는다—이보다 더 훌륭한 교육은 없습니다. 그 누군가가 열심히 뭐 박사가 돼가지고 연구를 해봐도 별 얘기 없습니다. 이 두 마디뿐입니다. 이것이면 끝나는 것입니다. 사랑한다는 게 뭡니까. 사랑한다는 것은 full understanding입니다. 상대방을 이해하는 것입니다. 사실대로 이해하고 그 처지대로 이해하고… 충분히 이해하는 것입니다. 이게 사랑입니다. 또하나는 인내하는 것입니다. 오늘만 보는 게 아닙니다. 기대하고 기다려주는 것입니다. 얼마나 기다려줄 수 있느냐, 하는 것입니다. 얼마나 기다려줄 수 있느냐—우스운 얘기입니다만 제가 아는 권사님 한 분, 옛날에 상하이대학 영국계학교를 다녔는데 영어를 쓰는 학교입니다. 그때 연애하던 이야기를 하는데 참 재미있습니다. 노총각 하나가 밤낮 따라다닙니다. 사랑한다고 좇아다니는 이 사람이 눈이 하얗게 오는 날인데 문밖에 서 있는 걸 보고 이 여학생, 그때부터 목욕을 하기 시작합니다. 한 시간을 두고보아도 그 총각은 눈 뒤집어쓴 장승인 양 그 자리에 서 있습니다. "얘, 이젠 그만 내려가봐줘라. 사랑해줘라. 결혼해줘라." 친구들이 등을 떠밀어서 나갔고, 그래 그 총각하고 결혼했다 합니다. 세상에 콧대가 세도 좀 지나치긴 했지만, 사랑이 뭡니까. 기다리는 것입니다. 저 사람 기다리는 거, 절대 지루하지 않습니다. 다들 겪어본 일 아닙니까. 진짜로 사랑할 때는 기다리는 것도 행복한 것입니다. 기다리는 게 절대로 피곤하지 않습니다. 그때만 사랑한 것입니다. 기다리는 마음이 피곤해지고 화가 나고 짜증나고 그러면 사랑 물건너간 줄 아십시오. 그건 끝난 것입니다. 또한 사랑은 믿어지는 것입니다. 이상하게 그 사람의 말은 다 믿어집니다. 또 믿을 수 있습니다. 믿는 것, trust, 그것이 사랑이라는 것입니다.

요한복음 13장 1절에 보면, 그리스도께서 제자들을 끝까지 사랑하시니라, 하였습니다. 제자들, 사실은 사랑받을만한 사람들이 못됩니다. 예수님, 내일아침 십자가에 돌아가셔야 할 텐데 제자들은 어떠했습니까. 네가 크냐 내가 크냐, 서로 질투하고 시기하고 꿈을 꾸고, 세속적 욕망에 사로잡혀 있는 꼴이라니… 성경을 읽다가도 화가 나는 대목입니다. 뭐 이따위 사람들이 있나 싶은데 예수님께서는 그들을 끝까지 사랑하셨습니다. 특별히 오늘본문을 봅니다. 예수님께서는 도마를 사랑하셨습니다. 도마라는 사람, 특별한 사람입니다. 어찌됐건 열 제자가 모여 있는 중에 예수님 나타나십니다. 부활하신 예수님을 뵙고 그들은 감격하고 기뻐했습니다. 몇시간이나 같이 지냈는지 모르나 이제 그 다음입니다. 열 제자가 도마에게 말합니다. '우리가 예수님을 보았다. 분명히 예수님은 부활하셨더라.' 그러나 도마, 아주 고집통입니다. '나는 그저 못믿어, 그가 어떻게 죽으신 걸 안단말이야. 어떻게 비참하게 죽으셨다는 걸 알고 있어. 그가 살아나다니 말도 안된다.'—열 사람이 다 보았다는데도 '아니, 너희들처럼 나는 보기만 해서는 안돼. 내 손으로 옆구리에 손을 넣어보지 않고는 그 말 믿지 못해.' 고집을 부리는 것입니다. 이렇게 별난 사람입니다. 이렇게 옹고집을 부리고 있는 것, 예수님께서 다 아셨습니다. 그리고 오늘성경말씀대로 예수님께서 이 도마를 사랑하십니다. 그가 의심하는 것 아시고 고집부리는 것 아시고 그의 비판이성도 아시고 그의 판단도 아십니다. 절대로 못믿어, 라고 하는 몹쓸 이 인간을 예수님께서는 사랑하십니다. 그에게 말씀하십니다. '만져보라. 만지고 싶으냐? 만져보아라. 그리하고 믿는 자가 되라.' 얼마나얼마나 귀한 복음이요 놀라운 은총입니까. 그의 처지를 다 이해하십니다. 알고보면 의심받는다는 것처럼 괴로운 일이 없거든요. 엄연한 사실이 의심받을 때 참 불쾌하거든요. 그러나 예수님께서는 아무 비판 없이 '만져보라' 하십니다. 만져보고 싶으면 만져보고, 그러않고 싶으면 그러않고, 그리하고 믿는 자가 되라, 하십니다. 그의 비판적 욕구를 다 충족해주시면서 '믿어라' 하십니다.

창세기 18장 15절에 보면 아주 재미있는 복음적인 말씀이 있습니다. "내가 웃지 아니하였나이다 가라사대 아니라 네가 웃었느니라" 하는 말씀입니다. 아브라함과 그 사라가 고향을 떠날 때 아브라함 나이 75세입니다. 하나님께서 약속하시기를 네게 자녀를 주마, 네게 땅을 주마, 하십니다. 그리고 25년을 기다렸는데 아직도 자식이 없습니다. 아내는 90세로 단산입니다. 단산한 지 오래됐습니다. 로마서 4장 19절에서는 이렇게 말씀합니다. "자기 몸의 죽은 것같음과 사라의 태의 죽은 것같음을 알고도…" 생리적으로는 죽은 것과 같습니다. 이미 생리상 생활을 다 떠났으니까. 단산했으니까. 바로 그런 때에 천사가 와서 말씀하기를 "네 아내 사라에게 아들이 있으리라" 합니다. 그 말을 듣고 사라가 천막 뒤에서 픽 웃습니다. '웃기시는구만. 내 나이 지금 얼만데, 저 소리 들은 지도 25년인데, 다 지나간 걸, 물건너간 걸…' 천사가 알고 '네 아내가 왜 웃느냐?' 나무라고 사라가 두려워서 '아닙니다. 웃지 않았습니다' 하고 거짓말합니다. 그때 천사가 말씀하기를 "아니라 네가 웃었느니라" 합니다. 이해하는 것입니다. '웃을만하지. 왜 아니웃겠느냐. 웃지 않을 수가 없지.' 나는 이것이 참으로 고맙습니다. 나같았으면 "너 왜 웃었느냐. 믿음이 없구나. 약속했던 거 취소한다" 하였을 것만 같습니다. 그게 보통이지요. 그게 율법적이지요. 그러나 '그렇지. 인간의 나약함을 내가 안다. 어찌 안웃겠느냐. 웃었느니라. 그러나 아들은 낳으리라' 하시고 아브라함 내외는 믿음을 다시 가지는 것입니다. 자신들의 죽은 것과 방불함을 알고도 거기서 다시 믿음을 정비합니다. 그래서 아들을 낳았습니다. 하도 기뻐서 아들을 낳아놓고 '이삭'이라 이름 지었습니다. '웃음'이라는 뜻의 이름입니다. 생각해보십시오. 인간의 나약함, 인간의 의심, 인간의 허물, 다 아십니다. 그리고 사랑하십니다. 여기 복음이 있습니다.

또한 예수님께서는 믿음을 주셨습니다. 도마의 미래를 믿으신 것입니다. 현재를 믿으실 뿐 아니라 먼 미래를 믿으셨습니다. 믿어 주셨습니다. 신뢰입니다. 그리하여 믿는 자가 되라, 믿는 자가 될 수 있다, 말씀하십니다. 대표적인 CEO라고 하는 잭 웰치의 기록을 보면 그는 어렸을 때 장난이 심하고 공부를 잘 못했습니다. 사람들로부터 꾸중듣고… 그러나 그는 이렇게 기록합니다. '내 어머니만은 늘 내가 무슨 일을 하든지 너는 다 할 수 있다고 나를 믿어주었습니다. 모든 사람이 아니다 할 때도 어머니만은 나를 믿어주었습니다. 그래서 오늘 내가 있습니다.' 단 한 사람이 나를 믿어줄 때 나는 믿을 수 있는 사람이 되는 것입니다. 1858년, 뉴욕의 어느 가정에 한 어린 아이가 태어났습니다. 그는 소아마비요 시력도 약하고 천식까지 있어서 촛불을 끌 기력도 없는 허약한 아이였습니다. 그러나 그 아버지는 그에게 말했습니다. '네가 가진 장애는 장애가 아니다. 하나님을 믿으면, 그리고 하나님께서 너와 함께하신다면 오히려 장애 때문에 모든 사람이 너를 주목하게 될 것이고 신화와 같은 기적을 낳게 될 것이다. 나는 너를 믿는다.' 이 아이가 자라서 스물세 살에 뉴욕주 주의원이 되고 28세에 뉴욕시장 출마하고 주지사, 부통령을 거쳐 미국대통령이 됩니다. 휠체어를 타고 1906년 노벨평화상을 받았습니다. 이 사람이 미국 26대 대통령 테오도르 루즈벨트입니다. 루즈벨트 대통령은 그러한 사람이었습니다. 그 아버지는 그를 믿었습니다. 그런고로 믿는 사람이 됐습니다. 예수님께서 도마를 믿어주셨습니다. 도마는 믿는 사람이 됐습니다. 그리스도는 믿음의 대상이 아닙니다. 그리스도는 믿음의 주체라는 것을 잊지 마십시오. 신학자 칼 바르트의 말입니다. 본문의 특징은 바로 여기에 있습니다. 의심하는 자를 비판하지 아니하시고 의심하는 자를 믿어주셨다는 것입니다. 의심을 심판하지 않고 의심하는 자를 만나주셨다는 것입니다. 거리낌없이 그를 믿어주셨습니다. 찾아오사 믿어주시고 믿음을 주시고 믿음의 고백을 하게 하셨습니다. 그리하여 도마는 남다른 신앙고백을 합니다. "나의 주시며 나의 하나님이시니이다." 당신은 나의 주요 나의 하나님이십니다—이 고백 뒤에 그는 이 믿음대로 살아갑니다. 열두 제자 중 가장 멀리멀리 인도까지 가서 선교를 했습니다. 인도에 그의 무덤이 있습니다. 인도까지 가서 순교를 한 것입니다. 오늘도 도마가 세운 그 교회가 이천 년 동안 면면히 이어지고 있습니다. 가장 의심이 많았던 그 사람, 확 돌려놓으니까 가장 충실한 믿음의 사람이 되었습니다. 반 부렌의 유명한 말이 있습니다. '예수부활 이전에는 그리스도인이 없었다.' 그렇습니다. 예수부활, 부활하신 예수를 믿는 믿음, 그 믿음을 가지고야 믿음의 사람이 됩니다. 그래야 나를 믿을 수 있고 남을 믿을 수 있고 세상을 믿을 수 있습니다. 그래야 하나님을 믿을 수 있고 하나님의 나라를 믿게 됩니다. 이런 믿음의 사람만이 생명의 길을 알 것입니다. 다시 주의 음성을 들어보십시오. "그리하고 믿는 자가 되라." △

주께서 아시나이다

저희가 조반 먹은 후에 예수께서 시몬 베드로에게 이르시되 요한의 아들 시몬아 네가 이 사람들보다 나를 더 사랑하느냐 하시니 가로되 주여 그러하외다 내가 주를 사랑하는 줄 주께서 아시나이다 가라사대 내 어린 양을 먹이라 하시고 또 두 번째 가라사대 요한의 아들 시몬아 네가 나를 사랑하느냐 하시니 가로되 주여 그러하외다 내가 주를 사랑하는 줄 주께서 아시나이다 가라사대 내 양을 치라 하시고 세 번째 가라사대 요한의 아들 시몬아 네가 나를 사랑하느냐 하시니 주께서 세 번째 네가 나를 사랑하느냐 하시므로 베드로가 근심하여 가로되 주여 모든 것을 아시오매 내가 주를 사랑하는 줄을 주께서 아시나이다 예수께서 가라사대 내 양을 먹이라

(요한복음 21 : 15 - 17)

주께서 아시나이다

　미국 39대 대통령 지미 카터가 「살아 있는 신앙」이라고 하는 책을 썼습니다. 이 책에 지미 카터가 한평생을 지향했던 좌우명이 나옵니다. 그 좌우명은 '왜 최선을 다하지 않았는가?'하는 것입니다. 왜 최선을 다하지 않았는가―이 좌우명을 선택하게 된 사연이 있습니다. 그가 해군장교가 되기 위하여 해군사관학교를 졸업하고 임관 바로 직전에 그 유명한 해군제독 릭 오버와 면담할 기회를 가졌었답니다. 제독이 이 젊은 사관에게 전술에 대하여, 전략에 대하여, 혹은 군인의 자세에 대해서 여러 가지로 질문을 했습니다. 이 젊은 사관은 진땀을 빼고 벌벌떨며 대답했습니다. 이어서 제독은 화제를 좀 부드럽게 바꾸어 "공부는 재미있었는가? 성적은 어땠는가?"하고 물었습니다. 지미 카터의 성적이 괜찮았었답니다. 그래서 자신감을 가지고 점수와 등수를 말했습니다. 제독은 다시 물었습니다. "그 성적이 자네가 최선을 다한 결과인가?" 카터는 식은땀이 났습니다. 벌벌떨리는 것을 느꼈습니다. "최선을 다했는가?" 그는 두려운 마음으로 대답했습니다. "글쎄요. 최선을 다했다고야 말씀드릴 수 없겠지요." 그때 제독은 무섭게 쏘아보며 다시 질문을 합니다. "왜 최선을 다하지 않았는가?" 카터는 대답을 못했습니다. 제독은 다시 물었습니다. "왜 최선을 다하지 않았는가, 라고 묻고 있지 않느냐." 그는 더더욱 대답할 수가 없었습니다. 그는 다시 생각했습니다. 최선이라는 게 뭡니까. 최선이란 집중하는 것을 말합니다. 얼마나 집중적으로 딴생각 없이 내가 하는 일에 온마음과 정성을 쏟았는가, 얼마나 그 하는 일을 즐겼는가, 입니다. 혹이라도 불평을 하든가 원망을 하든가 불만스러워했다면 그것은 최선이 아니지요. 얼마나 하고 있는 일을 마음 깊은 곳에서부터 즐겁게 생각하고 했느냐, 또 주어지는 기회마다 감사한 마음으로 했느냐입니다. 혹이라도 원망하는 마음이 그 속에 있었으면 그건 최선일 수 없습니다. 얼마나 충만히 감사했느냐, 시간에 대하여, 건강에 대하여, 지식에 대하여, 기회에 대하여, 주어진 능력에 대하여 얼마나 최선을 다했느냐—그는 할말이 없었습니다. 너무나도 최선과는 먼 거리에 살았기 때문입니다. 그는 다시 생각을 했답니다. 내가 인생을 다 살고나서 주님 앞에 서는 날, 주님께서 내게 물으실 것입니다. 너는 왜 최선을 다하지 않았는가? 그 두려운 질문이 가슴가득 차왔습니다. 무릇 업적이나 실적이 중요한 게 아닙니다. 성적이 좋으냐 나쁘냐, 일등이냐 몇등이냐가 중요한 게 아닙니다. 문제는 얼마나 최선을 다했느냐입니다. 이것이 인생을 질적으로 평가하는 것입니다. 양적으로 묻고 있지 않습니다. 질적으로 묻고 있는 것입니다. 최선을 다했느냐? 왜 최선을 다하지 않았느냐? 여러분, 주님 앞에 가서 우리가 내놓을 수 있는 대답이 무엇이겠습니까. 주님 앞에는 실적이나 업적은 아무 상관이 없습니다. 오직 주어진 현실여건에서 내가 얼마나 최선을, 충성을, 사랑을 다했느냐일 뿐입니다.

　오늘본문에는 베드로가 예수님 앞에서 예수님께서 던지시는 아주 엄숙하고 중요한 질문을 맞이하고 있습니다. 예수님 물으십니다. "요한의 아들 시몬아 네가 나를 사랑하느냐." 요한의 아들 시몬아, 하십니다. 베드로라고 부르시지 않습니다. 예수님께서 지어주신 이름, 반석이라고 하는 그 유명한 이름 베드로, 페트로스, 페트로라고 하는 그 이름이 아니고 낮추어서, 원점으로 돌아가서 "요한의 아들 시몬아 네가 나를 사랑하느냐"하고 물으십니다. 베드로는 예수님의 생애를 같이하면서 깊이 생각해보면 여러 번 여러 번 말로나 행동에 실수가 있었던 것같습니다마는 결정적인 것으로는 세 가지 실수가 있습니다. 첫째, 예수님께서 십자가를 지실 준비를 하시려고 겟세마네동산에 올라가실 때 베드로에게 시험에 들지 않도록 깨어 기도하라, 하셨는데 그는 기도하지 않았습니다. 여러분, 죄 가운데 기도하지 않는 죄가 가장 큰 죄입니다. 그는 기도하지 않았습니다. 예수님께서는 밤새 기도하시고 시험을 이기시고 십자가를 지셨지만 기도없는 베드로는 남들 앞에 예수님을 부인할 수밖에 없습니다. 결국은 무엇입니까. 베드로가 약했던 게 아닙니다. 상황이 잘못된 것도 아닙니다. 베드로는 기도가 없었습니다. 기도하지 아니한 죄, 깨어 기도하지 아니한 죄가 결정적인 죄요 실수입니다. 두 번째는 이른바 삼중부인(threefold deny)입니다. 그는 예수를 세 번이나 부인합니다. 예수님 저 앞에서 재판을 받으실 때 저 뒷전에 앉았다가 어린아이가 따라와 "너도 갈릴리 사람 예수와 함께 있었도다"하니 "네 말하는 것이 무엇인지 알지 못하겠노라" 부인하고 이어서 맹세까지 하고 이어서 저주까지 했습니다(마 26:69-74). 삼중으로 예수님을 부인했습니다. 이거야말로 씻을 수 없는 실수입니다. 큰 죄요 큰 실수입니다. 그리고 세 번째 실수는 이것입니다. 예수님 부활하신 다음에 베드로를 만나주셨습니다. 여러 차례 만났는데도 불구하고 그는 아무래도 나는 예수님의 제자가 될 수 없다고, 예수님 앞에도 죄송하고 자기자신을 볼 때도 무자격하다고 여겨 갈릴리로 옛생업을 따라 물고기잡으러 갔습니다. 밤새껏 수고했지만 한 마리도 못잡고 허탈해 있는 바로 그 시간에 예수님께서 저를 찾아가신 것입니다. 그가 본래 받았던 사명의 길을 떠나서 갈릴리로 돌아갔다는 것, 물고기잡으러 갔다는 것, 그 자체가 큰 실수였습니다.

자, 그런 가운데도 오늘본문에 보면 예수님께서는 그의 과거를 묻지 않으십니다. 그의 실수에 대해서 비판하시거나 원인을 추궁하시지도 않습니다. 왜 그랬더냐, 어떻게 그 지경이 됐느냐, 전혀 말씀하시지 않습니다. 다만 한마디—"아가파스 메"하고 물으실 뿐입니다. 원문대로는 '지금 이 시간 네가 나를 사랑하느냐'하는 물으심입니다. 현재 아가페의 사랑을 하느냐, 물으심입니다. 이 질문 속에는 많은 말씀이 담겨 있다고 생각합니다. 원인분석적인 의미도 있다고 생각합니다. 베드로야, 네가 왜 나를 모른다고 하게 된 줄 아느냐, 네가 왜 그렇게 실수가 많고 이렇게 형편없이 되었는지 아느냐, 원인은 오직 하나, 사랑이 없기 때문이다, 네가 나를 사랑하지 않았기 때문에 이같이 비참하게 됐느니라, 또한 지금의 그 꼴이 뭐냐, 3년 동안 메시야를 따라다니고도 다시 옛직업으로 돌아가다니 왜 이 모양이 됐느냐, 이런 실망이 어디로부터 온 것이냐, 사랑이 없기 때문이다, 네가 나를 사랑하지 않기 때문에 이같은 하잘것없는, 형편없는, 비겁한 인간이 된 것이다, 하심입니다. 또한 너는 지금 미래를 걱정하는가본데, 예수님 안계시는 가운데 나는 무엇을 할까, 예수님을 십자가에 못박은 사람들이 그 제자들을 그냥 둘 리가 없으니 나는 어떻게 해야 되나 하는 두려움, 미래에 대한 불안이 있는데 이것도 네가 나를 사랑하지 않기 때문이다, 하심입니다. 사랑에는 절망이 없습니다. 사랑에는 두려움이 없습니다. 사랑에는 좌절이 없습니다. "요한의 아들 시몬아 네가 나를 사랑하느냐"하고 물으십니다. "아가파스 메?" 베드로는 두려운 가운데 대답합니다. "오이다스 호티 필로 세." 아가페의 사랑을 하느냐, 물으시는데 대답은 "필로"입니다. '필레오'라는 말은 friendship이라는 뜻입니다. 친하다는 정도입니다. 희생적 사랑을 하느냐고 물으시는데 '친구사랑 정도'라고 대답합니다. '아가파오 세'라고 대답하지 못하고 '필로 세'라고 대답합니다. 여기에 결정적인 중요한 의미가 있습니다. 그뿐이 아닙니다. 한걸음 나아가 내가 주께 대하여 그런 사랑 하는 것을 주께서 아십니다, 합니다. "오이다스 호티 필로 세." 주께서 아십니다—주도권을 그리스도께 내드리는 것입니다. 아주 겸손해진 것입니다. 감히 사랑한다고 말할 수가 없는 것입니다. 저도 생각이 있기에 그렇습니다. 그러나, 내가 이 지경이 됐지마는 내가 주를 사랑하는 것은 주께서 아시지 않습니까, 하고 다시 주님께 위탁하는 모습을 볼 수 있습니다. 얼마전에 96세 된 할아버지와 92세 된 할머니가 텔레비전에 나란히 나와서 인터뷰하는 걸 보았습니다. 둘이는 결혼 70주년이라고 합니다. 참 지긋하게 같이 살았습니다. 이런저런 내용의 인터뷰 끝에 그 할아버지한테 아나운서가 짓궂은 질문을 했습니다. "만일에 죽었다가 다시 태어난다 하더라도 이 부인하고 결혼하시겠습니까?" 할아버지는 가만히 있더니 하는 대답이 시원치 않더라고요. "좀 생각해봐야겠는데요." 이번에는 할머니보고 물어봤습니다. "죽었다가 다시 태어나는 길이 있다면 다시 이 남편과 결혼하시겠습니까?" 했더니 대답이 전혀 다릅니다. "내가 돌보아주어야죠." 뭐 사랑한다 안 한다, 결혼한다 안 한다,가 아니고 저 사람에겐 내가 필요하다, 이것입니다. "내가 도와줘야 됩니다." 그것이 사랑입니다. 사랑이라는 말처럼 하기 어려운 말이 없습니다. 사랑이 에로스냐 아가페냐, 굉장히 중요한 철학적 이론입니다. 그러나 쉬운 일입니다. 에로스라는 사랑은 항상 나 중심입니다. 나를 위해서 저를 사랑하는 것이고 내게 저가 필요하고 내가 저를 돕고… 그래서 사랑의 이름으로 자식을 괴롭힙니다. 사랑의 이름으로 남편 못살게 합니다. 사랑의 이름으로 아내를 죽입니다. 다 사랑이라고 합니다. 왜요? 그건 자기중심적인 것이기 때문입니다. 그러나 아가페라고 하면 내가 사랑하는 그분으로 중심이 옮겨갑니다. 그에게 맡깁니다. 내가 주를 사랑하는 줄을 주께서 아십니다, 사랑하는 그것마저도 당신이 아닙니다, 그것입니다. 욥기 23장 10절에 보면 "나의 가는 길을 오직 그가 아시나니 그가 나를 단련하신 후에는 내가 정금같이 나오리라" 합니다. '나의 운명, 그에게 있습니다. 내가 당하는 현실, 주님의 사랑 안에 있습니다. 그만이 아십니다' 하는 겸손한 고백입니다. 베드로가 말씀드립니다. "내가 주를 사랑하는 줄 주께서 아시나이다."

로저스(C.R. Rogers)라고 하는 분이 그의 심리학에서 심리치료 방법의 3원리를 말합니다. 심리적으로 건강하기 위해서, 혹은 병든 심리가 건강해지기 위해서는 절대조건이 세 가지 있다, 합니다. 첫째가 무조건적 존중함이 있어야 한다는 것입니다. 수평적인 것이 아니요, 내려다보는 것도 아니요, 높이 보는 것입니다. 사랑의 대상을 높이는 것입니다. 나보다 훨씬 높이는 것입니다. '그가 아십니다.' 그 존중이 없는 사랑이란 정신적으로 허약하게 만듭니다. 그것이 정신병을 만듭니다. 나를 낮추고 상대방을 높입니다. 당신이 훌륭합니다, 당신의 뜻이 옳습니다, 당신생각이 옳습니다, 하고 존경하는 바로 그것이 건강한 심리를 창출한다는 것입니다. 둘째는 공감적인 이해가 필요하다는 것입니다. 내 뜻을 남에게 이해시키려 하지 말고 그의 뜻을 받아들여 이해의 공감대를 이루어야 됩니다. 그것이 사랑입니다. 그리할 때 건강해질 수 있습니다. 내가 사랑하는 분의 뜻을 내가 수용할 수 있어야 됩니다. 전혀 수용할 마음이 없다면, 사랑한 다고 하면서 내 뜻을 밀어붙일 생각밖에 없다면 그건 사랑이 아닙니다. 이런 공감적인 충분한 이해가 따라가야 비로소 정신적으로 건강할 수 있습니다. 셋째는 믿음과 진실이 있어야 한다는 것입니다. 사랑하는 데 대한 믿음입니다. 사랑하면 믿어집니다. 믿어지면 사랑하게 됩니다. 그리고 정직해야 합니다. 사랑에는 거짓이 없습니다. 사랑하는 자 앞에 정직합니다. 그래야 정신적으로 건강하게 될 수 있다, 합니다. 오늘 베드로는 말합니다. "주께서 아시나이다." 내가 지금 이 정도입니다마는 내 마음도 내 뜻도 주님께서는 아십니다, 내가 이 꼴로 처절합니다마는 주여, 내가 주를 사랑하는 줄 주께서 아시지 않습니까—아주 겸손합니다. 신학적으로 말하면 에로스적 사랑이 아가페적 사랑으로 바뀌는 시간입니다. 그동안은 자기중심적으로 예수를 사랑했습니다. 자기출세를 위하여, 자기장래를 위하여, 자기영달을 위하여 예수를 사랑했습니다. 그리고 사랑한다고 장담을 했습니다. 주는 그리스도시요 살아계신 하나님의 아들이시니이다, 큰소리로 고백했던 그 사람입니다. 그러나 이 시간은 그것이 아닙니다. 이제는 아가페로 돌아갑니다. 아가페의 사랑을 받고 아가페의 사랑에 대한 아가페적 응답을 합니다. 내가 주를 사랑하는 줄 주께서 아시나이다—독선과 아집에서 떠나 겸손과 헌신으로 돌아가며 자기를 완전히 부정하고 주님 앞에 사랑을 고백하는 것입니다. 변화심리학자인 안소니 로빈스라고 하는 분이 쓴 「Awake the Giant Within」이라고 하는 책은 무려 천만 권 이상이 팔린 베스트셀러입니다. 1997년 국제상공회의소가 세계에 큰 영향을 끼친 학자 열 사람을 들고 그 중에 이 사람을 꼽고 있습니다. 그의 이론입니다. 우리가 이 세대를 살아가기 위한 건강한 사람이 되려면 먼저 자신의 감정을 극복해야 합니다. 현대인으로서 중요한 것이 감정문제입니다. 이 감정을 방임하고 있습니다. 감정을 다스려야 됩니다. 여러분의 실수가 다 어디서 온 것입니까. 잘못된 감정을 내버려둔 데서입니다. 자기감정을 자기가 바로 통제할 수 있어야 합니다. 또한 건강을 관리해야 합니다. 다시말하면 절제하고 규칙적인 생활을 해야 됩니다. 무질서하게 살면서 건강을 달라고 기도한다면 그건 미신입니다. 이것을 알아야 합니다. 하나님께서 우리에게 주신 건강을 잘 관리해야 될 책임이 우리에게 있습니다. 또한 경제를 관리해야 됩니다. 인간관계를 관리해야 됩니다. 그리고 끝으로 시간을 정복해야 됩니다. 내가 시간을 마음대로 할 수 있는 게 아니지 않습니까. 주어진 시간을 정복한다는 게 무슨 뜻입니까. 시간 안에서 최선으로 사는 것입니다. 낭비되는 시간이 없어야 됩니다. 꽉꽉 채워가지고 살아야 됩니다. '시간을 정복하는 것이 바로 인간을 정복하는 것이다'라고 그는 말합니다. 여러분, 시간을 무엇으로 다스리겠습니까? 사랑한 시간만이 시간이요 미워한 시간은 빼앗긴 시간입니다. 이걸 잊지 말 것입니다. 사랑으로 꽉차는 시간만이 살아 있는 시간입니다. 섭섭해고 불평하고 원망하는 시간은 다 낭비된 시간입니다. '네가 나를 사랑하느냐. 그러면 내 양을 먹이라.' 주님의 일 할 수 있는 오직 하나의 조건, only one condition은 사랑입니다. "네가 나를 사랑하느냐?" 이제 대답합니다. "내가 주를 사랑하는 줄 주께서 아시나이다." 주님만이 아십니다―겸손하게도 신앙적으로 새로운 고백을 할 때 주께서 그에게 다시 큰 은총을 베푸십니다. "내 양을 먹이라." △

참권세자의 속성

　행악자를 인하여 불평하지 말며 불의를 행하는 자를 투기하지 말지어다 저희는 풀과 같이 속히 베임을 볼 것이며 푸른 채소같이 쇠잔할 것임이로다 여호와를 의뢰하여 선을 행하라 땅에 거하여 그의 성실로 식물을 삼을지어다 또 여호와를 기뻐하라 저가 네 마음의 소원을 이루어 주시리로다 너의 길을 여호와께 맡기라 저를 의지하면 저가 이루시고 네 의를 빛같이 나타내시며 네 공의를 정오의 빛같이 하시리로다 여호와 앞에 잠잠하고 참아 기다리라 자기 길이 형통하며 악한 꾀를 이루는 자를 인하여 불평하여 말지어다 분을 그치고 노를 버리라 불평하여 말라 행악에 치우칠 뿐이라 대저 행악하는 자는 끊어질 것이나 여호와를 기대하는 자는 땅을 차지하리로다 잠시 후에 악인이 없어지리니 네가 그곳을 자세히 살필지라도 없으리로다 오직 온유한 자는 땅을 차지하며 풍부한 화평으로 즐기리로다

　　　　　　(시편 37 : 1 - 11)

참권세자의 속성

　옛날 농촌에서는 농한기가 되면, 특별히 긴 겨울 한철은 이렇다 할 소일거리가 없어서 동네마다 종종 소싸움이나 개싸움, 닭싸움 같은 것이 있었던 것을 옛날어른들은 기억하실 겁니다. 자기네 소가 제일 좋다, 하고 내세워 소싸움을 시키기도 하고 어떤 때는 투견이라 하는 개싸움을 시키는가하면 투계 곧 닭싸움을 시키기도 했습니다. 싸움닭을 일부러들 키워가지고 두 마리를 한가운데다 마주세워 놓으면 그것들이 피나게 싸우는데 내 닭이 이기면 마치 내가 이긴 것처럼 신바람이 나는 것이었습니다. 이 투계 때문에 동네싸움이 벌어지는 때도 있었습니다. 우리선친께서는 마당에다 소를 매놓고 가끔 자랑을 하셨습니다. "너는 잘 모를 거다. 저 소는 우리 면에서 최고로 좋은 소다." 얼마나 좋았는지 모르겠습니다마는 아무튼 저렇게 힘이 세고 좋은 소를 가졌다, 하는 것을 자랑삼았던 것입니다. 그런 옛날 중국의 어느 곳에 싸움닭을, 투계를 잘 훈련시키는 조련사가 있었답니다. 하루는 그 지방의 영주가 닭을 한 마리 들고 이 조련사를 찾아가서 내 닭을 싸움 잘하는 닭으로 훈련시켜달라고 부탁했습니다. 그 닭은 몸집도 크고 볏도 아주 탐스럽게 붉고 큼직한데 그 허우대를 하고도 다른 닭을 보기만 하면 비실비실 몸을 사리고 도망가 한쪽 구석에 쭈그리고 앉는 것입니다. 영주는 이게 영 기분나빠서 이놈의 닭을 그 조련사에게 갖다 맡긴 것입니다. 그랬다가 한 달이 지나서 가보았더니 닭은 그 사이에 눈빛이 제법 또랑또랑해졌습니다. 그래 '아, 이게 꼴이 돼가는구나' 했습니다. 또 한 달 후에 다시 가보았더니 이제는 싸움도 곧잘 합니다. 그래 '이만하면 됐구나' 했습니다. 또 한 달 후에 다시 가보았더니 이 닭은 닥치는대로 싸우는 것입니다. '아, 훈련을 참 잘시켰구나. 이만하면 됐다'하고 이젠 가져가겠다고 했더니 조련사는 "아닙니다. 한 달만 더 두세요" 합니다. 한 달 후에 다시 가보았더니 이 닭이 마당 한가운데 떡 서 있습니다. 싸울 생각을 아니합니다. 그런데 중요한 것은 다른 닭들이 이 닭한테 대들질 않는다는 것입니다. 감히 대들지를 못합니다. 모두 숨을 죽이고 있습니다. 이 닭이 가운데 서서 척 바라만 보면 모든 닭들이 다 비실비실 도망을 치는 것입니다. 이 닭은 마침내 최강상태가 되어 있는 것입니다. 조련사는 그제야 영주에게 그 닭을 넘깁니다. "이제 됐습니다. 가지고 가세요." 여러분, 이걸 알아야 됩니다. 잠자코 있기만 해도 감히 다른 닭들이 대들지 못하고 피하는, 그 위엄있는 싸움닭이 최고의 닭입니다. 요란스레 푸덕푸덕 싸우는 닭은 시원치 않은 닭입니다.

온유, '프라우테스'는 결코 나약함이 아닙니다. 비겁함이 아닙니다. 그것은 강한 위엄입니다. 가장 강한 군인은 싸움 없는 군인이요, 가장 큰 힘은 평화가 있는 힘입니다. 가장 큰 승리는 원수가 찾아와서 화해를 청하는, 그러한 상태입니다. 카네기공과대학에서 일만 명을 상대로 아주 면밀하게 설문조사를 했습니다. 성공의 비결이 뭐냐, 성공의 결정적 요인이 뭐냐, 하는 질문에 자본과 기술과 두뇌다, 한 것은 15%밖에 안되고 성공의 결정적 요인은 화평과 온유의 성품이라고 응답한 것이 85%였습니다. 온유한 성품, 이것이 성공비결임을 알아야 합니다. 기술로 이기는 게 아닙니다. 성품으로입니다. 온유가 성품화한 그 인격이 모든 면에 성공을 가져옵니다. 오늘본문에 온유한 자가 땅을 차지한다, 하였습니다. 땅을 차지한다는 말은 왕의 권세를 뜻합니다. 왕권을 말합니다. 옛날에는 왕이 지방영주에게 왕권을 주었습니다. 온유한 자에게 하나님께서 왕권을 주신다, 그런 말씀입니다. 온유란 자기자신을 이기는 힘에서부터 비롯됩니다. 내가 나를 이긴 사람이 온유합니다. 그리고 내가 세상을 이겼을 때 여유있습니다. 온유합니다. 자기자신을 이겼을 때입니다. 자기자신과의 싸움에 실패한 자는 항상 불안에 떨고 목소리만 커집니다. 자기자신과의 싸움에서 넉넉하게 이긴 사람은 온유하고 여유가 있습니다. "행악자를 인하여 불평하지 말며 불의를 행하는 자를 투기하지 말지어다" 하였습니다. 악한 사람 잘된다고 원망할 것 없습니다. 불의한 자가 잘산다고 거기에 질투할 것 없습니다. 그는 벌써 자기마음을 다스렸습니다. 그리고 멀리 내다보고 있습니다. "저희는 풀과 같이 속히 베임을 볼 것이며 푸른 채소같이 쇠잔할 것임이로다." 잠시후에 그곳을 살필지라도 없을 것이다.―벌써 내다보고 있습니다. 현재에 매이지 않고 멀리 내다보고 있어서 그로써 자기마음을 잘 다스렸습니다. 벌써 저만치 내다보고 그는 불평도 원망도 없습니다. 여기 온유함이 있는 것입니다. 또한 온유란 기다리는 마음입니다. "여호와 앞에 잠잠하고 참아 기다리라" 하였습니다. 기다림, 인내력을 말하는 것입니다. 그 온유가 인내로 나타나는 것입니다. 원망도 없습니다. 불평도 없습니다. '온유'라고 할 때 꼭 생각해야 될 사람이 하나 있습니다. 모세입니다. 모세에 대해서 하나님께서는 이렇게 말씀하십니다. "이 사람 모세는 온유함이 지면의 모든 사람보다 승하더라(민 12:3)." 모든 사람보다 모세는 특별히 온유하다고 말씀하십니다. 저는 그것을 알 수가 없습니다. 모세는 온유하지 못했습니다. 화가 났을 때 아무리 애국심에서라고는 하지만, 자기민족을 사랑하는 마음에서 비롯됐다고는 하지만 애굽사람을 때려죽인 사람입니다. 그 일로 인하여 광야에 나가 40년을 산 사람입니다. 그런데 어떻게해서 그가 온유하다시는 것입니까. 그는 하나님께서 주신 계명판을 가지고 내려오다가 이스라엘백성이 패역하다고해서 그냥 내려던져 깨뜨린 사람입니다. 하나님의 명령을 받았으면서요. 이스라엘 백성이 물 없다고 하나님을 원망할 때 반석을 꽝꽝 두 번 내리치는 지극히 인간적이고 혈기가 있는 사람입니다. 그러나 하나님 보시기에는 모든 사람보다 제일 온유하다고 하십니다. 하나님의 평가가 그렇습니다. 그것을 이해하기가 어렵습니다. 그러나 이것은 하나님의 말씀입니다. 이제 민수기 12장에 있는 이야기를 잠깐 살펴봅니다. 모세가 벌써 나이가 많았습니다. 팔순이 넘은 나이지마는 구스여자, 자기집 하녀로 있는 여자를 소실로 맞습니다. 이 일이 사람들에게 알려질 때 특별히 미리암이라고 하는 누나가 이걸 못봐줍니다. 있는 대로 비방을 했습니다. 하나님의 종이 이 무슨 짓이냐, 어찌 그럴 수가 있느냐… 성경에 그 다음이야기는 없습니다. 없을 수밖에 없는 게 모세가 말이 없거든요. 불평도 없고 원망도 없습니다. 비방하는 자를 마주 비방한 일도 없습니다. 침묵하고 있습니다. 하나님은 그 중심을 아십니다. 모세의 침묵을 이해하십니다. 그 침묵 속에는 온유함이 있습니다. 모세는 속으로 아마도 이랬겠지요. '죄인보고 죄인이라는데 무슨 할말이 있노. 잘못은 내가 한 건데… 무슨 말로 비방을 듣든 나는 할말이 없는 터라.' 가만히 있습니다. 그 침묵을 하나님께서는 온유로 보십니다. 이 세상에 이만한 사람이 없다, 하십니다. 그렇습니다. 대개 비방을 들으면 맞받고 나가지요. 누가 나를 비방하면 "너는?" 한마디 하고 싶지요. 그 무언가 변명을 하고 싶지요.

그럴 수밖에 없었노라고. 글쎄올시다. 모세는 변명도 없습니다. 마주 비방하지도 않았습니다. 원망하지도 않았습니다. 하나님께서 그 중심을 보시고 '저는 모든 사람보다 온유하다' 하십니다. 그래서 미리암을 치십니다. 그리고 모세의 그 거룩한, 온유한 성품 위에 왕권을 주십니다. 여러분, 이 점을 생각해야 됩니다. 그는 하나님 앞에 잠잠하고, 기다렸습니다. 말이 없고 불평도 없고 원망도 없습니다. 조용히 기다립니다. 인내력이 거기서 나옵니다. 그 온유함이 인내로 나타났던 것입니다.

철학자 플라톤이 쓴 「폴리테이아(Politeia)」라고 하는 고전을 보면 사람의 삶의 형식을 네 가지로 말합니다. 첫째가 욕망적 형식입니다. 욕망적인 삶. 즉, 쾌락을 추구하는 것입니다. 육체적, 정신적 쾌락, 쾌락지상주의로 치닫는 이런 욕망지향적 인간이 있습니다. 또 하나는 이익지향적인 사람입니다. 그저 소유를 최고의 가치로 알아 벌고 또 벌자고 덤빕니다. 사실 그렇게 많이 벌 필요는 없는데 많이 가지는 것이 자기생을 크게 만들고 물질의 부가 인격의 높이라고 착각을 합니다. 계속 많은 것을 소유하려고 하는 그런 소유지향적인 사람이 있습니다. 또하나는 정치적인 삶입니다. 명예와 권력을 좋아하는 것입니다. 내가 보니 국회의원으로 여러 번 출마했다가 재산 다 없애고, 그러고도 또 출마하는 사람이 있습디다. 왜 그러느냐, 했더니 "목사님은 그걸 못해봤으니까 모르실 겝니다. 권력이라는 것이 그게 매력있는 겁니다. 선거운동 할 때 두손 번쩍 쳐들면 사람들이 박수치고 소리치고… 이게 기가막힌 겁니다." 글쎄올시다. 그러나 여러분, 분명한 것이 있습니다. 이 정치와 권력에 미치고보면 정신 없어진다는 것입니다. 마약보다 무섭다고 합니다 그게. 이런 유의 인간이 있는 것입니다. 항상 권력과 명예, 그걸 찾아나가는 그런 사람이 있습니다. 또하나는 관조지향적 인간입니다. 의미와 높은 가치를 추구합니다. 보이는 것이나 지위, 그 무상함을 알고 있습니다. 소유라는 게 별것 아니라는 것도 압니다. 왜요? 가치를 깊은 곳에서 찾으니까요. '의미와 높은 가치, 그리고 지혜를 추구하는 인간, 이게 바로 철학을 아는 인간이다.' 플라톤은 이렇게 말합니다.

 하나님 앞에 잠잠히 기다릴 것입니다. 세상에 부한 자도 있고 가난한 자도 있고, 악한 자의 성공도 있고 의로운 자의 고난도 있습니다. 그러나 잠잠하게 주님의 처분을 기다립니다. 그 속에 하나님의 의가 있음을, 그 속에 하나님의 선하심이 있음을 알고 믿고 추구합니다. 그것이 온유한 사람입니다. 또한 모든것을 하나님께 맡깁니다. 그 길을 하나님께 맡깁니다. 방법도 목적도, 특별히 결과를 하나님께 맡깁니다. 운명의 결과는 하나님께 맡기고 그리고 조용히 주의 뜻을 따라갑니다. 그리고 평안합니다. 하나님께 맡기고 평안한 바로 그 마음이 온유함입니다. 하나님께 맡기지 못하고 내가 붙들고 있는 것, 하나님께 모든것을 의지하지 못하고 내가 할 수 있을 것처럼 착각을 하는 것, 그게 교만입니다. 다 맡기고 손을 드십시오. 그것이 온유함입니다. 거기에 평안이 있습니다. 또한 의의 최종승리를 확신하고 있습니다. 오늘본문에 보는대로입니다. 하나님께서 그의 의를 빛같이 나타내시며 그의 공의를 정오의 빛같이 하실 것입니다. 지금 땅에 묻혔습니다. 내가 억울하기도 하고 분하기도 합니다. 사람들은 몰라줍니다. 그러나 "네 공의를 정오의 빛같이 하시리로다" 합니다. 그 언젠가는 정오의 빛같이 드러내주실 것입니다. 그것을 믿기 때문에 오늘 여유가 있고 온유하여지는 것입니다. 아리스토텔레스라고 하는 철학자의 「수사학」이라고 하는 명저가 있습니다. 거기에 보면 사람의 마음을 설득시킬 수 있는 사람, 지도력이 있는 사람은 어떤 사람이냐 할 때 그 기본을 세 가지로 말합니다. 로고스, 파토스, 에토스가 그것입니다. 로고스는 논리적이고 체계성적인 지식입니다. 논리성이 있어야 됩니다. 주먹구구로는 안됩니다. 파토스는 passion, 정열입니다. 열심과 정열—일 자체를 즐기는 것입니다. 거기에 생명을 겁니다. 이런 정열가라야 한다는 것입니다. 에토스는 윤리성입니다. 잘 아시는대로 윤리성을 잃어버린 지도자는 지도자일 수가 없습니다. 윤리성을 잃어버린 자는 절대로 설득력이 없습니다. 그가 무슨 말을 해도 우리는 그의 말을 믿을 수도 들을 수도 없습니다. 가장 큰 지도력은 윤리성에서 나옵니다. 보십시오. 그런고로 하나님의 의, 하나님께서 의롭다 하시는 그 시간을 바라보며 온유하고 겸손하게 살아갑니다. 나아가 온유한 사람은 계속적으로 배우는 마음을 가집니다. 항상 자기부족을 알고 많은 지시를 듣고 많은 말씀을 듣고 계속적으로 누구에게서든지 배웁니다. 언제든지 배우는 자세, 어떤 경우에도 배우는 자세입니다. 하나님의 인도하심을 조용히 기다리는 그런 자세, 이게 온유함입니다. 온유한 자는 땅을 차지하겠고, 풍부한 화평으로 즐기리라, 하였습니다. 보십시오. 온유한 자가 땅을 차지하면 화평과 enjoy, 기쁨이 있습니다. 그런데 교만한 자가 땅을 차지하면 불안과 공포가 있습니다. 저주와 비방이 있습니다. 여기에 차이가 있습니다. 온유한 자에게 권세를 주십니다. 온유한 자는 그 권세 안에서 화평과 즐거움과 ownership을 즐깁니다. 이것이 온유의 결과입니다.

여러분, 온유는 그 자체가 축복입니다. 온유한 성품, 참으로 하나님께서 주시는 소중한 축복이라고 생각합니다. 누구나 그러해야 될 줄 알지만 그러지 못하는 것, 그것이 바로 문제입니다. 사단은 계속 우리를 교만하게 합니다. 하나님의 말씀과 성령은 우리를 온유하게 만듭니다. 여러분 잘 아시는 성령의 열매 아홉 가지를 들어봅시다. 사랑과 희락과 화평과 인내와 자비와 양선과 충성, 온유, 절제입니다. 온유와 절제, 이것이 성령의 열매입니다. 성령이 사람을 온유하게 만듭니다. 오늘도 하나님께서는 온유한 자를 찾으십니다. 온유한 자에게 권세를 주십니다. 화평과 즐거움을 주십니다. △

회개에 합당한 열매

요한이 많은 바리새인과 사두개인이 세례 베푸는 데 오는 것을 보고 이르되 독사의 자식들아 누가 너희를 가르쳐 임박한 진노를 피하라 하더냐 그러므로 회개에 합당한 열매를 맺고 속으로 아브라함이 우리 조상이라고 생각지 말라 내가 너희에게 이르노니 하나님이 능히 이 돌들로도 아브라함의 자손이 되게 하시리라 이미 도끼가 나무 뿌리에 놓였으니 좋은 열매 맺지 아니하는 나무마다 찍혀 불에 던지우리라 나는 너희로 회개케 하기 위하여 물로 세례를 주거니와 내 뒤에 오시는 이는 나보다 능력이 많으시니 나는 그의 신을 들기도 감당치 못하겠노라 그는 성령과 불로 너희에게 세례를 주실 것이요 손에 키를 들고 자기의 타작 마당을 정하게 하사 알곡은 모아 곡간에 들이고 쭉정이는 꺼지지 않는 불에 태우시리라

(마태복음 3 : 7 - 12)

회개에 합당한 열매

철학자 파스칼은 「팡세」에서 이렇게 말하고 있습니다. '인간은 천사도 아니거니와 짐승도 아니다. 그러나 불행한 것은 인간들은 천사처럼 살려고 하면서도 실제로는 짐승처럼 행동하는 것이다.' 거기에 문제가 있다는 말입니다. 인간은 천사가 아닙니다. 그러나 천사 같은 그런 존재로 살아가겠다고 높은 이상을 내세우면서도 실제로 사는 것은 너무나도 모순적입니다. '짐승처럼, 그것도 가장 사악하고 더러운 짐승처럼 살아가고 있다. 여기에 문제가 있고 고민이 있다.' 그렇게 말하고 있습니다. 현대인을 비판하는 확실한 정의가 된다고 생각합니다. 유대교에서는 사함받을 수 없는 죄가 있다고 합니다. 도저히 사함받을 수 없는 죄를 많이 열거하는데 그 중 대표적인 것 두 가지만 말씀드립니다. 하나가 회개하기 위하여 범죄하는 것입니다. 지금 뉘우치는 것이 있고 회개하고 있는데 그 문제를 해결하기 위해서 또 다른 죄를 짓는 것입니다. 또하나는 회개하고 같은 죄를 계속 반복하는 것입니다. 회개하고 또 죄짓고 또 죄짓고… 개가 토했던 것을 다시 먹는 것처럼 늘 회개하며 늘 같은 죄를 반복하는 이러한 죄는 영영 사함받을 수 없다, 왜냐하면 회개가 없기 때문이다, 합니다. 회개하지 않는 죄가 사함받을 수는 없으니까 말입니다. 열매 없는 회개는 회개가 아니기 때문입니다. 죄라고 하면 먼저 죄짓는 죄가 있고, 둘째는 회개하지 않는 죄가 있고, 셋째는 변명하는 죄가 있고, 넷째는 죄를 정당화하는 죄가 있습니다. 다섯째는 내가 지은 죄를 죄 아니라고 정당화하기 위해서 다른 사람을 정죄하는 죄가 있습니다. 여기까지 나아가면 이제는 강퍅하게 되는 것이요 영영 구제불능한 운명에 빠집니다.
　심리학자 아들러는 사람이란 외부적인 요구에 대하여 자기를 보호하기 위한 보호장치를 몇가지 가지고 있는 경향성이 있다고 말합니다. 첫째가 변명입니다. 잘못된 것을 회개하지 않고 오히려 밖에서 그것에 대하여 비판할 때, 또 자기양심도 이것을 비판할 때 변명을 하는 것입니다. 이러면 영영영영 구제받을 길이 없습니다. 변명처럼 어리석은 짓도 없습니다. 어떤 일에도 믿는 사람이라면 변명은 하지 말아야 됩니다. 적어도 변명은 하지 말아야 됩니다. 어떤 일에도 변명은 생각하지도 말 것입니다. 대체로 두 가지로 변명을 합니다. 하나는 'Yes, but…'하고 나오는 것이고 또하나는 '만일 …하였더라면' 하고 가정법을 쓰는 변명입니다. 하나는 예컨대 이렇습니다. 학생이 공부를 잘해서 시험을 잘봐야 하는데 '잘보려고 했지만 다른 과목도 공부해야 되기 때문에 이 과목은 망쳤다'는 것입니다. 그렇다고 인정을 하면서도 '그러나' 하고 무엇 무엇 무엇, 변명을 늘어놓습니다. 그리고 가정법을 쓰는 변명은 예컨대 이렇습니다. '만일에 나도 대학을 나왔더라면 이렇게 되지 않았을 것이다. 내가 대학 못나온 열등의식 때문에 이같은 일들이 있어졌다' '내가 만일에 돈이 있었다면(내가 만일에 건강했다면, 내가 젊었더라면) 나는 이렇게 하지 않았을 것이다.' 자기의 부족한 처지를 비롯해서 변명을 하는 것입니다. 이것은 그 일로부터, 정직함으로부터 자기를 회피하는 짓입니다. 또 한 가지는 공격형입니다. 자기를 비판하는 사람들을 공격합니다. 실패에 대하여 원인을 타인에게 돌립니다. 다른 사람에게 돌려서 '너도 그랬지' '너라는 사람이…' '너 때문이야' 합니다. 공격형입니다. 그런 심리를 가진 사람이 있습니다. 이게 아주 체질이 된 사람이 있습니다. 이 사람은 반성할 줄을 모릅니다. 회개가 없습니다. 그런가하면 거리두기를 좋아하는 사람이 있습니다. delay형입니다. 회개는 하겠는데 좀더 있다가, 아직은 이르다, 회개를 해도 죽기 전에 해야지, 예수님 옆의 십자가에 달린 강도도 직전에 회개했지 않은가, 거기까지 가서 해야지―자꾸 미뤄나가는 가운데서 자기와 문제를 문제되지 않게 끌고 나가려 합니다. 참으로 불행한 사람입니다. 이게 체질이 됩니다. 이게 성품이 됩니다. 그러면 진실은 아주 멀어집니다. 그런가하면 배제형이 있습니다. 아예 문제삼지를 않습니다. 나만 죄인이냐, 죄가 그것뿐이더냐―세상을 탓하고 심지어는 하나님을 원망하면서 그럴 수밖에 없었노라, 하고 회개할 생각도 하지 않습니다. 배제해버리는 이러한 심리입니다. 강퍅해진 것입니다. 다시 돌이킬 길이 없습니다.

오늘본문에 보면 광야에서 세례 요한은 외칩니다. '회개하고 회개에 합당한 열매를 맺으라.' 회개에 합당한 열매를 맺으라 합니다. 구약성경에 있어서 회개의 정의는 이렇습니다. 회개란 뭐냐? 죄를 떠나 하나님께로 향하는 것입니다. 에스겔 33장(11절, 18절), 그리고 호세아 14장(1절, 2절)에서 누누이 말씀합니다. 여러 성경에서 그렇게 말씀합니다. 회개란 죄를 떠나서 돌이켜 하나님께로 가는 것입니다. 먼저, 후회와 뉘우침만이 회개가 아닙니다. 한평생 가슴을 치고 눈물을 흘려도 그건 회개가 아닙니다. 또한 죄에서 떠나는 행동이 있어야 됩니다. 죄스러운 생활에서 떠나야 됩니다. 두 번째는 하나님께로 향해야 합니다. 이런 긍정적이고 적극적인 회개가 있어야 합니다. 그래서 오늘 7절에서 이렇게 말씀합니다. "누가 너희를 가르쳐 임박한 진노를 피하라 하더냐." 참 준엄한 말씀입니다. 누가 진노를 피하라 하더냐—형벌이 무섭고 비난이 무섭고, 아니, 지옥이 무서워서 그렇게 회개하는 것, 다시말하면 강요된 회개는 회개가 아닙니다. 자발적이라야 됩니다. 누가 하라 해서 하는 회개는 회개가 아닙니다. 벌이 무서워서, 심판이 무서워서, 형무소가 무서워서라면 회개가 아닙니다. 이렇게 강요되어서 억지로 하는 회개, 이런 회개는 회개가 아닙니다. 비난도 상관이 없습니다. 남이 무슨 상관이 있습니까. 내 양심을 내가 살피며 자발적으로 자원해서 회개하는 회개만이 진정한 회개요 거기서 열매를 맺을 수가 있는 것입니다.

또한 많은 사람들이 회개는 하면서도 현실에 안주하려고 합니다. 떠나기를 싫어합니다. 아주 이상합니다. 담배가 나쁜 줄 알면서도 끊지 않습니다. 나쁜 줄 알면서도 여전히 거기에 매력을 느끼고 있습니다. 그것을 즐기고 있습니다. 심지어는 아주 위험한 모험을 즐기고 있습니다. 언제까지 그럴 것입니까? 벌써 죄악된 생활에 길들여졌습니다. 심리적으로 길들여져서 그 생활에서 떠나기를 싫어합니다. 저는 이런 학생을 보았습니다. 고3학생인데 공부 열심히 하다가 병들어서 병원에 갔습니다. 물론 병원에 있는 동안 공부 안했습니다. 병은 나았습니다. 그런데 자꾸 아프다는 것입니다. 아픈 동안에는 모든 문제가 없으니까, 그렇게 잔소리하던 어머니도 잔소리가 없으니까 그 병원에서 나오려고 하질 않습니다. 의사는 아픈 거 없다는데 여기가 아파요, 저기가 아파요, 합니다. 내 이런 녀석을 봤다니까요. 정말 딱하더라고요. 그래서는 아침늦게까지 안일어납니다, 도대체. 거기서 헤쳐나오려고 하지를 않습니다. 그래서 내가 물었습니다. "너 낫고자 하느냐?" 대답이 멀쩡합니다. "아, 나아야지요." 그래서 "거짓말하지마!"했습니다. 안주하려는 마음, 무서운 것입니다.

자, 그렇다면 회개라는 것은 은총입니다. 하나님의 은혜로만 얘기할 수 있는 것입니다. 먼저는 회개의 기회를 주셔야 됩니다. 내가 회개하고 싶었는데 그만 갑자기 차사고로 죽었다면 회개 틀렸지요. 그래서 저는 생각합니다. 가끔 그런 지도도 합니다. 병원에 몇달 동안 입원해 있으면서 친구를 불러다가 사과하고, 제 아내에게 "내가 그동안 잘못했소" 하는 장면을 내가 볼 때 본인에게 얘기합니다. 당신은 복이 많다, 죽느냐사느냐의 문제가 아니다, 회개할 기회가 있지 않은가, 이게 얼마나 큰 축복이냐, 하고요. 그때가서 울음 터뜨리는 걸 봅니다. 만일에 꽈당 죽었으면 어떻게 됐겠느냐, 이같은 회개를 할 수 있었겠느냐, 합니다. 회개의 기회를 주셔야 회개합니다. 가룟 유다라는 사람, 하나님께서 여러 번 기회를 주셨지만 끝내 회개하지 않고 예수님 십자가에 못박는 일에 가담을 했고, 나중에 뉘우쳤지마는 돌이킬 길이 없었습니다. 이미 때는 지났습니다. '11시에 회개하겠다고 했는데 10시 반에 죽었다' 하는 우스갯소리도 있습니다. 하나님께서 회개의 기회를 주셔야 회개를 합니다.

또, 하나님께서 믿음을 주셔야 됩니다. 무슨 믿음입니까. 사랑에 대한 믿음입니다. 하나님께서 나를 사랑하신다, 하나님께서 아직도 나를 사랑하신다, 내게 향한 하나님의 약속이 있다―그것을 믿을 때 진정한 회개가 있습니다. 아무리 때려도 거기에는 회개가 없습니다. 아이들 우는 거같으면서, 잘못했다고 말은 하지만 속으로는 '두고보자' 한답니다. 참으로 회개는 사랑을 깨달을 때에만 있습니다. 어떤 고등학교학생이 아버지어머니 잔소리가 싫어서 집을 나가버렸습니다. 어머니는 기가막힙니다. 한 달을 수소문해서 겨우 아이가 있는 집을 찾았습니다. 계단 밑에 있는 조그마한 방 하나를 얻어 거기서 자취를 하고 있는 것입니다. 거기에 아이가 없을 때 들어가보았는데, 보니 방안이 엉망입니다. 냉장고는 텅텅비어 있고 옷가지는 여기저기 널려 있고… 어머니가 하루종일 다 청소하고 말끔하게 씻어줬습니다. 냉장고를 가득 채웠습니다. 냉장고문에다가 그 아이의 백일사진을 떡 붙여놓고 나왔습니다. 어머니가 백일된 아이를 안고 좋아하는 사진입니다. 아이가 저녁에 돌아와서 그걸 보고 통곡을 했습니다. 왜요? '어머니는 지금도 나를 사랑하신다.' 그걸 알았기 때문입니다. 그리고 집으로 돌아왔습니다. 여러분, 말이 필요없습니다. 믿음이 가야 됩니다. 사랑에 대한 믿음이 가야 됩니다. '아직도 나는 하나님의 사랑을 받는 자구나. 하나님께서는 지금도 나를 사랑하신다.' 십자가를 쳐다보면서 그 사랑을 확인하게 될 때, 그 사랑에 감격하게 될 때, 그때 흘리는 눈물이 진짜입니다. 형벌이 무서워서 회개하는 회개는 회개가 아닙니다. 뭐가 무서워서 하는 회개는 회개가 아닙니다. 형무소가 무서워서 벌벌떠는 것은 회개가 아닙니다. 오로지 사랑을 믿을 때 회개합니다.

또한 회개는 하나님께서 용기를 주셔야 가능합니다. 용기가 없는 자는 회개 못합니다. 구약의 다윗이라는 사람, 그는 엄청난 죄를 지었습니다. 남의 아내를 취했을 뿐더러 그 남편을 죽였습니다. 숨겨졌던 악이지만 나단 선지가 와서 당신이 죄인이다, 할 때 그는 왕의 보좌에서 군소리없이 무릎을 꿇었습니다. '내가 죄인입니다. 내가 죄를 지었나이다.' 회개의 용기가 있었습니다. 용기 없는 사람은 회개 못합니다. 회개해야지, 해야지, 하면서 한평생 찌그러진 얼굴로 삽니다. 구겨진 얼굴로 삽니다. 병든 양심으로 삽니다. 회개에 용기가 필요합니다. 어떤 용기입니까. 명예와 지위와 체면 다 내동댕

이쳐야 됩니다. 진실이 먼저이니까요. 이까짓 체면, 무슨 소용인가 —다 내던져야 됩니다. 그리고 모든 운명을 하나님께 맡길 것입니다. 회개한 다음에 되어지는 일, 그 어떠한 일이라 하더라도 상관할 것 없습니다. 모든 운명을 하나님께 맡기는 그 용기가 있고야 회개할 수 있습니다. 회개가 쉬운 게 아닙니다. 회개의 열매란 참으로 귀한 것입니다. 하나님께서 힘을 주셔야 됩니다. 위선을 벗어버리는 힘을 주셔야 됩니다. 거짓을 활짝 벗어버리는 힘, 체면같은 것 던져버리는 힘을 주셔야 회개할 수 있습니다. 회개하지 못하고 그냥 자꾸 미뤄미뤄가는 동안에 점점 수렁으로 빠져들고 그 어느 때에 가서는 마침내 회개할 수가 없게 되어버립니다. 회개할 때에 비로소 자유를 얻을 수가 있습니다. 비로소 얼굴이 밝아질 수 있습니다. 참으로 회개할 때에 병도 치유받을 수 있습니다. 환한 양심, 환한 얼굴, 온전한 인격을 다시 세우게 될 것입니다. 「탈무드」에서 이렇게 말합니다. '자기잘못을 인정하는 것처럼 마음 가벼운 일이 없다.' 어떻습니까? "I am sorry. That's my fault."하는 순간, 마음은 편안해집니다. 미안합니다, 그건 내 잘못이었습니다—이보다 더 신바람나는 일은 없습니다. '그런가하면 자기가 옳다고 고집하는 것처럼 마음 무거운 일은 없다.' 알아서 하십시오. 어느 쪽을 택하시렵니까? 내가 옳고 내가 잘났다고 하면서 점점 썩어가는 운명을 갈 것입니까, 아니면 그건 내 잘못입니다, 하고 환하게 광명을 찾을 것입니까? 회개는 사람을 자유케 하십니다.

오늘 성경에 말씀합니다. "속으로 아브라함이 우리 조상이라고 생각지 말라." 아브라함의 자손이라고 하는 특권의식이 내 죄를 정당화할 수는 없습니다. 내 과거에 세운 공로가 오늘의 죄를 정당화해주지 못합니다. 과거에 아무리 좋은 일을 많이 했어도, 아무리 아브라함의 후손이라는 특권이 있어도 오늘의 죄는 죄요, 오늘의 죄인은 죄인입니다. 그 화려한 과거가 오늘 나의 이 불의함을 씻어줄 수 없다는 걸 알아야 합니다. 또한 조상의 의, 즉 아브라함의 의가 내 죄를 사할 수는 없는 것입니다. 그 자손 되었다고 하는 것이 오늘 나의 죄를 씻어줄 수는 없습니다. 하나님의 은혜로만 회개할 수 있습니다. 회개할 기회를 주시는 것, 회개할 용기를 주시는 것, 회개할 깊은 마음을, 진실을 주시는 것, 그것이 은혜입니다. 병들어서 회개하든 실패해서 회개하든 감옥에 들어앉아서 회개하든 회개는 복입니다. 회개는 하나님께서 내게 주시는 은총의 기회가 됩니다. 은혜로 회개케 하시고 은혜로 새로운 역사를 창조하게 하십니다. 여기에 승리가 있고 여기에 새로운 능력이 있고 밝은 세상이 있습니다. △

그 어버이와 그 자녀

내가 너희를 부끄럽게 하려고 이것을 쓰는 것이 아니라 오직 너희를 내 사랑하는 자녀 같이 권하려 하는 것이라 그리스도 안에서 일만 스승이 있으되 아비는 많지 아니하니 그리스도 예수 안에서 복음으로써 내가 너희를 낳았음이라 그러므로 내가 너희에게 권하노니 너희는 나를 본받는 자 되라 이를 인하여 내가 주 안에서 내 사랑하고 신실한 아들 디모데를 너희에게 보내었노니 저가 너희로 하여금 그리스도 예수 안에서 나의 행사 곧 내가 각처 각 교회에서 가르치는 것을 생각나게 하리라

(고린도전서 4 : 14 - 17)

그 어버이와 그 자녀

얼마전에 미국에서 있었던 일입니다. 라이언 화이트(Ryan White)라고 하는 소년에 관한 이야기입니다. 라이언 화이트가 열세 살 때 혈우병을 앓아서 수술을 받게 되었는데 그것이 문제였습니다. 수술 중 수혈이 잘못되어서 이 소년이 후천성 면역결핍증 곧 AIDS 에 걸리고 말았습니다. 병원에서 잘못한 이 사건으로 인해서 그는 속수무책으로 죽음을 기다려야 했습니다. 그러나 이 아이는 자신이 죽는다는 것을 알고 있으면서 아무도 원망하지 않았습니다. 부모도 형제도 가정도, 특별히 의사선생님들을 원망하지 않았습니다. 항상 밝은 웃음을 보였고, 모두에게 친절했습니다. 오히려 염려하는 부모를 위로하며 날마다 기쁘게 행복하게 지냈습니다. 이러한 사실이 방송매체를 통하여 전 미국에 전해지게 되어 많은 사람을 감동시켰습니다. 많은 사람들이 이 어린이를 위해서 기도하게 되었습니다. 유명인사들이 앞을 다투어서 이 어린아이를 찾아왔습니다. 그리고 병문안을 했습니다. 당시의 대통령이던 레이건도 친히 이 어린 소년을 찾았고 유명한 팝 가수 마이클 잭슨도 이 소년을 찾아 위로했습니다. 결국 5년을 더 살다가 18세에 이 소년은 죽었습니다. 그가 마지막으로 아버지와 나눈 대화가 기독교잡지에 실려서 더욱더 많은 사람의 마음을 감동시켰습니다. 아버지는 죽어가는 아들에게 말했습니다. "아들아, 미안하다. 나는 아무것도 너에게 해줄 것이 없구나. 이 아빠가 더는 어떤 선물도 줄 수 없음을 용서해다오." 아들은 대답했습니다. "아닙니다. 저는 많은 선물을 받았습니다. 많은 선물을 받고 살았지만 아무도 아빠가 제게 준 선물같은 선물을 준 사람은 없습니다. 아빠는 제게 천국열쇠를 주셨습니다. 예수님을 소개해주시고, 교회에 나아가 예수를 믿게 해주시고, 말씀을 통하여 영생을 얻도록 해주셨습니다. 이보다 위대한 선물이 어디 있겠습니까."

여러분, 우리가 자녀에게 줄 수 있는 가장 큰 선물이 무어겠습니까. 윌리엄 오그번(William F. Ogburn)이라고 하는 교수의 「Recent Social Trends」라고 하는 책이 있습니다. 가정이 그 기능을 상실했다, 가정이 본래의 기능을 상실했다고 이 책은 말합니다. 가정의 기능이 무엇입니까. 먼저는 경제적 기능입니다. 다같이 먹고살아야 하지 않습니까. 또하나는 교육적 기능입니다. 우리는 가정을 통해서 많은 것을 배우지 않습니까. 또 종교적 기능입니다. 종교를 통하여 가치관을 배우고, 믿음을 배우고, 경건한 생활을 배웁니다. 또하나는 오락적 기능입니다. 가정에서 우리는 오락을 얻어야 합니다. 행복을 얻어야 합니다. 즐거움을 찾아야 됩니다. 이게 오락적 기능입니다. 그런데 이 네 가지가 그만 상실되어가고 있다, 라고 아주 면밀하게 비판 분석하고 있습니다. 대체로 말씀하면 이렇습니다. 경제적 기능, 이 생산적 능력을 공장과 사무실로 빼앗겼다는 것입니다. 이 경제적 기능이라는 게 아주 중요합니다. 자, 농사를 짓습니다. 같이 농사를 짓습니다. 남편이 땅을 파고 아내가 씨를 뿌립니다. 저는 이런 장면을 많이 보았습니다. 아버지는 땅을 파고 어머니는 서서 씨를 뿌립니다. 그 장면이 그렇게 아름다울 수가 없습니다. 이게 생산적 기능입니다. 자, 베를 짭니다. 실을 뽑습니다. 이거 다 아버지가 도와주어야 합니다. 어머니 혼자 하는 게 아니지 않습니까. 농사며 길쌈이며 모든 생산적인 일을 아이들까지 거들어야 됩니다. 아이들도 가을만 되면 일을 같이 나가서 해야 되고, 아무리 어린아이라도 겨울이 되면 가마니를 짜야 되거든요. 가마니 짜보신 분들은 압니다만 기계로 짜는 것도 있지만 손으로 짜는 것은 한 사람이 자를 대고 한 사람은 내렸다올렸다 하고… 이게 보통작업이 아닙니다. 이렇게 되면 싸울 일도 없고 문제될 게 하나도 없습니다. 생산, 그 과정 속에 가정이라고 하는 유대가 점점 깊어지거든요. 하나되어가거든요. 이걸 그만 공장과 사무실로 빼앗겨버렸습니다. 그쪽으로 옮겨지고 말았습니다. 가정은 그대로 소비기관입니다. 생산기능은 없고 오로지 소비입니다. 어떻게 쓸까? 어떻게 하면 더 쓸까? 남편의 것을 얼마나 빼앗아 쓸 수 있을까? 아내가 감추어놓은 것을 내가 어떻게 빼앗을까? 이따위 생각이나 하고 있으니 어떻게 되겠습니까. 아이들은 '어떻게 용돈을 더 받아낼까?' 이 궁리입니다. 생산적 기능, 그것을 공장에 빼앗기고 가정은 오로지 소비기관으로 되어버렸다—이것은 참으로 불행한 일이다, 그렇게 말합니다. 그리고 교육기능입니다. 우리는 가정에서 모든것을 배웠습니다. 음식 장만하는 것이나 농사하는 것이나 모든것을 가정으로부터 배웠으나 지금은 학교에서 배웁니다. 교육은 학교에서 자기친구들과 더불어 거기에다가 위임해버렸습니다. 또 종교문제, 이것은 더더욱 중요합니다. 이것은 완전히 가정에서 배워야 할 것인데 이것도 교회에다 맡겨버렸습니다. "교회에 가라." 그러고 끝입니다. 여기서 가정의 의미가 없어집니다. 또한 오락기능, 가정에서 즐겁고 행복한 모든 프로그램이 있어야 됩니다. 가정이 가장 행복한 오락기능을 발휘해야 되는데 이것도 극장과 운동장과 텔레비전과 컴퓨터에게 다 빼앗겼습니다. 이렇게 되고보니 가정이 도대체 필요가 없습니다. 집에 일찍 들어와야 될 이유가 하나도 없습니다. 재미는 다 밖에서 보고 사니까요. 자, 이런 것이 가정을 파괴했고 가정이 또 인간을 파괴했고 또 인간성을 파괴해서 이 세상은 불행해지고 있다, 그런 이야기입니다. 이 학자의 이론, 상당한 의미가 있다고 생각합니다.

여러분, 사람은 가정에서 태어납니다. 가정에서 키워집니다. 가정에서 배웁니다. 가정에서 성숙합니다. 가정에서 인간이 됩니다. 가정에서 보람을 찾습니다. 행복이 무엇입니까. 다 가정에 있지 않습니까. 마지막으로 남는 보람도 가정에 있습니다. 나는 맥아더 장군의 기도문을 가끔 외어봅니다. 그것을 영어로 외어보면 맨마지막에 참 가슴뜨거운 말이 있습니다. 내게 이런 아들을 주십시오, 내 아들이 이러이러한 아들이 되길 바랍니다, 기도하고 이렇게 끝맺습니다. '그리하여 나로하여금 이 세상을 헛되이 살지 아니하였다 하게 하옵소서.' 그는 장군입니다. 나라를 위하여, 세계를 위하여 큰일을 많이 했지만 생각하고보니 별일이 아닙니다. 나 아닌 사람으로도 얼마든지 할 수 있는 일이지 별일이 아니더라고요. 마지막으로 남는 보람은 가정밖에 없는 것입니다. '내 아들이 훌륭하게 믿음의 사람으로 살아가게 될 때, 그리하여 내가 헛되이 살지 아니하였다, 하게 하옵소서.' 가정에 마지막보람이 있는 것입니다. 육체적으로 우리는 부모로부터 태어납니다. 정신적으로 부모로부터 배웁니다. 특별히 영적으로 아버지의 말씀과 어머니의 사랑 속에서 자랍니다. 말씀과 성령, 아버지의 말씀과 어머니의 사랑 속에서 자랍니다. 인간이 됩니다. 오늘본문에 사도 바울은 말씀합니다. "복음으로써 내가 너희를 낳았음이라." 여기 '낳았다' 곧 '에겐네사'라고 하는 헬라어의 원뜻은 '겐나우'라는 말에 있습니다. '출생'이라는 말입니다. 이 출생이라는 말이 참 재미있습니다. 우리말은 어머니가 낳는 것도 '낳다'

이고 아버지가 낳는 것도 '낳다'입니다. 영어는 안그렇습니다. 어머니가 낳는 것은 'bear'입니다. 아버지가 낳는 것은 'beget'입니다. 오늘말씀의 '낳다'는 beget입니다. '내가 너를 낳았다(begat).' 어머니가 낳는 것같은 그런 출생이 아니고, 생산적 의미가 있는가하면 생명적 기원의 의미가 있는 것입니다. '내가 네게 생명을 물려주노라.' 그런 뜻입니다. '그런고로 너는 나를 본받으라. 그 아버지의 그 아들이 되라. 그 부모의 그 자녀가 되라'고 말씀합니다. 그렇다면 본받을만한 부모가 되는 것이 문제입니다. 본받을만한 부모가 되었느냐, 이것이 문제입니다. 기독교교육학자 데이비드 스튜어트가 「Parents as Teachers」라고 하는 논문에서 중요한 교훈을 합니다. 가르침으로써가 아니라 부모는 자신을 끊임없이 parenting(parent가 아니고 parenting으로, 동사로 썼습니다. 이 특별한 용어를 만들었습니다.) 곧 부모화함으로써 자녀를 가르칠 수 있는 것이다, 하였습니다. 다시말하면 자녀를 가르치려고 하는 별도의 노력이 필요없다, 부모만 제대로 되라, 이것입니다. 부모만 되면 자녀는 되는 것입니다. 그 부모 그 자녀입니다. 예외없습니다. 이것을 알아야 됩니다. 이렇게 말하자니 참 가슴아픈 역사적 사건이 생각납니다. 인류역사상 최악의 사건 하나가 히틀러가 육백만의 유대사람을 죽인 것입니다. 우리나라가 6·25전쟁을 치렀지만 피란민까지 포함해서 백오십만이 죽었습니다. 이건 전쟁중에 서로 쏘고 죽이고 한 것입니다. 그러나 조용하게 사는 유대사람들을 하나씩하나씩 끌어다가 죽였습니다. 육백만을! 도대체 믿을 수 없는 숫자입니다. 어떻게 이런 사건이 있을 수 있단말인가. 보십시오. 왜 그랬을까요. 그 이유는 여기에 있습니다. 히틀러의 아버지는 행상을 하는 사람이었습니다. 여기저기 다니면서 장사를 해서 늘 집을 비웠습니다. 물건을 다 팔 때까지 돌아오지 않았습니다. 일주일도 좋고 한 달도 좋았습니다. 돌아다니다가 아주 가끔씩 집에 돌아왔습니다. 집을 지키고 있는 그의 아내, 히틀러의 어머니는 외로움을 달래지 못해서 그만 부정한 생활을 합니다. 돈이 많고 타락한 유대사람, 돈많은 유대사람, 권세가 있는 유대사람과 불륜의 관계를 맺었습니다. 그것을 아들이 압니다. 아들이 눈물로 말렸습니다, 그러지 말라고. 그러나 이 어머니는 이 생활을 버리지 못했습니다. 아버지가 밖에 나가 장사하는 동안에 어머니는 집에서 돈많은 유대사람하고 불륜관계 맺는 것을 이 아들은 보았습니다. 그래 그 유대사람을 미워했습니다. 죽이고 싶었습니다. 몇번이고 죽이고 싶었습니다. 결국은 히틀러가 권세를 잡는 날 유대사람들을 죽입니다. 육백만을 죽였습니다. 이 얼마나 무서운 사건입니까. 자녀들이 어렸을 때 부모들로부터 받는 충격이 얼마나 큰 것입니까.

우스운 이야기입니다. 마는 제가 결혼주례를 무려 40년 동안 했습니다. 하면서 점점 달라지는 것을 보았습니다. 옛날에는 보면 신랑은 크고 신부는 작았습니다. 으레 그랬습니다. 신부가 조금 키가 큰 편이면 아예 낮은 신발을 신고 올 뿐만 아니라 결혼식 할 때도 꾸부정히하곤 했습니다. 작게 보이려고. 그렇게 했는데, 요새는 신부가 크고 신랑이 작은 편인데 그래도 신부는 하이힐을 신었습니다. 뭐 거침없습니다. 신랑이 작고 신부가 큰 편이 많습니다. 그것만이 아닙니다. 신랑보다 신부가 연상의 여인인 경우가 많습니다. 내가 척 보면 아하, 연상이구나, 이건 5년연상이다, 이건 10년연상이다, 압니다. 연상의 신부가 많습니다. 그것도 또 당당해요, 가만히 보면. 여기서 그 잠깐 결혼식 하는 동안에도 남자가 여자 앞에서 꼼짝을 못합니다. 그런 장면을 보면서 생각합니다. 왜 이런 일이 있는가…
무려 24%가 연상입니다. 왜 이렇게 된 것같습니까. 가정에서 남자
아이들에게 엄마가 너무 잔소리를 많이 했습니다. 다 챙겨주었습니
다. 뭐라고, 뭐라고, 뭐라고… 이 아이들이 컸습니다. 남자로 컸습니
다. 그때는 어머니의 잔소리가 그렇게 싫었지만 이제는 그게 체질화
하였습니다. 그 잔소리가 없으면 잠이 오질 않습니다. 그 간섭이 없
으면 불안해서 못삽니다. 그래서 연상을 찾아가는 것입니다. 엄마
찾아가는 셈입니다 그게. 생각하면 이게 얼마나 기막힌 일입니까.
간섭받는 일에 이렇게 길들여졌다니까요. 알게모르게 그렇게 배운
것입니다. 그런 인간이 되어버린 것입니다. '마마보이'를 만든 게 바
로 엄마라는 것을 생각 못하십니까? 결혼해 살면서도 여전히 마마보
이입니다. 조금 언짢으면 엄마한테 전화걸어서 "엄마, 나 지금 매맞
았어" 한답니다. 어쩌다 이 모양이 됐느냐―다 어머니가 만든 작품
이거든요. 정신적으로, 성품에 이런 관계가 형성됩니다. 얼마나 심
각합니까. 요새아이들 가운데는 아버지를 향해서 대드는 아이들도
있다 합니다. 난 아버지 때문에 창피해 못살겠소, 당신의 아들 되었
다는 것을 나는 부끄럽게 생각합니다, 당신 때문에 나는 연애도 못
했소, 누구 아들이라고 밝히면 난 장가도 못가요―이렇게 나옵니
다. 어떻습니까? 이게 우리의 현실입니다. 그런고로 생각을 하여야
합니다. 말로 가르치는 것은 논리성은 있지만 지식에 불과합니다.
정서로 가르치는 것, 평안함을 주는 것이 아주 중요합니다. 그보다
더 중요한 것은 본을 보이는 것입니다. 믿음과 존경으로 본을 따라
서 배우게 됩니다. 가장 무서운 교육은 저절로 배워지는 것입니다.
가장 확실한 교육은 무의식중에 있는 것입니다. 의식보다도 더 깊은

세계에서 교육이 이루어집니다. 부모간에 행복하게 사는 것을 아이들에게 보여주어야 됩니다. 그래서 문간에서 키스하는 것도 보여주라는 것 아닙니까. 그러면 아이들이 저희끼리 '아 아빠 엄마 지금…' 이렇게 이야기하겠지만, 이렇게 행복하게 사는 부모를 보고 자란 아이들은 대학 졸업하기가 무섭게 시집장가 갑니다. 그 꼴 보기 싫어서 빨리 가야겠다, 나도 간다 나도… 이렇게 된다고요. 믿으니까. 저렇게 행동할 것같으니까. 그런데 여러분, 요새도 보면 어떤 부모들은 내 아들 저놈이 장가를 안갑니다, 내 딸 저녀석이 시집을 안갑니다, 걱정하지만 이미 걱정할 때는 지났습니다. 당신이 행복을 보여주지 못했음입니다. 여자에게 남자가 얼마나 행복한 것인가, 남자에게 여자가 얼마나 소중한 존재인가를 못보여주었습니다. 아이들의 눈으로 볼 때 저렇게 살 바에는 왜 살아야 되나, 싶은 것입니다. 우리아버지 왜 사는지를 모르겠데요, 도대체. 이렇게 자라왔는데 이들이 시집장가 가겠습니까. 아버지한테 얻어맞는 어머니를 보았는데 이 딸아이가 시집을 가겠습니까. 누가 와서 나에게 사랑한다 뭐란다 하면 '이렇게 나오다가 결혼식만 끝나면 이제 뻥, 뻥, 할 거지 이제?' 생각합니다. 이러니 되겠습니까. 겁부터 나니까 연애가 안되는 것입니다. 그러니 이게 야, 시집가라 장가라라, 말로 되는 게 아닙니다. 결혼생활이란 참 행복한 것이다—그것을 보여주었어야지요. 그 본을 보여주었어야지요. 이건 보여줌이 없이 강요한다고 그게 될 일입니까. 그것이 말로 될 일이냐고요. 가정교육이란 말이 필요없습니다. 가치관이 그렇고 행복관이 그렇습니다. 사는 행복, 인생을 어떻게 살아가는가, 그걸 그대로 저들은 보고 있지 않습니까. 아버지 어머니가 얼마나 행복한지, 얼마나 선한 일을 하는지, 선한 일을 하면서 얼마나 행복해하는지, 이런 것을 본 일이 없거든요. 참으로 불행합니다. 현대인은 이렇게 말합니다. '부모는 텍스트가 아니고 참고서일 뿐이다.' 교과서가 아니고, 교본이 아니고 참고서일 뿐이다— 아닙니다. 부득불 교본일 수밖에 없습니다. 원하거나 원치 않거나 교본일 수밖에 없다는 것을 잊지 말아야 합니다.

오늘본문, 사도 바울이 고린도교회에 편지를 쓰고 있습니다. 고린도교회는 사도 바울을 비난했습니다. 사도권이 어떻고 생활이 어떻고 가정이 어떻고… 여러 가지로 비방을 하고 있었지만 바울은 말씀합니다. 고린도후서 6장에서도 말씀합니다. '나는 마음을 넓혔노라. 내가 마음을 넓혔으니 보답할 양으로 너희도 마음을 넓히라. 내가 복음 안에서 이렇게 행복하다. 너희도 이런 나를 본받으라.' 우선 그는 자기만족에 살았습니다. '가난에 처할 줄도 알고 부에 처할 줄도 알고 일체의 비결을 배웠노라.' 그 많은 환난과 고통 속에서도 스스로 행복할 줄을 아는 사람입니다. 또한 사명에 만족했습니다. '이대로 관제와 같이 죽을지라도 나는 기뻐하리라.' 하고 있는 일을 위하여 전심전력하고 그것을 즐겼습니다. 믿음과 행복과 사랑과 소망에 본을 보였습니다. 사도 바울은 고린도교회를 믿었습니다. 이제 말씀합니다. '나는 너희를 믿노라. 내가 너희를 낳았다. 너희는 나를 본받으라.' 사랑이 무엇입니까. 사랑은 이해하는 것이요, 사랑은 믿어주는 것이요, 그리고 사랑은 기다려주는 것입니다. 그런고로 사도 바울은 '해산의 수고를 거쳐서' 지금은 본으로 교육을 합니다. '나를 본받는 자 되라.' △

네 부모를 공경하라

자녀들아 너희 부모를 주 안에서 순종하라 이것이 옳으니라 네 아버지와 어머니를 공경하라 이것이 약속 있는 첫 계명이니 이는 네가 잘 되고 땅에서 장수하리라 또 아비들아 너희 자녀를 노엽게 하지 말고 오직 주의 교양과 훈계로 양육하라
(에베소서 6 : 1 - 4)

네 부모를 공경하라

문호 빅토르 위고의 소설 「Ninety-three」에 나오는 이야기입니다. 프랑스혁명 이후에 프랑스는 큰 혼란에 빠지고 백성은 빈곤에 허덕이고 있었습니다. 그때 어느 군부대가 숲속을 이동하고 있는데 기아에 지친 아낙네가 세 아이를 데리고 길가에 쓰러져 있는 것을 보았습니다. 너무나 배가 고파서 더는 걸을 수 없어 쓰러져 있는 모습들이라 불쌍히 여긴 나머지 한 상사가 빵 한 덩이를 던져주었습니다. 어머니는 지체없이 이 빵을 세 조각으로 나누어서 세 아이에게 주는 것입니다. 아이들은 정신없이 받아먹으며 기뻐했습니다. 이 광경을 보던 젊은 병사가 그 상사에게 물었습니다. "저 여자는 배고프지 않은 모양이죠?" 상사는 조용히 대답했습니다. "그게 아니야. 어머니이기 때문이야." 이것이 어머니입니다. 나는 굶으면서도 자식에게는 줍니다. 내 입에 들어가는 것은 없지만 아이들이 빵조각을 먹으며 기뻐하는 모습을 보고 더 크게 기뻐하고 만족해합니다. 그것이 어머니입니다. 어머니이기 때문입니다.

C. S. 루이스 교수는 아주 우리의 사람된 모습을 간단명쾌하게 설명하고 있습니다. '우리는 에로스에 의해서 태어나고 스톨게에 의해서 양육되고 필레오에 의하여 성숙하고 아가페의 사랑으로 완성된다.' 우리는 다같이 '사랑'이라고 같은 말을 쓰고 있지만 사실은 차원적으로 다르고 질적으로 다릅니다. 이것을 헬라사람들은 아주 다른 단어로 표현합니다. 젊은사람들이 남자가 여자를 좋아하고 여자가 남자를 좋아하는 화끈한 사랑, 이것을 '에로스'라고 합니다. 남녀간의 사랑, 애정이라고 하는 사랑을 이렇게 에로스라는 말로 표현합니

다. 그래서 에로틱하다느니 에로티시즘이니 합니다. 그런가하면 스톨게라고 하는 사랑이 있습니다. 이것은 혈연적인 사랑입니다. 혈연이기 때문에 사랑하는 것입니다. 부모가 자식을 사랑하는 이 부모의 사랑은 철저하게 끈질긴 피로 연결된 그러한 사랑입니다. 이것을 스톨게라고 합니다. 그리고 친구간의 사랑, 우정을 '필레오'라 말합니다. 수평적인 사랑, 나라를 사랑하든 형제를 사랑하든 친구를 사랑하든 필아델피아 혹은 필아델포스라고 '필'자를 붙여서 말합니다. 바로 친(親)이라고 하는 의미에서의 사랑입니다. 그리고 하나님께서 우리를 사랑하시는 그 사랑, 그리스도께서 계시해주신 사랑, 절대적인 사랑, 희생적인 사랑, 무조건적인 사랑, 그것을 아가페라고 말합니다. 그런고로 우리는 에로스에서 태어나고 스톨게에서 자라고 필레오에서 성숙하고 아가페에서 완성된다는 것입니다. 그렇습니다. 확실히 이것이 인간입니다. 한평생 우리는 사랑 속에 살 뿐더러 사랑을 배우며 삽니다. 사랑 공부하며 삽니다. 마지막까지 우리는 사랑을 배웁니다. 문제는 어디까지 배웠느냐, 몇학년이나 되었느냐, 얼마나 배웠느냐입니다. 인간의 인간됨이란 사랑 이해의 수준에 있습니다. 아직도 에로스적인 데 매여 있습니까? 아니, 필레오에 매인 그 정도입니까? 아니면 끈질기게 스톨게만을 붙잡고 있습니까? 그건 그 정도입니다. 사랑 이해가 높아져서 아가페를 이해하여야 합니다. 희생적인 사랑, 하나님의 사랑, 상상할 수 없는 엄청난, 아가페적인 십자가의 사랑을 이해하게 될 때, 그게 바로 예수믿는다는 것입니다. 하나님의 사랑을 이해하면 그것이 바로 그리스도인입니다. 그리고 이 사랑에 응답을 하여야 됩니다. 이제 보십시오. 한 남자의 사랑에 여자가 응답하여 결혼을 합니다. 부모님의 사랑에 응답해서

효자가 됩니다. 그런가하면 친구의 사랑에 진실하게 응답해서 친구가 되고 신의를 지키는 인간관계가 됩니다. 또 인격이 되어갑니다. 그리고 이제 하나님의 사랑, 아가페적인 사랑에 응답해서 그리스도인이 됩니다. 이것을 알아야 합니다. 또한 응답하는 것은 곧 베푸는 것입니다. 이 사랑을 알고 이 사랑을 또 실천합니다. 부모의 사랑을 받아서 자식을 사랑합니다. 남편의 사랑을 받아서 남편을 사랑합니다. 친구의 사랑 속에서 친구를 사랑합니다. 하나님의 사랑을 알고 응답하여 하나님을 사랑합니다. 예수님께서 말씀하십니다. "아가파테 알렐루스 카도스 헤가페사 휘마스―내가 너희를 사랑한 것 같이 너희도 서로 사랑하라(요 15 : 12)." 너희에 대한 나의 사랑이 아가페다, 아가파테 알렐루스, 아가페의 사랑을 하라, 베풀어라, 하심입니다. 여러분의 생에 '이것은 아가페였다, 이것은 아가페의 사랑을 한 것이다' 할 것이 몇번이나 있습니까? 몇번이나 그런 사랑을 해보았습니까? 여러분의 사랑의 수준이 어디까지 왔습니까? 저는 북한에 갈 때마다 좀 듣기 거북한 인사를 받곤 합니다. 그들은 만찬을 할 때 꼭 서서 정식으로 아주 엄숙하게 연설을 하듯이 그렇게 인사를 합니다. 그때마다 나오는 이야기입니다. 왜냐하면 사람이 자꾸 바뀌니까 그들이 나에 대한 관계를 다시 수립해야 되기 때문입니다. "동무 아버지가 우리 공산당원에 의해서 총살되었는데 그때 동무가 옆에 있었다고 듣고 있습니다. 그럼에도 불구하고 조국을 위하여 오셨으니 조국의 이름으로 환영합니다." 이럽니다. 가끔 이렇게도 묻습니다. "목사동무는 분명히 우리를 미워할 수밖에 없는 처지인데 왜 이 북조선을 그렇게 도우려고 애를 씁니까?" 그럴 때마다 저는 이렇게 이야기합니다. "그것이 당신들과 다른 점이오. 우리는 원수를 사랑합니다. 하나님께서 우리를 사랑하셨기에 우리는 당신들을 사랑합니다. 여기에 이유 없습니다. 아무런 대가성도 없습니다. 오로지 하나님께서 우리를 사랑하셨기에 우리는 당신들을 사랑하는 것입니다. 이것이 사랑이라는 것입니다." 여러분, 다시한번 생각해보십시오. 내 사랑의 수준이 어디까지 왔습니까? 정말 아가페적 사랑을 해본 일이 있습니까? 그것이 내 인간된 수준을 가름합니다.

인간의 죄 중에서 가장 무서운 죄가 사랑에 대한 배신입니다. 높은 사랑, 그지없이 귀한 사랑을 받고 그것을 배신한다면 이것은 용서될 수가 없는 것입니다. 미움받고 미워하는 것이야 당연하지요. 그러나 사랑받고 미워한다면, 특별히 고귀한 사랑을 받고 배신한다면 죽어 마땅한 것입니다. 아주 어렸을 때 우리어머니가 제게 일러준 이야기입니다. 홀로된 어머니가 아들 하나를 키우는데, 힘든 일을 해가면서 정성을 다해 돈을 벌어서 이 아들을 서울로 유학보냈답니다. 그런데 이 아들이 보고 싶어 못견디겠는 것입니다. 편지도 쓸 줄 모르고 전화도 없을 때입니다. 그저 아들이 보고 싶어 견딜 수가 없어서 아들을 보러 서울로 왔습니다. 아들이 다니는 학교 교문에 서서 하루종일 기다렸습니다. 이윽고 아들이 나오는데 제 애인하고 같이 손을 잡고 나오더랍니다. 반가워서 얘, 아무개야, 하고 반겼더니 그 애인이 아들한테 묻기를 "저 여자 누구야?" 합니다. 이 아들 하는 대답이 "어, 그 우리집에 오래전에 있던 식모야" 하는 것입니다. 이 소리를 듣고 어머니는 그대로 돌아서서 눈물을 흘리며 집으로 돌아갔다는 것입니다. 이렇게 얘기하시더니 어머니는 이렇게 교훈하십니다. "사랑을 배신하지 마라." 사랑에 대한 배신은 죽어 마땅한 죄입니다. 저런 아들이 살아서 뭘 하겠습니까. 성경은 이런 죄를 무섭게 책망합니다. 한 200년 전 중국에 선교를 할 때입니다. 아시는 대로 중국은 그 당시 유교문화에 푹 젖어 있어 이제 기독교가 들어가서 복음을 전하자니 마음을 열기가 어렵지요. 그럴 때 만들어진 전도지를 보니 거기 이렇게 씌어 있습니다. '기독교는 효의 종교입니다. 어느 종교보다도 가장 높은 효도의 종교입니다.' 출애굽기 21장 15절을 인용했습니다. "자기 아비나 어미를 치는 자는 반드시 죽일지니라." 출애굽기 21장 17절, 레위기 20장 9절에서는 부모를 저주하는 사람은 무조건 쳐죽이라 하였습니다. 신명기 21장 18절로 21절에서는 패역한 자식, 부모의 말을 순종치 않고 징계도 듣지 않는 자가 있거든 공회에 끌고가서 증거를 내고 끌어내어 돌로 쳐죽이라 하였습니다. 패역한 자식은 죽여라, 그리하여 이스라엘의 악을 제하라―이 무서운 성경구절들을 전도지에 써놓았습니다. 그리고 다시 긍정적으로 예를 들었습니다. 아브라함과 이삭의 이야기. 아브라함이 하나님의 명령을 듣고 아버지가 그 아들을 제물로 바치려고 할 때 이삭이 스물일곱 살이고 아버지가 127세였습니다. 너를 제물로 바치라신다, 할 때 여느 자식 같았으면 충분히 "100세가 넘더니 노망했구려" 할 수가 있지요. 그러나 이 아들은 아버지의 명령을 순종하고 공경하여 제단에 올랐습니다. 그 아들은 아버지에게 절대순종한 것입니다. 이런 예를 들고 '이것이 기독교입니다' 하였습니다. 그 밖에도 예수 그리스도께서 겟세마네동산에서 '내 뜻대로 마옵시고 아버지의 뜻대로 하옵소서'라고 기도하셨다거나 '아버지께서 내게 주신 잔을 내가 마시지 않겠느냐' 하신 것을 이야기하면서 이 전도지는 기독교가 철저한 효도의 종교다, 하고 전도를 합니다. 그리하여 중국에 복음의 문이 열린 것입니다.

여러분, 이것을 잊지 말아야 합니다. 오늘성경은 말씀합니다. '부모를 순종하라.' '부모를 공경하라.' 두 가지입니다. 순종이란 굴종이 아닙니다. 복종이 아닙니다. 굴종이나 복종이 아니고 순종입니다. 기쁜 마음으로 따르는 것입니다. 공경—헬라말로 '티마'라고 하는 이 말은 특별한 말입니다. 이것은 사람에게만 유일하게 쓰이는 말입니다. 일반적인 사랑이 아닙니다. 불쌍히 여기는 마음이 아닙니다. 요새는 부모를 불쌍히 여기는 자식들이 많습니다. 안됐다 싶다나요. 이런 망언이 어디 있습니까. 또한 그저 친하는, 하나의 친분 정도의 그런 사랑을 합니다. 그러나 오늘성경은 말씀합니다. '높이 섬기라.' 낮춰 사랑하는 게 아니라, 수평으로 사랑하는 게 아니라 높이 사랑하는 것입니다. 공경하라—높이 섬기라, 이것입니다. 이것은 존경입니다. 그리고 그의 옳음을 인정해야 한다는 말입니다. 미국교회에서도 어머니주일을 지킵니다. 이 어머니주일을 지킬 때 어린 학생들에게 늘 이야기하는 중요한 illustration이 있습니다. 중요한 예가 하나 있습니다. 미국사람이면 그 이야기를 모르는 사람이 없습니다 하도 많이 들어서. 중요한 실제적 교훈이기 때문입니다. 미국사람들이 존경하고 잘 아는 조지 워싱턴, 초대대통령 워싱턴은 어렸을 때의 꿈이 뱃사람되는 것이었습니다. 선원이 되고 마침내 선장이 되고 바다를 헤쳐나가는 그런 사람이 되겠다, 바다의 사람이 되겠다, 생각을 하고 우선 선원이 되어야겠다며 짐을 다 꾸려가지고 하인들과 같이 이제 배를 타러 나가려고 합니다. 마지막으로 어머니를 만났을 때, 어머니는 큰 뜻을 품고 집을 나가는 이 아들을 말릴 수는 없습니다. 아들의 손을 잡고 그대로 울기만 합니다. 철철 우는 것입니다. 워싱턴은 그때 생각을 바꾸었습니다. '내 어머니를 슬프게 하고 어머니의 눈에 눈물을 흘리게 하고 내 꿈을 좇을 수는 없다.' 꿈을 포기하고 "짐을 내려라." 도로 짐을 풀어놓고 어머니에게 순종했습니다. 마침내 그는 미국의 초대대통령 조지 워싱턴이 되었습니다. 그때 그가 어머니를 떠났더라면 그저 잘해야 선장되었을 것입니다. 그러나 그는 큰 뜻을 품고 다 준비했던 것도 버리고 어머니의 마음을 따랐습니다. 왜요? 어머니가 나보다 지혜로우니까요. 어머니에게는 나보다 경륜이 있으니까요. 어머니의 명예를 높이고 어머니의 인격을 높이고 어머니의 사랑을 알았습니다. 그를 높이고높여 순종한 것입니다. 그리고 공경이란 그를 높이는 것이요 그를 자랑하는 것입니다. 내 어머니는 이런 분입니다, 내 아버지는 이런 분입니다, 그분은 이렇게 훌륭했습니다—항상 마음속에 부모에 대한 긍지와 자랑을 느끼며 살아가는 것입니다. 그런가하면 공경이란 대가성 없는 사랑입니다. 공경해서 무얼 받아내자는 것이 아닙니다. 이것은 거래가 아닙니다. 질투 없는 사랑은 오로지 효(孝) 하나뿐입니다. 어떤 의미에서 완전한 사랑에 대한 응답입니다. 또한 이 사랑에는 소원이 있습니다. 그 소원에 응답해야 됩니다. 어머니의 소원, 아버지의 기도, 그것을 알고 그에 따라야 합니다. 그것이 바로 공경입니다. 내 생각이 아무리 많더라도 아니요, 그의 소원을 우선해야 됩니다. 어머니의 소원은 선합니다. 아버지의 소원은 의로운 것입니다. 때로 부모님이 공부하라, 공부하라, 입버릇처럼 하지만 알고보면 거기에는 긴 이야기가 있습니다. '내가 제때에 공부를 못해서 이렇게 늘 답답할 때가 많다. 그런고로 너는 공부하라.' 이런 이야기도 들어 있습니다. 그래, 이 말이 그렇게 듣기 싫었습니까. 그 속에 소원이 있단말입니다. 간절한 소원이 있어요. 또한 부모님의 소원치고 가장 큰 것은 건강입니다. 여러분, 병들지 맙시다. 병들면 불효자입니다. 건강을 잘 지켜서 건강해야 부모님께 기쁨을 드리는 것이지, 앓아누워 있는 자녀는 불효자입니다. 그것도 내 잘못으로 인하여 내가 병들었다면 천하의 불효자입니다. 그의 부모, 얼마나 마음이 아프겠습니까. 부모님 앞에서 한숨쉬는 것 아닙니다. 죽기 전에는 슬픈 이야기를 하는 것이 아닙니다. 부모님 앞에 탄식하고 괴로워해서는 안됩니다. 그의 마음에 기쁨을 드려야 하기 때문입니다. 그의 소원을 알고 있기 때문입니다. 특별히 정직하게 신앙생활 잘하는 것, 그것이 바로 부모님의 소원을 이루어드리는 것입니다. 효(孝)는 가정교육의 기초입니다. 효자가 효자를 낳습니다. 여러분, 이것을 잊지 말아야 합니다. 우리할아버지가 제게 해주신 이야기가 있습니다. 고려장 이야기입니다. 어떤 아버지가 나이많은 어머니를 내다버리려고 지게에다 태우고 메고 산으로 가면서 어린 아들을 데리고 갔습니다. 깊은 산 속에 어머니를 내려놓고 음식을 좀 내려놓고 "요거 다 잡수시고 돌아가세요" 하고 지게를 놓고 돌아오려고 했더니 어린 아들이 빤히 쳐다보고 하는 말이 "아빠, 그 지게 가지고 가야지요" 합니다. "왜?" 어린 아들은 말합니다. "아빠가 늙으면 내가 또 지고 와야잖아요." 순간 아버지는 '아이쿠!' 했습니다. 결국은 그 어머니를 다시 업고 돌아왔다, 하는 이야기입니다. 여러분, 요새는 아이들이 효도를 하려 해도 효도하는 방법을 모릅니다. 효도하는 것을 못보았거든요. 언제 효도를 보았어야지요? 못본 효도를 어떻게 하라는 것입니까. 못배운 효도를 어떻게 하라는 것입니까. 자녀가 말을 안듣거든 내가 부모님에게 어떻게 했는가, 생각해보십시오. 부모에게 불효하면서 자식이 잘되기를 바라는 마음은 바보의 마음입니다. 여러분, 깊이 생각하여야 합니다. 효자가 효자를 낳는 법입니다.

　오늘말씀에 부모를 공경하면 장수하고 형통하리라, 하였습니다. 이것은 통계적으로 진리입니다. 효도하는 사람이 오래 삽니다. 효도하는 가문이 장수합니다. 그리고 모든 일에 형통합니다. 영적으로 육적으로 지혜로 가정으로 세계적으로 형통합니다. 이스라엘의 강한 점은 그 전승을 지켜가는 데 있습니다. 전승의 뿌리는 효입니다. 이것을 잊지 말아야 합니다. 공경, 그것이 바로 인격의 뿌리입니다. 공경을 모르는 사람은 지도자될 수가 없습니다. 공경을 몸에 익히지 못한 사람, 공경과 순종을 익히지 못한 사람은 영영 구제불능입니다. 마르틴 루터는 그의 '대요리문답'에서 부모란 이런 것이다, 하고 네 가지를 말합니다. 낳아준 부모, 나를 가르쳐준 선생부모, 나를 지켜주시는 왕부모, 그리고 내 영적인 생활을 지도하는 목사부모. 이것을 알아야 합니다. 부모란 스톨게만이 아닙니다. 이런 네 가지 부모 속에 있습니다. 부모에게 순종하라―순종의 덕을 익히고야 비로소 인격이 되고, 그리고 무엇보다도 지도자가 됩니다. 이것이 가풍이 되고 가문의 전통이 될 때 자자손손 복을 누리게 됩니다. △

성령 충만한 자의 고백

　저희가 이 말을 듣고 마음에 찔려 저를 향하여 이를 갈거늘 스데반이 성령이 충만하여 하늘을 우러러 주목하여 하나님의 영광과 및 예수께서 하나님 우편에 서신 것을 보고 말하되 보라 하늘이 열리고 인자가 하나님 우편에 서신 것을 보노라 한대 저희가 큰 소리를 지르며 귀를 막고 일심으로 그에게 달려들어 성 밖에 내치고 돌로 칠새 증인들이 옷을 벗어 사울이라 하는 청년의 발 앞에 두니라 저희가 돌로 스데반을 치니 스데반이 부르짖어 가로되 주 예수여 내 영혼을 받으시옵소서 하고 무릎을 꿇고 크게 불러 가로되 주여 이 죄를 저들에게 돌리지 마옵소서 이 말을 하고 자니라
　　　　　　(사도행전 7 : 54 - 60)

성령 충만한 자의 고백

　감리교 창시자이기도 한 요한 웨슬리 목사님이 하루는 깊은 명상과 함께 주님을 생각하고 깊은 교제를 나누며 기도하는 중에 환상 중 천국문을 들어서게 되었다고 합니다. 천국문을 지키고 있던 베드로 사도가 그를 맞이합니다. 웨슬리 선생은 천국에 들어서지를 않고 문간에서 베드로 사도에게 중요한 질문을 했습니다. 왜냐하면 그가 감리교를 위하여 전심전력을 했는데 자기가 전도하고 자기와 같이하던 사람들 가운데서 이미 죽은 사람들이 많거든요. 그분들이 어떻게 되었을까 궁금해서 이렇게 물어보았다는 것입니다. "나와 함께한 영광스러운 Methodists, 감리교운동을 하던 친구들이 천국에 얼마나 들어왔는지, 그것이 좀 궁금합니다." 베드로 사도가 한 명부를 한참 뒤적거리고나서 하는 말씀이 "없다" 하는 것입니다. 웨슬리 선생은 깜짝놀랐습니다. "아, 그렇다면 나의 신앙은 잘못된 모양이군요. 그러면 한 가지 더 묻겠습니다. 영광스러운 칼뱅의 5대교리를 강조하는 장로교인들은 몇사람이나 들어왔습니까?" 하고 웨슬리가 다시 물었더니 베드로는 한참 살펴보고나서 그 역시 없다고 대답합니다. 웨슬리는 더 놀랐습니다. "그렇다면…" 그는 겸손히 생각했습니다. "아무래도 우리 종교개혁운동은 대단한 실수를 범하고 있는 거같군요. 한 가지 더 물읍시다. 그럼 천주교인은 얼마나 들어왔습니까?" 베드로 사도는 그 역시 없다고 대답합니다. 웨슬리 선생은 더욱더 놀라서 "그러면 도대체 누가 이 천국에 들어오는 것입니까?" 하고 묻습니다. 베드로 사도는 빙그레 웃고 요한 웨슬리를 향하여 이렇게 말씀합니다. "예수 그리스도를 참으로 나의 구주로 영접한 사람, 그리고 성령이 충만한 그리스도인들이 들어오는 곳이죠. 감리교인이냐 장로교인이냐 천주교인이냐가 문제 아니죠. 누구든 예수믿으면, 그리고 성령으로 충만하면 이 천국에 들어오는 것이오." 이 말씀을 듣고 요한 웨슬리는 깊이 깨달은 바가 있다고 합니다.

오늘본문에는 대표적으로 성령 충만한 사람이 있습니다. 신약에 나타난 많은 인물들 가운데 제가 개인적으로 가장 높이 존경하는 대표적 그리스도인이 누구냐, 하고 누가 물으면 저는 늘 스데반을 생각해봅니다. 그는 짧은 동안 복음을 전하고 짧은 생애를 마쳤습니다마는 너무나 아름답고 너무나 존경스러운, 그래서 너무나 부러운 신앙의 선배이기 때문입니다. 성령 충만함의 속성과 그 상태가 어떤 것인가를 대표적으로 말해주는 분이 바로 스데반입니다. 여기 충만이라는 말씀이 나옵니다. 헬라말 원문이 '플레레스'라고 하는 이 말은 곧 체험적 신앙을 말합니다. 그리고 합리적 이해를 말합니다. 그가 체험한 바를 합리적으로 이해하는 것입니다. 이성의 거부가 없습니다. 이성마저 구원을 받아서 잘 소화되는 것입니다. 이성적으로, 합리적으로 이해가 됩니다. 이성적 비판의 충돌을 생각하지 않습니다. 다 이해가 되니까요. 그런가하면 큰 감동이 있습니다. 모든 복잡한 문제를 다 넘어설 만큼 감동, 큰 감격이 있는 그게 충만입니다. 좀더 나아가서는 그 그리스도의 능력에 사로잡혀 있습니다. 성령의 능력에 완전히 사로잡혀서 자기를 이기고 죽음을 이기고 원수도 이기고 세상도 이기고 나약함도 이기고 슬픔과 탄식도 이깁니다. 그리고 성령 충만한 사람의 극치는 그리스도의 사랑으로 충만해서 모든 사람을 사랑하게 되는 것입니다. 사랑으로 충만해집니다. 모든것이 사랑으로 느껴지고 모든 사람을 사랑하게 됩니다. 충만함입니다. 이것을 알아야 합니다. 우리는 성령의 은혜로 믿음을 얻어 구원에 이릅니다. 성령의 은사로 능력을 얻어 우리는 나와 세상을 이깁니다. 이러한 충만함—우리 한번 봅시다. 오늘 스데반의 이 순교하는 장면에서 우리는 충만함의 뜻이 무엇인지를 만족하게 읽어낼 수 있습니다. 먼저는 이렇습니다. 사람들이 스데반을 향해서 이를 갈았다, 합니다. 이를 갈며 성밖으로 내치고 돌을 던졌다, 합니다. 여러분, 간단히 생각해보십시오. 왜 초대교회의 총지휘관은 베드로가 아니고 스데반입니까? 왜 사도가 아니고 집사 스데반이 먼저 죽느냐, 이 말씀입니다. 그것은 바로 이 사람이 특별했기 때문입니다. 이 사람은 지성인이요, 헬라파 유대인입니다. 저 '갈릴리 촌사람들'이 아니고 헬라파 유대인이요 지성인, 당시로 말하면 세계문물을 두루 꿰고 있는 사람입니다. 지성인입니다. 이 사람이 예수믿고 복음을 전할 때 같은 동료, 왕년에 같은 친구였던 헬라파 유대인들이 여기서 용납하지 못한 것입니다. 저들이 배신감을 느낀 것같습니다. 그래서 돌을 던져 법을 어기고 스데반을 때려 죽이게 되는 순간입니다. 말하자면 지금 스데반을 죽이는 사람들이 바로 엊그제까지도 친구였던 사람들입니다. 같은 헬라파 유대인들입니다. 이 사람들이 돌을 던집니다. 거기에는 물론 오해도 많고 문제도 많겠습니다만 그러나 이걸 분명히 알아야 합니다. 스데반은 그거 상관하지 않습니다. 본문에 보는 대로 성령이 충만했습니다. 성령 충만한 자는 하늘을 우러러보았습니다. 땅을 보지 않았습니다. 그옛날 로마황제 시저가 암살당할 때 칼로 자기를 찌르는 친구 앞에 "너마저!"하고 무릎을 꿇었습니다. 스데반은 자기를 죽이는 자들 보지 않았습니다. 네가 이럴 수 있느냐, 네가 어찌 이럴 수 있느냐, 하지 않았습니다. 과거에 같이 가던

동지들입니다. '어떻게 그럴 수 있느냐. 네가 나에게 돌을 던지다니…' 이런 생각 하지 않았습니다. 아무도 돌아보지 않았습니다. 생각지도 않았습니다. 하늘을 우러러보았습니다. 「탈무드」에 이런 말이 있습니다. '앞이 막히고 뒤도 막히고 옆도 막혔으면 이제는 위를 보라.' 여러분, 한순간이라도, 언제든지 어디서든지, 어떤 사건 어떤 상황에서든지 먼저 위를 보십시오. 위를 보는 것, 그것이 충만한 자의 기본자세입니다. 골로새서 3장 1절에 보면 "너희가 그리스도와 함께 다시 살리심을 받았으면 위엣것을 찾으라 거기는 그리스도께서 하나님 우편에 앉아 계시느니라" 하였습니다. 위엣것을 생각하고 땅엣것을 생각지 마라, 합니다. 위엣것입니다. 먼저 눈을 들어 위를 보고, 하나님의 세계를 보고, 하나님의 뜻을 생각하십시오. 그것이 성령 충만한 자의 모습입니다.

또한 "주목하였다" 합니다. 하늘을 우러러 주목했습니다. 집중해서 보았습니다. 그 외의 다른 생각은 아니했다는 말씀입니다. 그 외의 아무것도 안본다는 뜻입니다. concentrate, 집중적으로 주목해서 하늘을 쳐다봅니다. 그리할 때 하늘이 열리는 것을 보았고 그리스도를 뵈었습니다. 나를 위하여 십자가 지신 그리스도를 뵈었습니다. 나를 기다리고 계신 그리스도를 뵈었습니다. 어서 올라오너라, 하고 서서 기다리고 계신 그리스도를 뵈었습니다. 그리스도께서 보였습니다. 그리스도께서 당신 자신을 보여주셨습니다. 하늘을 우러러볼 때, 집중적으로 볼 때 주님을 만나게 되고 주님을 뵙게 됩니다.

그리고 그 주님께 내 생명을 바쳐버립니다. "내 영혼을 받으시옵소서." 주님을 바라보며 주님께 내 생명을 바쳐버립니다. 내 미래를 바쳐버립니다. 내 운명을 맡겨버립니다. 여러분, 뭐니뭐니해도 걱정치고 가장 큰 걱정은 죽을까 하는 걱정입니다. 감기만 걸려도 '이러다 죽지 않을까'하고, 종합검진을 갈 때마다 '또 무슨 중한 병은 걸리지 않았나' 합니다. 어차피 죽을 거, 안죽으려고 버둥거리지 맙시다. 죽음을 환영합시다. 적어도 믿는 사람은 죽을까 하는 걱정은 하지 말아야 됩니다. 그거 할 필요가 없습니다. 아니그렇습니까. 그리고 저주와 심판에 대한 두려움이 없어야 됩니다. 스데반은 주님을 우러러봅니다. 자기를 기다리는 주님을 쳐다보면서 그에게 생명을 위탁해보였습니다. 죽음의 문제를 깨끗이 해결했습니다. 죄의 문제, 불안과 공포의 문제, 세상에 대한 미련, 다 접었습니다. 그리고 주님께 total commitment, 자기자신을 완전히 위탁해버렸습니다. 여기서 그는 그 영혼이 자유하게 됩니다. 평안하게 됩니다.

그리고 다시 생각합니다. 이제 자기를 죽이는 사람들, 그 원수들을 용서합니다. 용서할 뿐만 아니라 원수를 위해서 기도합니다. 여러분, 원수사랑은 기본입니다. 가끔 우리는 원수를 사랑하라 할 때 "원수를 사랑하다니, 원수를 어떻게 사랑해? 그건 특별한 성현들이나 예수님이나 사도 바울이나 할 수 있는 일이지 우리같은 보통사람들이 어떻게 원수를 사랑한단말인가"하고 말하기 쉽습니다마는 그렇지를 않습니다. 이것은 기본입니다. 제가 북녘땅에 자주 갑니다. 북한에 갔을 때 제가 생각하는 게 있습니다. 그리고 늘 말합니다. "원수를 사랑한다면서요?" "아, 그럼요. 그래서 내가 여기에 온 것 아닙니까." 그들은 말합니다. "아니됩니다. 원수는 갚아야지요. 피값을 해야죠. 복수해야지요." 변증법적 유물론은 한마디로 원수갚는 이론입니다. 그들은 사랑이 없습니다. 공산주의 이론에는 사랑이 없습니다. 오로지 싸움만이, 투쟁만이 있을 뿐입니다. 쟁취만이, 혁명만이 있습니다. 결국은 모든 공산주의나라들이 하나같이 못살고 하나같이 망했습니다. 왜? 저는 생각합니다. 영적으로 생각합니다. '저 복수심 때문에 망했다.' 그 미워하는 마음, 그 저주하는 마음, 그 싸우는 마음, 약육강식의 struggle for existence, 그러한 싸움이, 그러한 마음이 가득차 있기 때문입니다. 농사도 안됩니다. 생각도 없습니다. 결국은 경제, 정치, 문화, 다 무너지고 말더라고요. 가끔 이런 이야기를 합니다. "목사님은 또 어떻게 여길 오셨소?" 저는 말합니다. "내가 당신들을 사랑한다고 해서 내가 무슨 대단한 성자냐 하면 그렇지는 않습니다. 당신들을 위하는 마음도 있지만 사실은 내가 살기 위해서 그럽니다. 당신들을 살려야 우리가 사니까요. 당신들이 죽으면 우리들도 죽습니다. 그것을 알기 때문에, 엄격히 말하면 우리가 살기 위해서 여기에 온 것입니다." 여러분, 원수를 사랑하고야 내가 살 수 있음을 잊지 맙시다. 여러분이 누구를 미워합니까? 미워하고 있는 동안은 나라는 생명을 내가 미워하고 있는 그 사람에게 빼앗기고 있는 것입니다. 내 마음도 내 진실도 내 소중한 건강까지도 다 빼앗기고 있는 것입니다. 빨리 벗어나십시오. 조금이라도 누구를 미워하는 그림자가 있거든 빨리 벗어나십시오. 거기에 매여 있어 헤어나지 못하면 안됩니다. 원수를 사랑하라—이것은 기본입니다. 기초적인 것입니다. 원수를 사랑하고야 내가 자유인이 될 수가 있습니다.

영성가 '끌레르보의 베르나르'가 「The Love of God」라고 하는 책에서 사랑의 네 단계를 말합니다. 흔히들 쉽게 알고 있는 이야기입니다마는 잘 정리해주었습니다. 첫번째사랑이 뭐냐하면 자신을 위하여 자신을 사랑하는 것입니다. 이것은 이기적이고 육체적입니다.

나를 위해서 나를 사랑하는 것입니다. 그게 사랑이라고 할 수 있습니까. 결국은 망하는 것입니다. 두 번째는 자신을 위하여 하나님을 사랑하는 것입니다. 요새는 하나님 사랑한다 하지만 따지고보면 전부 자기사랑입니다. 열심히 봉사해서 복을 받고, 열심히 봉사해서 칭찬을 받고 축복을 받고… 이 기복사상은 하나님을 사랑한다 하면서 자신을 사랑하는 것입니다. 자기를 위해서 하나님을 사랑하는 사람이 있습니다. 또하나는 하나님을 위해서 하나님을 사랑하는 것입니다. 그런 사람이 있습니다. 그런 신령한 세계에서 추상적으로 하나님의 뜻을 압니다. 하나님의 깊은 사랑에 감동합니다. 하나님을 위해서 하나님을 사랑하는 것입니다. 오직 하나님의 영광을 위해서입니다. 그러나 여기는 구체적인 것이 없기에 곧 이 마음은 사라집니다. 가장 아름다운 사랑은 하나님을 위해서 나를 사랑하는 것입니다. 하나님 안에 있는 내가 너무 소중하니까, 하나님께로부터 받은 은사가 너무 고마우니까 하나님을 위하여 나를 사랑합니다. 여러분, 남편을 사랑하십니까? 그러면 자기자신을 사랑해야지요. 아이들을 사랑하십니까? 아이들을 위해서 내가 건강해야지요. 부모님을 사랑하십니까? 부모님을 위해서 내가 명랑해야지요. 내가 낙심하고 한숨 쉬고 절망하면 내가 부모님의 마음을 아프게 하는 것이 아닙니까. 모름지기 하나님을 위하여 나 자신을 사랑할 줄 알아야 합니다. 그런 구체성이 있어야 현실적으로 그 참사랑을 지켜가는 것입니다. 그런데 생각해봅시다. 오늘 스데반은 하나님을 위하여 자신을 희생합니다. 참사랑의 사람이 되는 순간입니다. 또하나의 귀한 말씀이 있습니다. 스데반이 천사의 얼굴을 했다는 것입니다. 사도행전 6장 15절에 보면 스데반이 바로 그 순간 그 얼굴이 천사의 얼굴과 같았다

합니다. 우리는 천사를 본 일이 없지마는 천사의 얼굴이 어떠할지 짐작은 합니다. 바로 그것이 변화한 모습입니다. 위를 보는 사람, 천사의 얼굴과 같습니다. 원수를 다 수용하고 사랑해버릴 때 천사의 얼굴이 됩니다. 요새 세간에 재미있는 일이 있다고 합니다. 미인뽑기대회를 하는데 아예 한 사람을 놓고 보는 것이 아니라 뉴스 나오는 것을 보니 부위별로 보더라고요. 이 사람은 얼굴이 예쁜 사람, 이 사람은 가슴이 예쁜 사람, 이 사람은 배꼽이 예쁜 사람, 이 사람은 다리가 예쁜 사람… 이렇게 부위별로 따집니다. 세상 살다보니 참 별일도 다 있다 싶어요. 확실히 젊었을 때는 예쁜 것이 있습니다. 더 예쁘고 덜 예쁘고가 있어요. 그러나 한 쉰 살쯤 넘고보면 다들 그 사람이 그 사람입니다. 다 비슷합니다. 별차이가 없어요, 보니까. 그러나, 제가 나이도 좀 들고 긴 경험에서 깨닫는 것이 하나 있습니다. 밝은 얼굴과 어두운 얼굴이 있습니다. 예쁘고 안예쁘고가 중요한 것이 아닙니다. 예뻐지겠다고 성형수술 아무리 해보아도 거 참 이상하게도 하나님께서 만드신 것은 조화성이 있는데 사람이 손을 대면 이상해집디다. 결코 예쁘지 않아요 그게. 이것을 우리가 분명히 알아야 합니다. 결국은 밝은 얼굴이 필요합니다. 밝은 얼굴, 그것은 뭡니까. 마음에 원수가 없습니다. 모든 사람을 사랑하고 자유하면서 마음이 천사가 되면 얼굴도 천사가 되는 것입니다. 밝아지는 것입니다. 한경직 목사님이 남한산성에 계실 때, 한 100세 가까웠을 때 제가 한번 찾아가 문안을 드렸더니 한 목사님께서 이렇게 말씀하십니다. "목사가 설교를 해야 하는데 설교를 못하고 이렇게 앉아 있으니까 답답하고 컬컬하고, 살았으나 사는 것같지 않아." 그러시는 것입니다. 한평생 설교하시던 분이 설교를 못하시니까요. 그래 제가 "아니올시다. 목사님은 설교를 많이 하십니다. 위대한 설교를 하고 계십니다" 그랬더니 "내가 설교를 못한 지가 몇년 되었는데 그게 무슨 소리야?" 제가 말씀드렸습니다. "여기에 앉아서 이렇게 밝은 얼굴로 계시니 그게 '예수 잘믿으면 나만큼 사느니라' 하는 설교 아니겠습니까. 이렇게 밝은 얼굴로 계시니 이보다 더 큰 설교가 없습니다." 했더니 한경직 목사님이 빙그레 웃으시고 "곽목사는 역시 설교를 잘해" 하고 말씀하십니다. 그렇지 않습니까. 설교가 딴 것입니까. 밝은 얼굴이 설교입니다. 전도가 다른 곳에 있습니까. 밝은 얼굴이 전도입니다. 제 얼굴도 썩어가지고 누구에게 전도를 한다는 것입니까. 생각해보십시오. 입만 벌리면 비아냥이요, 원망과 불평을 하면서 무슨 전도를 하겠다는 것입니까. 내가 알기로 우리 소망교회에서는 무슨 특별한 전도활동이라는 게 없습니다. 제 목회방법이기 때문입니다. 그러나 제가 알기로는 우리 소망교회 교인들은 얼굴이 밝다고들 합니다. 그것을 감사하게 생각합니다. 그리고 어떤 분은 "저 사람 요새와서 낯빛이 밝아졌어" 하고 그를 따라 교회에 나왔다고 합니다. 그것이 전도입니다. 천사의 얼굴, 얼마나 아름답습니까.

그리하여 스데반은 마침내 사울이라는 제자를 얻게 됩니다. 여기 사울이라는 사람이 있어 뒤에 바울이 됩니다. 생각해보십시오. 그는 스데반을 죽이는 데 한몫 했습니다. 죽이는 일에 가담했습니다. 마는 거기서 큰 감동을 받습니다. 스데반이 마침내 사도 바울을 사로잡은 것입니다. 제가 신학대학에서 바울신학이라는 학문을 몇년 강의한 일이 있습니다. 바울의 사상이 어디로부터 왔느냐—열심히 학문적으로 연구 좀 해보는 중에 제가 깨달은 것이 완전히 스데반의 마지막설교에서 왔다는 것입니다. 바울의 신학체계라는 것이 근본적으로 스데반이 죽을 때 한 설교, 그 스데반의 사상을 넘어서지 못합니다. 한마디로 말해서 바울은 스데반의 제자인 것입니다.「유토피아」를 쓴 토마스 모어가 교수형을 당하는 그때 마지막으로 한 말이 너무도 유명합니다. 그는 이렇게 말합니다. "성경에 보면 스데반이 돌에 맞아 죽습니다. 죽을 때 옆에 사울이라는 청년이 있었습니다. 그가 기도하며 용서하며 천사의 얼굴을 하고 죽었는데, 결국은 그 사울이 변하여 바울이 되고 한평생 복음을 전하고 순교해서 하늘나라에서 서로 만나 영원한 친구로 행복하게 산답니다. 내가 오늘 당신의 손에 죽지만 언젠가는 당신이 예수를 믿고 그리고 하늘나라에서 만나 나하고 영원히 친구로 함께할 것을 믿소." 얼마나 멋있는 이야기입니까.

    영국의 유명한 설교가 스퍼젼 목사님이 하루는 기도하다말고 자꾸 훌쩍훌쩍 울어서 사모님이 옆에서 왜 우느냐고, 무슨 걱정거리가 있느냐고 물었더니 이 목사님, 유명한 말을 했습니다. "요새는 웬일인지 십자가를 생각할 때 감격이 없어. 이것은 신앙적 위기야." 여러분, 십자가를 생각할 때, 나를 위하여 지신 십자가를 생각할 때 큰 감격이 있습니까? 그 감격으로 모든 것을 이깁니다. 이 감격이 메말라 바닥나면 삐걱삐걱 소리가 나고 문제가 생깁니다. 충만한 사람, 그에게 하늘이 열립니다. 충만한 사람에게 그리스도께서 나타나십니다. 그리스도께서 그를 기다리고 계십니다. 여러분은 어떻게 살고 싶습니까? 아니, 어떻게 죽고 싶습니까? 사람은 잘 죽어야 되겠습니다. 제때에 좀 근사하게 죽어야겠습니다. 이게 잘못되면 한평생 수고한 거 다 망가지고 맙니다. 여러분, 스데반의 저 장엄한 순교를 보십시오. 그 영광된 시간을 보십시오. 부럽지 않습니까? 천사의 얼굴을 하고 주님의 영접을 받는 저 스데반을 보십시오. 충만합니다. 그에게는 원수가 없습니다. 그에게는 어두운 그림자가 없습니다. 오직 밝은 마음과 소망과 영광과 천사의 얼굴이 있을 뿐입니다. △

한 수난자의 간증

　나의 가는 길을 오직 그가 아시나니 그가 나를 단련하신 후에는 내가 정금같이 나오리라 내 발이 그의 걸음을 바로 따랐으며 내가 그의 길을 지켜 치우치지 아니하였고 내가 그의 입술의 명령을 어기지 아니하고 일정한 음식보다 그 입의 말씀을 귀히 여겼구나 그는 뜻이 일정하시니 누가 능히 돌이킬까 그 마음에 하고자 하시는 것이면 그것을 행하시나니 그런즉 내게 작정하신 것을 이루실 것이라 이런 일이 그에게 많이 있느니라 그러므로 내가 그의 앞에서 떨며 이를 생각하고 그를 두려워하는구나 하나님이 나로 낙심케 하시며 전능자가 나로 두렵게 하시나니 이는 어두움으로 나를 끊지 아니하셨고 흑암으로 내 얼굴을 가리우지 아니하셨음이니라
　　　　　(욥기 23 : 10 - 17)

한 수난자의 간증

유명한 리차드 범브란트 목사님의 「옥중에서 만난 그리스도」라고 하는 유명한 책이 있습니다. 이 책 속에 나오는, 그가 겪은 실화입니다. 한 그리스도인이 감옥에서 많은 고생을 하다가 어떤 계기에 석방이 되었습니다. 그리고는 모든 생활을 다 정리하고 그저 하나의 촌부로 평안하게 여생을 농사하면서 살겠다고 시골로 내려갑니다. '이제 이렇게 농사짓고 조용하게 주님을 섬기며 살다가 가리라.' 결심을 하고 그는 농사일을 시작했습니다. 어느날 농사하는 중에 기도할 마음이 일어나 들녘에 서서 하나님 앞에 이렇게 기도를 했습니다. '하나님, 저를 온전하게 하여주십시오. 저를 더 온전하게 하여주십시오.' 그때 하늘로부터 이런 음성이 들려왔습니다. "너는 온전하게 되기 위하여 감옥에 다시 들어갈 수 있겠느냐?" 이 농부는 그가 지난날 감옥에 있을 때 너무도 극심한 고생을 겪었기 때문에 하나님 앞에 이렇게 사정을 했습니다. "하나님, 다른 것은 다 좋은데 감옥에 다시 들어가는 그것만은, 그것만은 제발 말아주셨으면 좋겠습니다." 하나님의 음성이 다시 들려왔습니다. "그러면 온전해지기를 구하지 말라." 온전해지기를 구하지 말라—깊은 뜻이 있는 응답을 들었습니다. 이 기도응답이 계속 귓가에 맴돕니다. 네가 온전해지기를 구하지 마라, 다시 감옥으로 가는 고통을 기피하면서 온전해지기를 구하지 마라—내적으로 큰 갈등에 빠졌습니다. 큰 고민에 빠졌습니다. 자나깨나 이 소리가 줄기차게 들려옵니다. 이 갈등과 고뇌를 견딜 수가 없었습니다. 결국은 항복하고 말았습니다. 하나님 앞에 그는 다시 엎드려 기도했습니다. "어떤 희생을 치르든지, 어떤 고생이 따르더라도 하나님, 저를 온전하게 하여주십시오." 그는 비로소 마음이 평안해졌습니다. 이젠 살았다 싶은데 곧바로 비밀경찰이 와서 그를 체포해갑니다. 그는 감옥에 들어가서 굶주리고 매맞고 굴욕을 당하고 햇빛도 안드는 독감방에 갇혀서 고생하는 신세가 되었습니다. 할 수 있는 일이라고는 오직 기도뿐이었습니다. 그리고 감방벽에 조금 틈이 있어서 그 틈으로 옆방에 있는 사람과 가끔 몰래 몇마디 이야기를 할 수 있었습니다. 그것이 유일한 낙이었습니다. 죄수들이 나가고 들어오고 나가고 들어올 때마다 "이름이 무엇이오? 당신은 무슨 죄로 들어왔소?" 묻는데 어느날도 "당신은 누구요?" 물었더니 상대방은 자신과 같은 이름을 댑니다. 깜짝놀라서 "이름이 뭐라고?" 다시 물었더니 그는 자기 아들이었습니다. 그는 하나님 앞에 이렇게 기도하기로 했습니다. "우리 부자로 하여금 주님의 십자가의 길을 걸을 수 있도록 허락하여주신 하나님께 감사합니다. 우리 부자는 이 일로 인하여 하나님 앞에 감사하자." 둘은 감사의 기도를 열심히 드렸습니다. 이것은 구소련 공산당치하에 있었던 실화입니다. 여러분, 감사할 줄 아는 사람은 감사하면서 두 가지의 능력을 얻습니다. 감사하는 순간 모든 두려운 마음이 사라집니다. 어떤 상황에서도 감사하면 모든 고난과 고민과 근심걱정, 두려움이 다 물러갑니다. 그게 감사가 주는 능력입니다. 또한 감사하는 순간 겸손해집니다. 사람 앞에도 하나님 앞에도 "고맙습니다"하는 순간에 나는 낮아지는 것입니다. 감사, 감사하는 순간에 점점 더 겸손해지면서 더 감사할 일이 생깁니다. 더 감사할 일이 생각납니다. 여러분, 감옥에 갇힌 이 사람이 하나님 앞에 감사한 것같은 그런 감사를 해보십시오. 더욱더욱 알 수 없는 많은 감사거리가 생각납니다. 끝도없이 감사하게 됩니다. 감사로 세상을 이기고 나를 이기고 죄악을 이기는 승리를 얻게 됩니다.

오늘본문에서 우리는 욥이라는 사람을 봅니다. 욥기는 그 책 전부가 수난자의 고백입니다. 한 수난자가 여기 나타납니다. 욥이라고 하는 이 사람은 수난받는 사람의 대표입니다. 욥기 전 책의 주제는 몇마디로 요약할 수가 있습니다. 욥기는 첫째로, 인간의 고통은 무엇인가, 무엇으로부터 고통이 오는가를 말해주는 유명한 서사시입니다. 그 많은 고난의 정도를 봅시다. 과정이 이렇게 이루어집니다. 맨 먼저, 재산입니다. 그 다음이 자녀입니다. 그 다음이 건강이요 가정이요, 그 다음이 친구요, 그 다음이 명예요, 마지막으로는 의가 없어집니다. 인간이 당하는 고난을, 그 과정을 3000년 전 그때에 벌써 이렇듯 자세하게 설명해놓고 있습니다. '인간의 고난이 무엇인가'하는 것이 욥기의 첫번째 주제입니다. 고난이라는 것이 도대체 무엇인가? 왜 고난은 있어야 하나? 그것을 말해줍니다. 두 번째 주제는 의로운 자의 고난이라는 것입니다. 고난이라고 하면 우리는 꼭 죄 때문에만 당하는 줄 알고 있습니다. 그저 벌로 당하는 것으로, 저주로 당하는 것으로 알지만 욥은 죄 없이 당합니다. 욥은 결코 죄인이 아닙니다. 그런 그가 고난을 당합니다. 의로운 사람도 고난을 당한다, 잘못 없이도 고난을 당한다, 하나님 앞에 인정을 받는 동방의 의인 욥도 고난을 당했다—그것을 잊지 마십시오. 무슨 하찮은 일, 조금 억울한 일을 당했다고 이것을 못참아하는 그 정도로 어찌 신앙생활을 하겠습니까. 뭐가 그렇게 억울합니까. 욥은 죄인이 아닙니다. 죄없이 무진장의 고난을 당했습니다. 또하나는, 자발적으로 당한 고난이 아니라는 것입니다. 피동적으로, 억지로 당한 것입니다. 원치 않았습니다. 그는 이런 고난을 원치 않았습니다. 전혀 원하지 않았지만 그렇게 될 수밖에 없었습니다. 그렇게 되었습니다. 불가피하게 고난을 당한 것입니다. 또하나는, 그가 왜 이 고난을 당해야 하는지를 몰랐다는 것입니다. 알고 당한 것이 아닙니다. 모르고 당했습니다. 왜 재산을 날려야 합니까? 왜 열 남매나 되는 자식들이 하루아침에 다 죽어야 합니까? 왜 내 몸은 병들어 몸에서 구더기가 나게 됩니까? 쑤시고 아프고 견딜 수가 없습니다. 하나밖에 없는 위로자인 아내마저 그의 깊은 신앙을 이해하지 못하고 하나님을 저주하고 죽어라, 소리치고 가버립니다. 가정을 잃어버린 고독, 그런 고난을 당해야 했습니다. 사랑하는 친구들이 찾아와서 위로한답시고 말하는 것이 위로가 되지 못했습니다. 위로한다는 말이 오히려 굴욕으로 들립니다. 모욕처럼, 때로는 저주처럼 가슴을 파고들고 괴롭게 했습니다. 그 위로라는 것이 나를 고통스럽게 만들었습니다. 친구도 잃어버립니다. 왜 이 고난을 당해야 하는지 그는 몰랐습니다. 그러나 욥기의 가장 중요한 주제는 이것입니다. 맨끝에 가서, 이 고난을 다 겪고겪고, 믿음으로 겪고, 신앙으로 잘 이겨낸 다음에, 저 끝에 가서야, 그때 가서야 왜 이 고난이 있어야 했는지를 알게 되었다는 것입니다. 그래서 하나님께 감사합니다. 그래서 하나님 앞에 그간 불평했던 것을 회개합니다. '재를 무릅쓰고 회개하나이다. 전에는 듣기만 하더니 이제는 하나님을 보았습니다.' 왜 이 고난이 있어야 했는지를 종국에 깨닫고 하나님 앞에 감사하고 있습니다. 그것이 욥기의 총주제입니다.

오늘본문에서 욥이 하나님 앞에 간증을 합니다. 마음이 있거든 집에 돌아가서 오늘본문을 한 스무 번 기도하면서 읽읍시다. 또 읽고 또 읽고 또 읽고 또 읽어보십시오. 욥기를 다 안읽어도 이 몇절은 자꾸만 읽고 명상해보십시오. 분명 새로운 세계를 볼 수 있을 것입니다. 욥은 고백합니다. "오직 그가 아시나니…" 하나님은 아십니다 —나는 모르지만 하나님께서는 아십니다. 나는 모르고 살지만 그는 알고 계십니다. 나는 왜 이 고난을 당해야 되는지 모르겠지만 하나님께서는 알고계시다는 것입니다. 하나님의 아신 바 된 그 속에 내가 있다는 것입니다. 하나님의 확실한 지식, 영원한 지혜 속에 내가 있습니다. 그런고로 나는 잘 모르겠지만 나는 그를 믿는다는 것입니다. 때로 어린아이들이 아버지 어머니의 손목을 잡고 길에 나서는 것을 볼 수 있습니다. 이 부모가 어디로 가는지를 모릅니다. 그러나 아버지가 잘 인도할 줄로, 어머니가 좋은 길로 인도할 줄로 알고 마냥 좋아하며 손목을 잡고 따라가는 그 어린아이들을 보십시오. 그 아이들이 뭘 아는 것이 아닙니다. 오직 믿음이 있을 뿐입니다. 그가 아시니까, 저가 알고계시는 줄 알기 때문입니다. 욥은 고백합니다. '그가 알고계시다.' '당신이 알고계십니다. 나는 모릅니다.' 또한 욥은 그에게 정하신 바가 있다고 하였습니다. 그의 시나리오가 있습니다. 그에게 은총적인 뜻이 있습니다. 세밀한 경륜이 있습니다. 그래서 14절에 보면 "내게 작정하신 것을 이루실 것이라" 하였습니다. 하나님의 정하신 바가, 예정하신 바가 있습니다. 하나님의 뜻하신 바가 있어서 의도적으로, 목적적으로, 계획적으로, 섭리적으로 우리를 인도하고 계시다는 것입니다. 그것을 욥은 믿고 있습니다.

역사가 아놀드 토인비가 한평생 세계역사를 연구하고 방대한 책을 썼습니다. 그는 노년에 이렇게 말했습니다. '역사를 자세히 보면 몇가지 사실을 알 수가 있다. 사람, 아무리 노력하고 수고해도 사람의 뜻대로 안되더라.' 여러분은 스스로 철이 났다고 생각하십니까? 철난다는 것이 뭐냐하면 뜻대로 안된다는 것을 안다는 것입니다. 내 마음대로 되는 것이 아닙니다. 내가 수고한다고 되는 것이 아닙니다. 하면 된다, 안되면 되게 하라—이건 철딱서니없는 소리지요. 그런 게 아닙니다. 안될 것은 안되는 것입니다. 그걸 알아야 합니다. 내 마음대로 안되더라—사람의 뜻대로 안됩니다. 그건 일단 인정을 해야 합니다. 두 번째로 재미있는 말을 했습니다. '하나님 당신 마음대로 하시더라.' 잊지 마십시오. 하나님 당신이 알아서 당신 마음대로 하십니다. 그리고 세 번째로는 '현실이란 하나님의 뜻 안에 있는 것인고로 의미없는 사건은 없더라' 하였습니다. 잠깐 볼 때는 의미없는 것같으나 뒤늦게, 지나온 뒤에 보십시오. 의미가 있습니다. 어쩌다가 한번 듣는 이야기도, 어쩌다가 한번 부딪히는 사건도 우연인 것은 없습니다. 필연일 뿐입니다. 우리는 그것을 깨달을 수밖에 없습니다. 하나님 뜻 안에 모든것이 엄연한 의미를 가지는 것입니다. 그는 「미래를 산다」라는 논문에서 이렇게 충고하고 있습니다. '그런 중에 우리가 알아야 할 것은 어느 시대에나 죄는 있었고 어느 시대에나 부정은 있었다는 사실이다.' 그렇습니다. 요새 우리나라는 부정(不正) 때문에 골치가 아픕니다. 그러나 역사를 보십시오. 부정 없는 때가 있었나요. 죄가 없는 때가 있었던가요. 어느 역사 어느 시대에나 죄는 있었습니다. '그러나…' 토인비의 충고는 이것입니다. '죄를 되풀이하지 마라. 적어도 우리 인간에게 지혜를 주셨고 총명을 주셨으니만큼 같은 죄를 반복해서는 안된다. 되풀이하지 않도록 할 것이다.' 왜요? 역사로부터 배웠으니까요. 배웠으면 방향을 틀어야지 반복하지 말 것입니다. 그리고 중요한 것은 역사에 책임을 지라는 것입니다. 천재(天災)라고 말하지 맙시다. 모든것은 인재입니다.
남의 잘못이 아닙니다. 내 잘못입니다. 저는 가슴아픈 경험을 늘 떠
올리고 이런 생각을 합니다. 북한에 농사가 저렇게 안됩니다. 아무
리 해도 안됩니다. 때때로 가슴아픈 생각을 합니다. 예수믿는 5백만
이 6·25때 남쪽으로 빠져나와버렸습니다. 예수믿는 사람 대부분이
빠져나가고나니까 그 땅이 황폐해진 것이다, 그렇지 않을까, 라고
생각합니다. 그래서 책임이 무겁습니다. 책임을 져라, 이것입니다.
누구 책임이라고 생각하십니까 여러분? 이 모든것을 내가 책임질 줄
알아야 됩니다. 책임지는 그런 마음이 있어야 하는데 오늘와서 보면
전부 남의 책임입니다. 그 나라는 망할 수밖에 없습니다. 우리는 내
가 곧 책임을 질 줄 알고 절대로 원인귀속을 하거나 원인전가를 해
서는 안됩니다. 우리 자신들이 책임을 질 줄 알아야 합니다. 토인비
가 던지는 또하나의 충고는 이것입니다. '집단행동을 주의하라.' 요
새 흔히 여론이니 인기니 민주주의니 투표니 합니다만 많은 표를 받
았다고 의인이 아닙니다. 많은 사람의 지지를 받았다고 선한 일이
되는 것은 아닙니다. 그러나 행동이 집단화, 대중화하고 여론이 그
렇게 몰려질 때는 그 자체가 의요 선인 것처럼 착각을 할 때가 있습
니다. 그 행동을 조심할 것입니다. 세계는 바로 이런 집단화하는 행
위들로 인하여 역사가 곤두박질했거든요. 그것을 잊지 말라 한 것입
니다. 궁극에는 인간중심적인 생각에서 하나님 중심적인 것으로 바
꾀고, 우리인간의 생각을 깨끗이 포기하고 하나님의 뜻이 어디에 있
는지 그것을 알고 그에게 순종해나가는 것이 새로운 역사를 창출하
는 길일 것이라고 말합니다.

　　오늘본문에서 욥은 다시 간증합니다. 이 고난은 내게 유익한 것

이라고. 긍정적으로 생각합니다. 긍정적으로 받아들입니다. 나를 단련하신 후에는 내가 정금같이 나올 것이다, 합니다. 이 모든 사건을 통해서 단련받고 훈련받아서 정금같이 나올 것이라고 긍정적으로 받아들이고 있습니다. 여기에 훈련이 있고 여기에 목적이 있고 여기에 내가 생각할 수 없는 하나님의 깊은 사랑이 있다는 것입니다. 그런고로 이 모든 고난은 나에게 유익하다고 했습니다. 그 엄청난 고난을 당하면서도 유익할 것이라고 믿었습니다. 아직 이해가 되지 않으나 이것은 유익하다, 이해가 되는 것은 되고 못되는 것은 못되더라도 하나님께서 살아계시는 한, 그가 나와 함께하시는 한 이것은 유익하다고, 그렇게 수용했습니다. 그리하여 정금같이 나올 것이다, 이 과정을 통하여 정금같이 나올 것이다, 합니다. 빌립보서 1장 12절에 보면 사도 바울이 감옥에서 고백합니다. "나의 당한 일이 도리어 복음의 진보가 된 줄을 너희가 알기를 원하노라." 그는 이해할 수 없는 고생을 했습니다. 무려 3년 동안이나 감옥에서 썩었습니다. 사자후(獅子吼)로 복음을 전해야 될 바울이 침침한 감옥에서 3년이나 썩을 때 얼마나 속상했겠습니까마는 '내가 당한 이 모든 일이 마침에 복음의 진보를 이루었다' 하는 사실을 깨닫고 그것을 고백하고 있습니다. 여러분, 지난날을 생각해봅시다. 그때 그 사건, 내가 억울하게 당했던 그때 그 사건, 이유를 알 수 없었던 그때 그 사건이 있음으로 해서 오늘 내가 있는 것입니다. 그것이 있음으로해서 오늘 내가 있는 것입니다. 오늘도 내가 납득할 수 없는 고난을 당하고 있지만 이것이 다시 합동하여 선을 이루고 저 앞에서 그 언젠가 오늘을 생각할 때 마침내 그날이 있음으로 오늘 내가 있고, 그 사건이 있음으로 오늘같은 축복을 받노라, 하게 될 것입니다. 그것을 믿고 사는 것입니다. 나는 모르나 그분은 아시고, 나 또한 언젠가는 오늘의 고통의 뜻을 아주 확연하게 시원하게 그것이 유익했다고 하는 것을 간증할 때가 올 것입니다. 나의 당한 고난은 그런고로 내게 유익한 것입니다. 나에게 당한 고난 속에 하나님의 능력이 있고 지혜가 있고 특별한 사랑이 있기 때문입니다. 납득이 갑니까? 납득이 가는 분은 감사하고 이해가 안되는 분은 믿으세요. 이해가 안되는 부분은 믿으세요. 나의 당하는 길을, 내 운명을 그가 아십니다. 그가 나와 함께하십니다. 내가 이 고난을 겪은 다음에 정금같이 나올 것입니다. 그 아침을 바라보며 오늘을 살아갑니다. 오늘을 감사합시다. △

생명의 면류관을 주리라

서머나 교회의 사자에게 편지하기를 처음이요 나중이요 죽었다가 살아나신 이가 가라사대 내가 네 환난과 궁핍을 아노니 실상은 네가 부요한 자니라 자칭 유대인이라 하는 자들의 훼방도 아노니 실상은 유대인이 아니요 사단의 회라 네가 장차 받을 고난을 두려워 말라 볼지어다 마귀가 장차 너희 가운데서 몇 사람을 옥에 던져 시험을 받게 하리니 너희가 십일 동안 환난을 받으리라 네가 죽도록 충성하라 그리하면 내가 생명의 면류관을 네게 주리라 귀 있는 자는 성령이 교회들에게 하시는 말씀을 들을지어다 이기는 자는 둘째 사망의 해를 받지 아니하리라
(요한계시록 2 : 8 - 11)

생명의 면류관을 주리라

　이긴다, 하는 것은 참으로 기분좋은 말입니다. 이겼다, 하는 말은 더욱 신나는 말입니다. 이긴다, 이겼다―승리를 향한 환호는 언제나 우리 마음에 큰 감격을 주는 것이 사실입니다. 그러나 승자 뒤에는 패자가 있습니다. 패자 없는 승자가 없습니다. 승리자의 큰 기쁨이 있는가하면 패자의 비참한 모습이 있습니다. 우리는 그 둘을 함께 보아야 합니다. 이겼다고 함성을 올리고 만세를 부르고 고함을 지르고 미친듯이 환호합니다마는 패자의 슬픈 낯, 그리고 그 비참한 모습, 그것을 우리가 잊어서는 안될 것입니다. 몇년만의 승리다, 하는 말을 저는 별로 좋아하지 않습니다. 48년만이다 52년만이다 어떻다 하는데 그러면 그동안은 어떻게 살았다는 말입니까. 오늘이 없었다면 우리는 없는 것입니까. 그 한 가지 사건에다가 그렇게 온민족의 운명을 걸어야 할 이유가 어디 있습니까. 며칠전 폴란드의 축구팀과 우리나라 축구팀의 월드컵경기가 있었는데 저는 미국에서 텔레비전으로 그것을 볼 수 있었습니다. 2대 0으로 통쾌하게 이겼는데, 잘했습니다. 저는 이 두 나라의 대통령이 나란히 앉아서 관전하는 모습을 보았습니다. 이제 이긴 나라의 대통령, 우리 김대통령께서 일어나 소리지르고 만세라도 부르고 싶지만 그럴 수가 없습니다. 폴란드 대통령은 당장 울음이 터질 것같지만 그럴 수도 없습니다. 이 두 대통령이 표정관리 하느라고 부심합니다. 이겼다고 마음대로 좋아할 수도 없고 졌다고 분해할 수도, 또 슬퍼할 수도 없고… 그 장면을 보면서 '인생무상'―그런 생각 했습니다. 세상만사가 이러하거니… 그런 생각을 해보았습니다. 패자 없는 승리는 없을까요? 흔히 말하기를 win-win-win이라고 합니다. 나도 이기고 너도 이기는 그런 승리라야 진짜승리일 텐데 그런 건 없을까요?

우리는 더러 이런 경우를 봅니다. 여러분 혹 무슨 물건을 사는데, 내가 잡지에서 보았든지 소문에서 들었든지 해서 꼭 필요한 것을 만났다고 합시다. '이건 참 귀한 것이다. 내가 오랫동안 찾았는데 어디에 이런 게 있을까?' 그리고 연락을 하고 상점을 찾아갔습니다. 가령 백화점에 가서 물건을 삽니다. 이건 몇년 동안 내가 기다리던 거니까요 뭐, 값을 따질 것도 없지요. 그대로 돈을 주고 사가지고 나올 때, 이 귀한 물건을 손에 넣은 여러분은 한없이 좋습니다. 이건 정말 기분좋은 일입니다. 그런가하면 이것을 판, 장사하는 사람도 이렇게 가격을 따지지도 않고 사가는 사람, 흥정하자고들지도 않는, 값을 깎자고도 안하고 그대로 좋은 마음으로 "고맙습니다"하고 가져가는 그 사람을 볼 때 썩 기분이 좋은 것입니다. 이게 바로 win-win 입니다. 양쪽이 다 좋은 것이거든요. 제가 언젠가 한번 비행기 타고 가다가 좀 한가한 시간에 「타임」지를 보다보니 거기에 시계가 하나 소개되어 있습니다. '듀얼 타임'이라고, 외국에 여행하는 사람에게는 아주 좋은 것이거든요. 한국시간과 미국시간을 동시에 둘 다 알 수 있는 시계입니다. 그리고 한국이 지금 낮인지 밤인지 그것도 다 말해줍니다. 각 나라에 갈 때마다 번거롭게 시간맞출 필요가 없습니다. 한번씩 조금씩 손만 누르면 되게 돼 있습니다. 그런 시계가 나왔다, 하는 광고가 난 것입니다. 제가 이걸 수첩에 써가지고 가서 백화점마다 다 다니면서 물었습니다. 그런데 없습니다. 잡지에 난 광고는 보았지만 아직 물건은 못봤다는 것입니다. 아마도 새로 나온 물건인가봐요. 한국에 돌아와서 한국의 백화점에 가서 얘기를 했더니 거기서도 이런 물건 본 일이 없다는 것입니다. 그래서 이거 하나 구해달라고 부탁했습니다. 그랬더니 "하나 구해올 수는 있는데 구해오면 가격은 묻지 마셔야 됩니다. 목사님께서는 반드시 이걸 사셔야 됩니다. 이 특수한 거 안사시면 우리는 낭패봅니다." 알았다고, 가져오라고, 그래서 그걸 사서 지금도 제가 가지고 다니면서 듀얼 타임이라고 자랑을 합니다. 참 기가막히게 만든 특별한 시계입니다. 그런데 바로 이런 경우에 파는 사람과 사는 사람이 둘 다 기분좋은 것입니다. 둘 다 이긴 것입니다. 이 세상 만사가 다 이러하면 얼마나 좋겠습니까. 바로 win-win-win의 사회구조였으면 얼마나 좋겠습니까.

오늘본문에 보면 "생명의 면류관"이라 하는 말씀이 있습니다. 영어로 크라운이라고 합니다마는 이 생명의 면류관이라는 말은 헬라말에서는 완전히 둘로 단어가 다릅니다. 하나는 '디아데마'라고 하는 말인데 이는 sign of royalty입니다. 왕권, 권력의 상징입니다. 왕이 쓰는 왕관을 가리켜 크라운이라고 합니다. '디아데마'입니다. 하나는 '스테파노스'입니다. 바로 이 말에서 스데반이라는 말이 나왔습니다. 스테파노스란 하나의 prize of victory입니다. 승리에 대한 포상으로, 상으로 주는 것입니다. 오늘본문에 스테파노스라고 하는 말이 나오는데, 이것은 오랫동안 수고하고 훈련하고 인내하고 절제한 그 절정에서 평가받는 면류관을 말하는 것입니다. 그게 면류관으로 상징되는 것입니다. 운동선수들이 경기에 나가서 잠깐 뜁니다. 불과 한 시간, 두 시간, 혹 어떤 종목은 3분, 1분 하는 것도 있습니다. 그러나 이 짧은 시간을 위해서 얼마나 많은 수고를 했습니까. 많은 훈련을 하고 인내하고 참고, 젊은사람들이면서 절제하고 한 많은 수고

끝에 얻은 그 절정에서 그에게 씌워주는 영광의 상징, 이것을 우리는 면류관이다, 스테파노스다, 라고 말하는 것입니다. 요새와서 학자들이 쓰는 용어 가운데 새로운 용어가 많습니다. 그 하나가 '소프트 파워'라고 하는 말입니다. 아주 유명한 유행어입니다. '소프트'라고 하면 여러분 잘 아시는대로 부드럽고 관대하고 상냥하고 조용하고 온화하고… 그런 거 아닙니까. 그런 파워, 그런 힘이 소프트 파워입니다. 권력이되 부드러운 권력입니다. 부드러운 권력—이거 특별한 말이 아니겠습니까. 강한 자가 이기는 것같은데 그렇지 않습니다. 온유한 자가 이깁니다. 성경에도 온유한 자가 땅을 차지한다 하지 않았습니까. 확실한 것은 하나님께서 교만한 자를 물리치신다는 것입니다. 이번 월드컵 게임도 보니까 뭐 잘났다고 떠들다가 부끄러움을 당하더라고요. 그렇지 않읍디까? 교만한 자를 낮추십니다. 강한 자가 패하고 오히려 부드러운 자, 온유한 자, 화평한 자가 이기는 거기에 놀라운 역사적 의미도 있고 심판적 의미도 있고 성서적 의미도 있습니다. 그래서 요새는 소프트 밸류(soft value), 하드 밸류(hard value)라는 말을 합니다. 가치를 말하는 것인데 유형적 가치라는 게 있지 않습니까. 그것은 물질이라든가 기술이라든가 지식이라든가 설비라든가 자본이라든가 하는 것들입니다. 그런 유형적 가치가 있는가하면 무형적 가치가 있습니다. 이미지라든가 혹은 장사하는, 상업하는 사람들의 경우로 말하자면 고객만족도라든가 하는 것이고 또 일하는 사람들의 경우, 얼마나 기쁨으로 일하는가, 얼마나 보람과 의미를 느끼며 일하는가, 하는 것들입니다. 이런 것을 무형적 가치라고 하겠습니다. 이것을 소프트 밸류라고 합니다. 그러면 소프트 파워라는 건 뭔가하면 소프트 밸류를 창출하는 정신적 에너지 내지 창의적 아이디어를 총칭하는 말입니다.

여러분, 누가 이깁니까? 물력입니까 권력입니까 체력입니까 심력입니까 지력입니까? 많은 학자들이 공통적으로 하는 말은 승리의 80%가 심력입니다. 마음의 힘입니다. 그리고 20%가 체력입니다. 또는 지력이라는 것입니다. 사실은 그 체력마저도 심력에서 오는 것입니다. 마음이 흐트러지면 다 무너지고 맙니다. 여러분은 얼마나 이것을 날마다 새롭게 느끼고 있습니까? 얼마나 확실하게 체험하고 있습니까? 건강이 밥으로 됩니까? 운동으로 됩니까? 보약으로 됩니까? 아닙니다. 80%가 마음입니다. 예수를 잘 믿어야 됩니다. 은혜를 받아야 됩니다. 마음에 은혜가 없으면 보약은 독약이 됩니다. 보아하니 보약중독증으로도 죽더라고요. 운동하다가 고꾸라집니다. 아무 소용 없습니다. 결국은 심력입니다. 마음의 힘입니다. 또다른 말로 말하면 영력입니다. 영적인 힘이 있어야 됩니다. 그것이 문제입니다. 우리가 지금 운동경기를 봅니다마는 그 운동경기 속에서도 가만히 보면 심력이 작용하고 있습니다. 심력이 크게 작용하고 있는 것을 볼 수 있습니다. 현대에 있어서 성공하려면 3M이 필요하다고 말합니다. M자로 시작하는 석 자, mission, meaning, money의 세 가지가 균형적으로 작용을 해야 한다 합니다. mission, 사명이 있어야 되고 사명의식이 투철해야 됩니다. meaning, 의미가 있어야 됩니다. 보람과 의미가 없으면 아무 소용 없습니다. 그리고 경제적인 문제도 함께 따라가야 한다, 하는 것입니다. 사명은 목적을 말합니다. 무슨 일을 하든지 목적이 높아야 됩니다. 언제나 동기를 물읍시다. 내가 왜 이 일을 하느냐, 그 동기가 얼마나 고상하냐, 이게 문제입니다. 동기가 낮은 처지에 있고 너절하고 형편없는 그것에 목적이 있다면 그 인간은 비참합니다. 모든 일 전체가 다 망가집니다. 높은 목적, 고상한 목적, 절대적인 높은 목적을 가지고 행하여야 어떤 일을 하든지 힘이 있고 용기가 있고 또 지혜도 있는 것입니다. 이것이 사명의식, mission입니다. 그 다음에는 보람이 있어야 됩니다. 여러분, 오늘 아침에도 부엌에서 일하면서, 혹은 집안일을 하면서도 보람을 느꼈습니까? 아니면 '내 어쩌다가 똑같은 일을 반복하며 산단말인가.' 짜증스럽게 생각했습니까? 순간순간 우리는 하는 일에 의미를, 아주 충만한 의미를 만끽하면서 살아가야 합니다, 무슨 일을 하든지. 그것이 바로 힘입니다. 성공입니다. 그리고 경제적인 여건이 뒤따르게 될 것입니다.

요새 유행하는 말 가운데 또하나의 말이 있습니다. 바로 오토텔릭(autotelic)이라고 하는 말입니다. 'auto'라고 하는 것은 헬라말로 '아우토스'입니다. 'myself'입니다. 자기자신을 지칭하는 말입니다. 그리고 헬라말로 '텔로스'라는 말은 목적이라는 뜻입니다. 이 두 단어를 합쳐서 '아우토텔로스'인데 이것을 영어로는 autotelic이라고 말하게 됩니다. 그 말은 뭐냐하면 '자기목적성'입니다. 자신이 목적이 되고 현재가 목적이 되는 것입니다. 이것은 이기주의적인 생각이 아닙니다. 오토텔릭이란 대단히 중요한 의미를 가집니다. 이런 자기목적성을 가질 때 창의력도 있고 자율성도 있고 행복도 있고 지혜도 있다는 것입니다. 여러분, 우리 교인 가운데도 골프치는 사람 많습니다. 저는 골프를 못칩니다만 골프를 치는 사람들은 골프를 정말 좋아합니다. 골프치러 가기로 미리 약속을 해놓으면 일주일 전부터 기분이 좋다고 합니다. 그저 어디 가나 그 생각만 나고, 밥그릇을 보아도 그 생각 나고 그렇답니다. 그렇게 좋다고 합디다. 골프치러 나가면 그 풀밭에서… 좋긴 좋겠더라고요. 좀 비싸긴 하지만 아주 행복하게들 즐긴다 합니다. 미치게 좋아합니다. 매니아가 있습니다. 아주 정신없이 좋아합니다. 좋습니다. 그것까지는 좋습니다. 그런데 어느 순간에 내기골프를 시작합니다. 그러면 목적이 망가집니다. 돈벌기 대회로. 또 내기하다보니 지면 기분나쁘고 체면도 안서는 것같습니다. 이겨야 되겠는데 이걸 이기려고 하여 기를 쓰고 덤비다가 죽기까지 합니다. 얼마나 죽습니까. 일본에서는 일 년에 백삼십 명이 죽습니다. 아마 한국에서도 백여 명은 죽어나갈 것입니다, 일 년에. 그 왜 그렇겠습니까. 목적이 바뀐 것입니다. 골프 자체를 즐기는게 아니라 골프를 통해서 그 무언가 다른 것을 얻으려고듭니다. autotelic이 변질된 것입니다. 돈버는 마음으로, 도박하는 마음으로, 명예를 찾는 마음으로, 허영심으로, 여러 가지로 이 목적이 망가졌습니다. 그러니 여러분, 무슨 사업을 하든지, 예를 들어 공부를 한다고 합시다. 공부 자체가 즐거워야 됩니다. 공부하는 게 재미가 나고 책읽는 데 시간가는 줄 모르고… 이런 재미가 있어야 되는데 이 공부가 오토텔릭이 되지를 못하고 바뀌면 '이거 해야 돈벌지'하고 억지로 해야 됩니다. 공부 안하면 죽는다, 공부 안하면 못산다―자, 이렇게 되면 참 힘든 일이 됩니다. 결혼이라는 것도 그렇습니다. 결혼의 목적이 어디에 있습니까. 돈벌려고 하는 것입니까 늘그막에 신세 좀 지려고 하는 것입니까. 이게 또 목적이 어디론가 가버렸다고요. 이 자기목적성을 잃어버리면 무엇이든지 타락하는 것입니다. 자, 보십시오. 승리가 뭡니까. 바로 목적성에 있는 것입니다. 목적성, 그런 상태를 다른 말로 충성이라고 합니다. 충성, '피스티스'라는 이 말은 우선 신실하다는 뜻입니다. faithfulness, 믿음입니다, 믿음. 내가 나를 믿고 내가 남을 믿고 남이 나를 믿어야 됩니다. 신용도가 높아야 됩니다. trustfulness, 이게 바로 믿음입니다. 그런가하면 내가 지향하는 목적, 높은 목적에 합당한 그러한 '목적에 대한 충성'입니다. 내가 세운 목적에 대하여, 신실한 목적에 대하여 충성, 얼마나 충성했느냐, 그것에 따라서 내 생이 좌우됩니다. 목적에 합당한 생을 산 것은 성공이요 거기서 이탈한 것은 어떤 일이든지 실패와 부끄러움으로 끝나게 될 것입니다. 목적의 의미, 그리고 거기에 내 전체를 쏟는 것, totally commitment, 온정력을 다 기울이며 동시에 그 기울이는 일을 즐기는 것입니다. 일을 해서 뭘 하느냐가 아니고 일 자체를 즐기는 것입니다. 섬길 때 섬기는 그 일 자체를 즐기는 것입니다. 에리히 프롬은 말합니다, 사랑은 주는 것이라고. 그렇습니다. 분명히 주는 것이 사랑인데 세 가지가 있습니다. 주어서 무얼 얻자고 하는 대가성의 주는 것, 뭔가를 바라고 주는 것이 있고, 또 한 가지는 줄 수밖에 없어서 주는 것이 있습니다. 빼앗기는 것입니다. 강도만나는 것입니다. 안줄 수 없어서 주는 것입니다. 그리고 마지막으로, 창조적으로 주는 것, creative giving이 있습니다. 이것이 바로 주는 것을 즐기는 것입니다. 베푸는 것이 좋은 것입니다. 그 자체가 너무도 행복한 것입니다. 얼마나 큰 차이가 있습니까.

오늘성경은 말씀합니다. "죽도록 충성하라 그리하면 내가 생명의 면류관을 네게 주리라." 이 서머나교회는 계시록의 일곱 교회 중 책망을 받지 아니한 가장 훌륭한 교회입니다. 서머나라고 하는 도시는 당시에 에베소 다음으로 큰 도시요 지금도 인구 20만의 도시입니다. 지금도 그 3분의 1이 그리스도인입니다. 2000년 동안 거룩한 신앙을 이어오는 도시, 아주 모범적인 그리스도인의 도시라고 합니다.

그런데 거기에 있는 교회를 향하여 주신 메시지입니다. 특별히 주후 2세기에 서머나교회의 감독이었던 폴리캅은 충성을 이야기할 때 뺄 수 없는 중요한 인물입니다. 서머나교회의 감독 폴리캅이 유대교인들의 모함을 받아서 이제 결국은 로마총독이 그를 죽일 수밖에 없어졌습니다. 화형에 처하기 위해서 장작더미를 쌓아놓고 거기에 폴리캅을 세워놓고 마지막 질문을 합니다. 총독이 볼 때는 86세나 되는 나이많고 존경받는 어른을 여기서 어떤 이유로 인해서 화형에 처한다는 것이 너무나 안타깝고 괴로워서 마지막으로 한마디 합니다. "지금이라도 가이사황제를 찬양하고 그리스도를 욕하시오. 한 번만 그리하시오. 그리하면 내가 그대를 놓아줄 터이니 조용히 다른 곳에 가서 여생을 사시오." 그러나 폴리캅은 유명한 대답을 합니다. "나는 86년 동안 그리스도를 섬겨왔는데 주님께서는 한 번도 나를 배신하신 적이 없습니다. 그런 주님을 내 어찌 배신할 수 있겠소. 주님 위해 사는 것이, 주님 위해 죽는 것이 나에게는 최고의 영광이라오." 그리고 화형에 처함을 받았습니다. 불태워 죽임을 당합니다. 여러분, 이것이 충성입니다. 그는 죽을 때까지 충성했고 죽을지언정 충성했고 사는 것보다 충성을 더 높은 가치로 생각했습니다. 다 얻었더라도 충성을 잃어버리면 모든것이 아무것도 아닙니다. 진실을 잃어버리면 아무것도 아닙니다. 정직함을 잃어버리면 낭패입니다. 그것을 잊지 말아야 됩니다. 죽고사는 것보다 진실함은 그 위에 있고 충성은 그 위에 있습니다. 아브라함이 아들 이삭을 모리아 산에서 하나님께 제물로 바칩니다. 그에 대한 책도 많고 소설도 많습니다마는 언제가 한번 그 이야기를 다룬 참 훌륭한 연극을 보았습니다. 영화에도 그런 장면이 나옵니다만 마지막 장면에서 이제 아브라함이 이삭을 제단에다 올려놓으려고 할 때 스물일곱 살의 이 아들을 강제로 묶어 올릴 수도 없지 않습니까. 안한다면 그만이지요. 그런데 아브라함은 이삭에게 이렇게 말하는 것입니다. 두 가지입니다. "Do you know that I love you(내가 너 사랑하는 것을 네가 아느냐)?" "압니다." "How much?" "당신 목숨보다 나를 더 사랑한다는 것을 알고 있습니다." "됐어." 또하나 묻습니다. "Do you believe the promise of God(하나님의 약속을 네가 믿느냐? 변함없는 약속, 반드시 이루시는 그 위대한 은혜의 약속을 네가 믿고 있느냐)?" "그렇습니다." "그러면 여기에 올라가거라." 이삭은 두 손을 내어놓고 아버지 보고 묶으라고 말합니다. 그리하여 밧줄로 묶고 아들을 제단에 누인 다음에 칼로 찌르려고 하는 그 장면, 연극으로 하는 것이지만 가슴이 뜨겁고, 얼마나 그 장면을 보면서 울었는지 모릅니다. 감격스러운 것입니다. 이런 충성이 어디 있습니까. 내가 너를 사랑하는 것을 네가 아느냐—참사랑을 알면 충성은 아주 쉬운 것입니다.

　하나님의 약속을 믿습니까? 영원한 약속을 믿습니까? 생명의 면류관을 주리라고 하신 약속을 믿습니까? 이것만 믿을 수 있다면 충성은 어려운 것이 아닙니다. 죽은 다음에 면류관이 주어진다고 약속하십니다. 한 알의 밀이 땅에 떨어져 죽어야 열매가 맺는다고 말씀하십니다. 충성은 모든것보다 위에 있습니다. 살고 죽고 손해보고 부끄럽고 승리하고… 그런 것이 문제가 안됩니다. 충성과 진실이 그 모든것보다 우선합니다. 죽도록 충성하라, 생명의 면류관을 주리라, 하십니다.

주여 보여주옵소서

너희가 나를 알았더면 내 아버지도 알았으리로다 이제부터는 너희가 그를 알았고 또 보았느니라 빌립이 가로되 주여 아버지를 우리에게 보여 주옵소서 그리하면 족하겠나이다 예수께서 가라사대 빌립아 내가 이렇게 오래 너희와 함께 있으되 네가 나를 알지 못하느냐 나를 본 자는 아버지를 보았거늘 어찌하여 아버지를 보이라 하느냐 나는 아버지 안에 있고 아버지는 내 안에 계신 것을 네가 믿지 아니하느냐 내가 너희에게 이르는 말이 스스로 하는 것이 아니라 아버지께서 내 안에 계셔 그의 일을 하시는 것이라 내가 아버지 안에 있고 아버지께서 내 안에 계심을 믿으라 그렇지 못하겠거든 행하는 그 일을 인하여 나를 믿으라

(요한복음 14 : 7 - 11)

주여 보여주옵소서

안소니 드 멜로라고 하는 분의 저서「일분지혜」에 나오는 한 편의 이야기입니다. 하루는 스승이 그 제자에게 이렇게 가르쳤습니다. "하나님을 찾지 말라. 그냥 바라보아라. 하나님을 찾지 말라. 그냥 바라보아라. 그러면 모든것이 드러나게 될 것이다." 제자가 스승에게 물었습니다. "그렇지만 어떻게 바라보아야 하겠습니까?" 스승은 대답했습니다. "무엇을 바라볼 때마다 거기 있는 그대로만 보고 다른 것은 보지 마라." 그래야 보게 될 것이라는 대답입니다. 제자가 당혹스러워하는 것을 보고 스승은 다시 설명을 해주었습니다. "예를 들어 달을 바라볼 때는 달만 보고 다른 것은 보지 마라. 가령 배고픈 사람은 달을 보면서도 '저게 빵떡이라면…'하고 빵을 생각하면서 보니 달을 달로 볼 수가 없느니라. 또 사랑에 빠진 사람이 달을 쳐다보면 달을 보면서 사랑하는 사람의 얼굴만 생각하니까 달을 바로 볼 수 없느니라. 하나님을 볼 때는 하나님만 보아라. 그래야 하나님을 만날 수 있을 것이다."

본문에는 예수님과 제자의 아주 신앙적이고 신학적인 중요한 대화가 기록되어 있습니다. 제자는 말합니다. '예수님, 하나님을 보여주십시오. 하나님을 보면 족하겠나이다. 하나님을 보았으면 좋겠습니다.' 이렇게 소원했습니다만 예수님의 대답은 이렇습니다. '벌써 보았느니라. 내가 너희와 함께 있는데 아직도 못보았느냐. 아직도 너희는 하나님을 못보았느냐.' 오래전 젊었을 때 읽은「리더스 다이제스트」에 이런 짤막한 이야기가 나온 것을 제가 기억하고 있습니다. 어떤 날 목사님께 찾아온 아주머니가 있는대로 자기의 근심걱정을 다 털어놓는 것입니다. 남편에 대해서, 아이들에 대해서, 가정에 대해서, 직장에 대해서, 좌우간 숨도 쉬지 않고 자꾸만 주워섬깁니다. 목사님이 한 시간을 듣다듣다못해서 말합니다. "이제 그만합시다. 그런데 하나만 물을 텐데요. 혹시 그 모든 생각을 하는 중에 하나님을 생각해보았습니까? 하나님을 아십니까?" 그랬더니 이 여자가 "그럼 나도 하나 물읍시다" 하더니 "목사님은 하나님을 아십니까?" 합니다. 목사님은 대답합니다. "No, I don't." 그리고 하는 말이 이것입니다. "I am surprised by God in every moment." 그 말을 저는 늘 기억합니다. "I am surprised by God in every moment(나는 하나님의 역사에 대해서 놀라고 있을 뿐입니다). 하나님의 일 아닌 것이 없습니다. 풀포기 하나에서부터 별까지 어느 것 하나 하나님의 역사 아닌 것이 없어서 볼 때마다 깜짝깜짝 놀라고 삽니다." 명답입니다. 여러분, 신앙의 눈으로 볼 때는 하나님의 일 아닌 것이 없습니다. 모든것으로부터 하나님의 음성을 들을 수가 있습니다. 어윈 대령이라고 하는 분이 달나라에 갔다왔습니다. 그분을 공교롭게 제가 어떤 호텔 로비에서 만나 한 시간 동안 이야기를 했었습니다. 참 좋은 기회였습니다. 제가 그분 면회를 신청한다고 쉬 만나겠습니까. 그런데 우연히 만났습니다. 수인사하고 한 시간 동안 참으로 진지한 이야기를 들었습니다. 달나라에 가서 이 지구를 보면 다르다고 합니다. 우리가 달을 보면 달이 흑백입니다. 흑백영화, 흑백텔레비전 화면 같습니다. 그러나 달에서 지구를 보면 총천연색이라고 합니다. 얼마나 아름다운지 모른다고 합니다. 그래서 하나님을 가까이 느끼고 할렐루야 찬송을 하고 감탄했다고 합니다. 이런 이야기를 구소련에 가서 강연 때 했더니 거기 한 공산주의자가 "우리나라 우주인들은 대기권

밖에 나가서 하나님을 못보았다고 하는데 어떻게 당신은 달나라에 가서 하나님을 보았다는 것입니까?" 하고 묻기에 어윈 대령은 이렇게 대답했다고 합니다. "마음이 청결한 자는 하나님을 볼 것이오." 마음이 깨끗해야 하나님을 보는 것입니다. 그렇습니다. 재미있는 일화가 있습니다. 어느날 종교개혁자 마르틴 루터가 아침식사를 하는데, 보니 자신의 집에서 키우는 개가 무릎 앞에 앉아서 루터를 쳐다봅니다. 루터가 빵을 집으면 빵을 보고 고기를 집으면 고기를 보고 음식을 입에 넣으면 입을 보고… 고개가 올라갔다 내려갔다 열심히 쳐다보는 것입니다. 하도 열심히 쳐다보기에 한 조각 찢어서 주고나서 루터는 무릎을 탁 치고 유명한 말을 했습니다. "이 개가 이 고기 조각을 쳐다보는 것같이 내가 하나님을 쳐다볼 수 있으면 좋겠다. 이 개는 이 고기조각을 쳐다보는 동안 다른 아무런 생각도 하지 않는다." 집중하는 것입니다. "나는 어떤가. 하나님 앞에 기도하면서 '하나님 아버지' 해놓고 또 이 생각 저 생각 한다. 이래서 되는 것인가." 그것 참 그렇지 않습니까? 하나님만 쳐다보아야 하나님을 보겠는데 무엇이 그렇게 복잡하고 무엇을 그렇게 가리는 것이 많습니까. 그래서 하나님을 보지도 듣지도 못한다는 것입니다.

 여러분, 지식이라는 것이 무엇입니까? 지식이라 하면 먼저는 논리적 지식이 있습니다. 하나님께서 우리에게 주신 이성의 기능이 맑은 이성, 투명한 이성이면 그 이성을 통해서 하나님을 봅니다. 온세계를 똑바로 볼 수가 있습니다. 그런데 이성이 병들면 문제가 달라집니다. 보이는 것이 없습니다. 이성을 통해서 비판, 추리, 분석, 통합하면서 우리는 눈으로 볼 수 없는 것을 생각으로 봅니다. 왜요? 논리적으로 이해할 수가 있기 때문입니다. 유명한 과학자 아인슈타인은 '이 만물의 근원이 무엇일까? 그것은 보이지 않는 힘이다'했습니다. energy다, 이것입니다. 보이지 않는 힘입니다. '그런데 그 힘이 물질이냐 인격이냐, 여기에 문제가 있다'하였습니다. 참 멋있는 말입니다. 저는 늘 이것을, 그분의 말을 참 소중하게 여깁니다. 여러분, 물질로부터 물질이 나온 것이 아닙니다. 인격적 생명체로부터 물질이 온 것입니다. 그것을 잊지 말아야 합니다. 그래서 그가 과학적 지식에 의하여 하나님을 설명하는 것을 들을 수가 있습니다. 그래서 유명한 신학자 칼 바르트는 말합니다. '하나님은 우리의 지식의 대상이 아니라 지식의 주체다.' 그가 우리를 창조하셨고 그가 우리에게 계시하시는 것 만큼 그를 알 수 있습니다. 그가 우리에게 알려주심으로 우리가 아는 것입니다. 그런고로 맑은 이성으로, 그 능력을 따라, 그 기능을 따라서 논리적으로 우리는 하나님을 이해할 수가 있습니다.

또한 감성적 지식이 있습니다. 마치 어머니가 자신의 어린아이를 아는 것처럼 가슴으로 아는 것입니다. 울 때 그에게 무엇이 필요한지 압니다. 가슴과 가슴으로 압니다. 그 아기가 말을 하는 것이 아닙니다. 그래도 아기의 사정을 어머니는 충분히 이해합니다. 마음으로 압니다. 보십시오. 사랑을 하게되면 가슴이 열립니다. 그래서 알 수가 있습니다. 미워하게되면 가슴이 닫힙니다. 그래서 아무것도 모르게 됩니다. 미워하는 마음이 있으면 지식의 문이 꽉 닫히고 맙니다. 제가 북한에 갈 때마다 참 답답하고 괴로운 것은, 그들은 아직도 그 옛날 생각을 하면서 '일본놈' 미워하고 '미 제국주의' 미워하고 남한을 미워하고 있습니다. 옛날에 폭격을 해서 우리가 많이 죽었다면서 50년 동안 미워합니다. 아직도 미워하니까 아무것도 보이는 것도 없고 들리는 것도 없습니다. 그 미움에서 벗어나야 무엇인가가 생각이 나겠는데, 무엇인가 들리기도 하고 보이기도 하겠는데… 너무도 답답합니다. 그 증오—아, 무섭습니다. 이 미운 마음 때문에 마음의 문이 꽉 닫히고 눈도 어두워지고 귀도 어두워지는 것입니다. 그런가하면 사람이란 의심하게되면 지식이 굴절작용을 일으킵니다. 의심하게되면 오해가 생깁니다. 의심이 이미 마음에 있기 때문에 무슨 말을 해도 오해합니다. 이래도 오해하고 저래도 오해합니다. 문제는 바로 이것입니다. 감성이 깨끗해야, 마음이 깨끗해야 모든것을 알 수 있고 하나님도 알 수가 있는 것입니다.

또하나는 체험적 지식입니다. 몸으로 경험하면서 얻는 지식인데 소중한 것입니다만 경험 자체만으로는 지식이 이루어지지 않습니다. 그 속에 이미 있는 지식이 그 경험 속에 작용해서 이미 있는 지식의 방향에서 이해하고 그 분량 만큼 이해하는 것입니다. 내가 아무리 무엇을 보았다하더라도 그것에 대한 지식이 없으면 내가 무엇을 보았는지 알 수가 없습니다. 그런데 이 경험이라는 것은 이상하게도 사람을 스스로 위험에 빠뜨립니다. 그래서 고집이 생기고 자기우상화에 빠지는 것입니다. 심리학자인 빅터 프랭클은 그의 저서 「Psychotherapy and Existentialism」에서 '현대인의 고장난 징후'에 대하여 인간심리를 이렇게 말하고 있습니다. 첫째는, 삶에 대한 하루살이적 태도라는 것입니다. 하루살이처럼 하루만 생각합니다. 순간만 생각합니다. 그것이 미래를 향한다는 것을 생각하지 않습니다. 죽든살든 생각하지 않습니다. 그 한 순간만 생각하고 마는 것이 얼마나 무섭습니까. 마치 마약환자가 한 번 주사맞기를 바라는 심리와도 같습니다. 이 주사 맞고 죽어도 좋다는 마음입니다. 그뿐, 아무것도 생각하지 않습니다. 그 다음에 어떻게 되는지 생각하지 않습니다. 그와 같이 한순간만 생각하는 현대인의 모습이 병든 상태라고 말합니다. 또하나는 운명적 태도입니다. 일단 운명에 맡겨버립니다. '에라 모르겠다. 될대로 되라.' 긍정적인 것같으나 이것은 생명력이 없습니다. 또하나는 자신의 자유와 책임에서 도피하려 하는 것입니다. 기피적입니다. 기회주의적입니다. 집단주의로 향합니다. 그래서 집단적 역사에 편승해보려고 합니다. 자기능력으로 사는 것이 아니라 남의 덕에 삽니다. 남에게 책임을 돌리며 살아가는 의식입니다. 또하나는 자신을 우상화하는 것입니다. 아주 무서운 것입니다. 자기 자신을 우상화할 때 광신주의에 빠집니다. 여러분, 내 마음속의 우상은 무엇입니까? 근자에 보니 자존심이라고 하는 것, 그것 고칠 수 없는 병이더군요. 자존심 하나 때문에 오늘과 내일을 다 망치는 그런 것을 볼 때 자기우상화는 참으로 무서운 병입니다.

    지식이라 하면 또한 감각적 지식이라는 것이 있습니다. 운동선수들을 봅시다. 운동장에서 뛸 때, 가령 볼을 찰 때, 저기서 오는 볼을 보고 '가만있자, 이렇게 차면 어떻게 될까? 아니, 저렇게 차면 어떻게 될까?' 이렇게 생각하고 차는 것입니까? 그것이 아닙니다. 벌써 많은 시간 훈련이 되어서 볼을 보자마자 벌써 발을 갖다대는 것이 아닙니까. 감각적입니다. 아주 자동적입니다. 여기에 무슨 판단이고 무엇이고 할 겨를이 없습니다. 아주 몸에 익은 것입니다. 완전히 익숙해진 감각적 지식, 그것은 참으로 소중한 것입니다. 다시말하면 감각화한 지식입니다.

    오늘 예수님과 제자들이 나누는 대화를 들어보십시오. 예수님께서 분명히 말씀하십니다. "나를 본 자는 아버지를 보았거늘…" 무슨 말씀입니까. 벌써 보았다 하십니다. '너희는 나와 함께하지 않았느냐?' 이 말씀이 무엇을 의미합니까. 예수님과 함께하면서 하나님을 보았어야 하는 것입니다. 예수님과 함께하는 생활 속에서 하나님을 느꼈어야 하는 것입니다. 하나님을 체험적으로 벌써 깨달을 수 있어야 했다는 것입니다. 이것은 하나님의 계시입니다. 말씀이 육신이 되어 우리 가운데 거하십니다. 이제 예수님을 보면서 하나님을 만나야 됩니다. 이 인식적인 방법론이 매우 중요한 것입니다. 이게 바로 계시론이라는 것입니다. 여러분, 얼마만큼 하나님을 보고 삽니까? '나를 본 자는 아버지를 보았다.' 제자들에게 말씀하십니다. '나와 같이 다니면서 보지 않았느냐. 네 마음속으로는 나를 보면서 하나님을 벌써 만났어야 되는데 아직도 못만났느냐?' 하는 것입니다. 얼마나 중요한 교훈인지 모릅니다. 경험은 있으나 이해가 부족합니다. '오늘 네가 하나님을 못보았다는 것은 하나님께서 네게 보여주시지 않아서가 아니고, 하나님의 계시가 불충분해서가 아니고 네가 무엇인가 잘못 생각하고 있기 때문이다. 네 마음속에 오해가 있고 의심이 있고 정욕이 있고 욕심이 있고 무엇인가 가득찬, 잘못된 것이 있어서 아직도 하나님을 못보았구나' 하는 말씀입니다. 또 '내게 듣는 자는 아버지의 말씀을 들었느니라'—여러분, 성경을 읽으면서 내게 주시는 말씀을 들어야 합니다. 그리스도인은 설교를 들으면서 영으로 내게만 주시는 하나님의 말씀을 들어야 합니다. 그리할 때 모든 사건을 통하여 우리는 주의 음성을 듣고 주의 역사를 눈으로 보게 됩니다. 모름지기 그리스도인은 역사의 음성을 듣고 양심의 음성을 듣고 하나님의 음성을 들어야 합니다, 순간순간. 영이 깨끗한 자는 계속 들려지고 계속 보여지는 것입니다. 하나님의 역사가 보여집니다. 충분하게 보여집니다. 이것을 잊지 말아야 합니다.

　돌아오는 탕자를 생각해보십시오. 탕자가 집을 나갔다가 돌아옵니다. 그가 그만큼이라도 돌아올 수 있었다는 것이 얼마나 소중한 일인지 모릅니다. 왜요? 자기자신을 생각하면 돌아올 수가 없습니다. 자기체면, 자기자존심 생각해도 못돌아옵니다. 그러나 그는 아버지를 생각했습니다. 기다리고 있는 아버지를 생각했습니다. 나를 기다리고 있는 아버지를 생각할 때 그는 그만큼 소중했던 것입니다. 하나님을 볼 때 나는 소중해집니다. 나를 위하여 수고하신 분을 생각할 때, 나를 위해 희생하신 분을 생각할 때, 십자가를 생각할 때 나는 소중해집니다. 그것을 잊지 말아야 합니다. 사랑은 사람의 가치를 높게, 소중하게 만드는 것입니다. 탕자는 생각합니다. 아버지가 나를 기다리고 있습니다. 아버지가 나를 맞이해주십니다. 아버지가 나를 인하여 기뻐하십니다. 그럴 때 나라고 하는 존재가 이렇게 소중할 수가 없습니다. 자기자신으로 볼 때는 버려진 것입니다. 아무 쓸모가 없습니다만 아버지의 밝은 얼굴을 생각하고 나를 생각하니 내가 너무도 소중하더라는 것입니다. 예수 그리스도께서 십자가에 돌아가십니다. 우리를 위하여 십자가를 지셨습니다. 그 십자가를 쳐다볼 때마다 나라고 하는 존재가 얼마나 소중한지요. 그것이 바로 예수를 믿는다는 뜻입니다. '예수를 믿는다'란 예수 안에 계시는 하나님을 믿는 것이요 '예수믿는다'란 십자가의 사랑 안에서 자기존재를 재발견하는 것입니다. 셰익스피어의 비극작품에 「리어왕」이라고 하는 작품이 있습니다. 그 속에서 리어왕이 이렇게 절규하는 것을 볼 수 있습니다. '젊어서는 육신의 눈은 떴으나 마음의 눈이 멀었고 나이가 드니 마음의 눈은 떴으나 육신의 눈이 멀었도다.' 차라리 육신의 눈이 멀더라도 마음의 눈이 열려야 할 것입니다. 이제쯤은 마음의 눈이 열려야 할 것입니다. 여러분, 요즘에 우리는 월드컵사건 때문에 온국민이 떠들썩합니다. 제가 평양에 있으면서 궁금해서 못 견디겠습디다. 어떻게 알긴 알아야겠는데 이리로는 전화가 안되고… 할수없이 거기에 있는 분들이 중국으로 전화를 걸어서 중국에 있는 분들에게 물었습니다. 이겼다고 합니다. 그래서 우리는 이긴 줄 알고 기뻐했습니다마는 자, 이 사건을 놓고 여러분은 무슨 생각을 하십니까? 뭐 이변이 많다느니 합니다만 간단한 것입니다. "교만한 자를 물리치시고…" 그렇지 않습니까? 누구라고는 말하지 않겠습니다만 인천비행장에 들어오면서부터 얼마나 교만했습니까. 교만했는데, 다 부끄러워 돌아갑니다. 거기도 하나님께서 심판하시더라고요. 그런가하면 재미있는 일이 또 있습니다. 제가 지난 주간에 미국에 다녀오지 않았습니까. 미국에 있는 우리 교포들이 만나는 사람마다 큰 걱정을 하는 것입니다. "미국하고 한국하고 붙는다며? 아이고, 이거 큰일났네요. 미국이 이기면 자존심이 상하고, 한국이 이기면 장사를 못해먹겠고… 어떻게 하면 좋아요? 이거, 이겨야 합니까 져야 합니까? 뭐라고 기도할까요?" 그래서 '내 주여 뜻대로'라고 기도하라 했습니다. 그런데 이것이 또 묘하게도 비겼습니다. 그뿐입니까. 미국이 한국 덕분에 16강에 올라갔습니다. 우리한테 신세졌습니다. 이것은 누구도 쓸 수 없는 '시나리오'입니다. 하나님께서 묘하게 인도하십니다.

　하나님의 사람은 모든것을 통해서 하나님의 역사를 봅니다. 하나님의 음성을 듣습니다. 하나님의 역사를 체험합니다. 하나님께서 그리스도 안에서 나타나시고 하나님께서 그리스도를 통하여 말씀하시고 오늘도 우리와 함께하셔 역사하십니다. "나를 본 자는 아버지를 보았거늘 어찌하여 아버지를 보이라 하느냐?" 이미 보았습니다. 지금도 보고 있습니다. 지금도 듣고 있습니다. 조용히 마음문을 열고 주께서 역사하시는 것을 보아야 할 것입니다. △

영원한 평화의 복음

　말일에 이르러는 여호와의 전의 산이 산들의 꼭대기에 굳게 서며 작은 산들 위에 뛰어나고 민족들이 그리로 몰려갈 것이라 곧 많은 이방이 가며 이르기를 오라 우리가 여호와의 산에 올라가서 야곱의 하나님의 전에 이르자 그가 그 도로 우리에게 가르치실 것이라 우리가 그 길로 행하리라 하리니 이는 율법이 시온에서부터 나올 것이요 여호와의 말씀이 예루살렘에서부터 나올 것임이라 그가 많은 민족 중에 심판하시며 먼 곳 강한 이방을 판결하시리니 무리가 그 칼을 쳐서 보습을 만들고 창을 쳐서 낫을 만들 것이며 이 나라와 저 나라가 다시는 칼을 들고 서로 치지 아니하며 다시는 전쟁을 연습하지 아니하고 각 사람이 자기 포도나무 아래와 자기 무화과나무 아래 앉을 것이라 그들을 두렵게 할 자가 없으리니 이는 만군의 여호와의 입이 이같이 말씀하셨음이니라 만민이 각각 자기의 신의 이름을 빙자하여 행하되 오직 우리는 우리 하나님 여호와의 이름을 빙자하여 영원히 행하리로다

(미가 4 : 1 - 5)

영원한 평화의 복음

　모두가 평화를 원하건만 세계에는 전쟁이 있고, 전쟁이 그칠 날 없고, 계속 전쟁의 위험 속에 살아가고 있습니다. 또 모두의 마음속에는 항상 평안이 있기를 바라면서도 바라는 평안이 아니라 근심, 걱정, 때로는 두려움, 이런 많은 공포 속에 살아가고 있습니다. 이런 문제에 대해서 해답을 주는 아주 우스꽝스러운 이야기 하나가 있습니다. 한번 함께 듣고 생각해보시기 바랍니다. 어느 청명한 날 아침에 닭 한 마리가 어쩌다 실수를 해서 오리발을 밟아버렸습니다. 별로 아프지도 않은데 오리는 발끈 화를 냅니다. "너 내 발을 밟았어? 그럴 수 있느냐!" 못마땅해하면서 "한번 붙어볼래?" 하고 대들어서 오리하고 닭이 싸우기 시작합니다. 푸드득푸드득 싸우다가 오리는 그만 실수를 해서 옆에 있는 거위의 뺨을 때렸습니다. 거위가 또 발끈합니다. "아니, 오리따위가 건방지게 거위를 때려? 너 그럴 수가 있느냐!" 하고 거위도 끼어들어 또 한바탕 소란인데 그러다보니 옆에서 낮잠을 자고 있는 고양이를 건드리고 말았습니다. 고양이가 꽥 소리칩니다. "이 건방진 것들!" 고양이가 벌떡 일어나 다 물어뜯겠다고 날뜁니다. 얼마나 요란스러웠겠습니까. 그러다가 고양이는 옆에 있는 염소를 그만 건드렸습니다. 염소가 또 "이놈의 고양이가 감히 어디라고 염소한테 대들엇?" 호통치고는 고양이를 받아버리겠다고 쫓아다닙니다. 그러다가 그만 말의 옆구리를 차버렸습니다. 말이 노발대발합니다. "이것들이 감히 어디라고 시비야?" 호령하고 껑충 댑니다. 마굿간은 순식간에 아수라장이 되어버렸습니다. 온통 싸움판입니다. 농부가 나와서 이 꼴을 보고 큰 소리로 꾸짖습니다. "그만

두지 못할까!" 비로소 조용해졌습니다. 여러분, 전쟁의 문제가 경제문제같지만 그런 것이 아닙니다. 정치문제같지만 그런 것도 아닙니다. 전쟁의 문제는 심리문제입니다. 기분문제입니다. 자존심문제입니다. 싸우는 사람들 보십시오. 하나같이 기분 때문에 싸웁니다. 자존심 때문에 목숨을 겁니다. 내가 이대로는 참을 수 없다, 그것입니다. 이거 참으로 큰 문제입니다. 욕심과 미움과 자존심, 그리고 교만, 복수심—무서운 것입니다. 가난한 사람일수록 자존심은 더욱 강합니다. 억울함을 당하는 사람, 가만히 순종하는 것같아도 속에서는 끝없는 복수심이 솟구쳐오르고 있는 것입니다. 이것을 어떻게 하면 좋겠습니까? 오늘본문에 보면 하나님께서 판단하신다, 하나님께서 심판하신다, 하였습니다. 정확하게 심판하십니다. 그들의 도덕성을 따라 그들의 심리적 상태를 따라 심판하십니다. 증오와 미움으로 가득찰 때 인격도, 사람도 망하고 가정도 망하고 나라도 망합니다. 그 마음에 평화가 있을 때 서로서로 사랑하고 서로 용서하고 관용합니다. 그러할 때 그 땅이 복을 받고 그 농사도 잘되고 사람도 잘되고 사회도 잘되는 것을 봅니다. 하나님께서는 정확하게 그의 공의를 따라서 심판하십니다. 본문 3절에 '다시는 전쟁을 연습하지 아니하리라' 합니다. 어떻게 하면 되겠습니까? 다시는 전쟁이 없는 평화가 언제 어떤 길로 올 수 있을까요? 저는 몇년 전에 「타임」지에 크게 실렸던 커버 스토리, 그것을 읽으면서 많이 울었습니다. 베트남아가씨가 조그마한 오토바이를 타고 달리면서 활짝 웃는 모습이 커버에 크게 나왔습니다. 내용을 읽어보니 그동안의 어려웠던 베트남사정을 죽 이야기했습니다. 아시는대로 미국사람들이 베트남에 얼마나 심하게 폭격을 했습니까. 그 자연자원이 풍부한 땅을 그대로 폭격하고 고엽

제를 쓰고 얼마나 많은 사람을 죽였습니까. 우리 한국사람들까지도 군인들이 가서 동참, 베트남사람들을 죽였습니다. 그러나 저들은 그때를 딛고 일어서면서 말합니다. '과거를 잊지 말아라. 그러나 과거에 매이지는 말아라.' 그래서 저들은 문을 활짝 열고 미국사람들을 영접합니다. 우리 한국사람들도 영접하고, 한국과도 지금 좋은 관계에 있습니다. 특별히 지금 베트남에서는 한국의 중고차들을 수입하는데 그 중에는 아직도 한글로 이름이 씌어 있는 것도 있습니다, 어느 교회 자동차라고. 그것 그대로 가지고 다니면서 좋아합니다. 그것이, 한국글자가 씌어 있는 차가 순수한 것이라고들 합니다. 그게 좋은 것이라고들 합니다. 이들의 마음을 생각해보십시오. 그 뼈아픈 과거를 잊고, 접어놓고, 미래를 향해서 나아가는 그들의 마음, 참 부럽습니다. 여러분, 왜 부러운지 아십니까? 북한에 가보면 그들은 아직도 6·25전쟁을 잊지 못하고 있습니다. 이유야 어쨌든 많이 폭격했습니다. 많은 사람들이 죽었습니다. 초토화하였습니다. 그때의 아픔을 지금도 잊지 못하고 있습니다. 마음을 불태우고 있습니다. '살값'을 하겠다고 합니다, 살값을. 가만히 있을 수가 없다는 것입니다. 원수를 갚고야 말겠다고 합니다. 아이들로부터 어른까지. 무슨무슨 프로그램이니 음악이니뭐니… 전부가 다 그 이야기뿐입니다. 복수심을 불태우고 있습니다. 어떻게 하면 좋겠습니까? 빅토르 위고의 소설 「레 미제라블」은 너무나 유명해서 다들 아실 것입니다. 이것을 뮤지컬로 만들어 뉴욕 맨해튼에서 공연을 하는데, 참 놀랍습니다. 지금 16년째인데 아직도 하고 있습니다. 바로 며칠전에 제가 갔을 때도 보니 아직도 그 공연을 하고 있습니다. 16년 동안 매일같이입니다. 그래도 객석이 꽉꽉 찹니다. 우스운 이야기이지만 저도 어쩌다가 세 번을 보았습니다. 한 번은「레 미제라블」한다고 해서 갔고, 그 다음은 아무 생각도 없이, 어떤 분이 저를 보고 "좋은 데 갑시다" 하기에 "갑시다" 했더니 거기였습니다. 또 누가 "좋은 데 갑시다" 하기에 따라갔더니 또 거기였습니다. 이렇게 세 번입니다. 안본 척하고 보았습니다. 고맙다 하고 보고 나왔습니다. 볼 때마다 큰 감격이 있었습니다. 여러분이 잘 아시는 이야기 아닙니까. 혹「레 미제라블」은 모른다해도 '장발장'은 아실 것입니다. 배고파서, 오로지 배고파서 빵 하나 훔쳤는데 이 죄 때문에 그는 19년 동안 감옥생활을 합니다. 19년 동안. 그동안 인간의 복수본능이 그를 사로잡습니다. 차츰 사나운 사람이 돼갑니다. 주먹이 얼마나 사나운지 그를 이길 사람이 아무도 없습니다. 이렇게 복수심을 불태우며 19년을 지내고 감옥에서 나옵니다. 자기를 감옥에 처넣은 그 형사, 그는 꼭 죽이고야 말겠다고 별렀습니다. 그런데 갈 곳이 없습니다. 하룻밤 쉴 곳도 없습니다. 어느 신부가 그를 영접해주었는데, 그곳 방에서 자다가 은잔이 있는 것을 보고 그것을 훔쳐서 뛰쳐나옵니다. 그것을 생활밑천 삼으려고. 그러다가 바로 들켜 경찰에 체포되어서 신부 앞에 나타났을 때 신부는 따뜻이 웃으며 말합니다. 경찰 보고 "내가 준 선물입니다. 저 사람 도둑질한 것이 아닙니다"하고 장발장 보고 "아니, 이 은촛대도 주었는데 왜 이것은 안가지고 갔습니까? 이 은촛대도 가져갈 것이지…" 이렇게 말합니다. "그것은 팔면 은이라서 아마 200프랑은 족히 받을 것입니다. 그럴 건데 왜 안가지고 갔습니까?" 이 무조건적인 뜨거운 사랑이 장발장의 마음을 감동시킵니다. 사람을 변화시킵니다. 이 용서와 자비가 이 극악한 사람의 마음을 뒤집어놓았습니다. '한평생 어려운 사람을 위해서 살 것이다.' 맹세하고 열심히 돈을 벌고 열심히 선하게 살려고 하는데 그게 어려웠던 것은 예전에 자기를 체포했던 형사가 끈질기게 따라다니기 때문이었습니다. 어두운 과거가 계속 자신을 괴롭히는데, 그럼에도 불구하고 그것을 피해 가면서 착하게 선하게 살려고 몸부림치는 모습을 볼 수 있습니다. 레 미제라블… 여러분, 참으로 사람을 바꿔놓을 수 있는 길이 어디에 있습니까?

 독일의 히틀러가 많은 유대사람을 죽이고 전쟁을 일으키고 온세상에 큰 문제가 되어 있을 때 유명한 신학자 칼 바르트에게 누가 물었습니다. "당신이 아돌프 히틀러에게 해주고 싶은 말은 무엇입니까?" 그는 이렇게 대답합니다. "예수 그리스도께서 당신의 죄를 위하여 죽으셨습니다." 이 말 외에는 할말이 없다고 했습니다. '히틀러, 당신도 잊지 마시오. 당신을 위하여 예수께서 십자가에 죽으셨습니다.' 이것이 저 유명한 신학자의 말입니다. 전쟁 직후에 나환자들이 많을 때, 그들을 돌보는 일들이 교회의 큰 사업이었습니다. 한 방문객이 선교사로 파송되어서 그 나환자들의 비참한 모습과 그 상처를 싸매고 있는 간호원의 사진을 찍었습니다. 그 선한 일 하는 모습을 사진으로 찍다가 너무나도 비참한 모습을 보면서 이렇게 중얼거렸답니다. "나는 백만 불 준다해도 저런 일은 할 수가 없어!" 간호원이 그 말을 들었습니다. 듣고 빙그레 웃으면서 말합니다. "나도 못합니다. 당신만 그런 것이 아닙니다. 나도 이 일을 못합니다, 백만 불을 준다 해도. 그러나 그리스도의 사랑이 나를 강권하시기에 나는 기쁨으로 자랑스럽게 이 일을 하고 있습니다." 유명한 테레사 수녀의 알 것같으면서 알기 어려운 말이 하나 있습니다. "내가 도울 수 있는 불쌍한 사람들은 바로 하나님께서 내게 주신 선물입니다. 불쌍한 사람들이 있기에 도울 수 있고 내가 사랑할 사람이 있기에 사랑할 수 있고 내가 봉사할 수 있는 사람이 있기에 내가 봉사하지 않습니까." 하나님께서 내게 주신 선물이라고, 이 기회가 그렇고 이 시간이 그렇고 이 관계가 그렇고, 가장 불쌍한 사람, 내가 도와야 할 사람은 하나님께서 내게 주신 선물이라고요. 이해가 갑니까?

여러분, 평화가 어디에 있습니까? 오늘본문에 아주 귀한 해답이 있습니다. 끝날에 있을 일입니다. '오라 우리가 여호와의 산에 올라가자.' 여호와의 산 — 성전입니다. 성전중심의 신앙입니다. '여호와의 산에 올라가자.' 제가 개인적으로 사랑하는 요절이 있습니다. "하나님의 성소에 들어갈 때에야 저희 결국을 내가 깨달았나이다." 시편 73편 17절입니다. 이 세상에는 모순이 많습니다. 불의한 자도 많습니다. 있을 수 없는 사건들이 있습니다. 도대체 어찌 이런 일이 있는가? 선한 자는 안되고 악한 자는 잘되고 모순이고 부조리하고 고민이 많습니다. 그러나 '성소에 들어갈 때에야 그 결국을 알았나이다.' 여러분, 번민이 있습니까? 교회에 찾아나아와 기도하십시오. 어느 시간이냐고 묻지 마십시오. 사람의 문제로 사람과 변론을 벌이지 마십시오. 하나님 앞에 나아와 조용히 무릎을 꿇어보십시오. 이것이 무엇을 말하는 것인지, 그리고 내가 오늘 무엇을 해야 할 것인지 잘 알게 될 것입니다. 하나님의 성전 중심으로 우리의 생을 살아갈 때 참평화가 깃듭니다.

또한 "그 도로 우리에게 가르치실 것이라" 합니다. 하나님의 말씀밖에 없습니다. 말씀만이 사람을 변화시킬 수 있는 능력입니다. 말씀만이 구원의 능력이요 창조의 능력입니다. 말씀만이 사람을 변화시킵니다. 세상을 바꿉니다. 전쟁을 쉬게 합니다. 말씀이 충만한 곳에 하나님의 축복이 있고 말씀이 고갈될 때 어느 순간에 사람이 삐걱거립니다. 실의에 빠집니다. 절망합니다. 낙심합니다. 하나님의 말씀으로, 십자가의 말씀으로, 십자가의 도로 충만하게 될 때 거기 구원의 역사가 있는 것입니다.

또한 말씀하기를 "우리가 그 길로 행하리라"합니다. 믿고 순종할 것입니다. 믿고 순종하는 거기에 놀라운 역사가 이루어집니다. 다시는 전쟁이 없을 것입니다. 칼을 쳐서 보습을 만들고 창을 쳐서 낫을 만들게 되고 다시는 전쟁이 없을 것이다, 두려워할 자가 없다 —얼마나 귀한 말씀입니까. 칼 메닝거(Menninger, Karl Augustus)라고 하는 유명한 심리학자는 이러한 결론을 내렸습니다. 현대인의 모든 정신적 질병의 근본적 치유책은 오직 사랑밖에 없다고. 여러분, 이것을 인정하여야 됩니다. 이 외에 다른 길이 없습니다. 사람을 변화시키는 길은, 그 무거운 마음, 그 증오의 마음, 그 질투하는 마음, 이 악한 마음을 바꾸어놓을 수 있는 길은 사랑밖에 없습니다. C. S. 루이스의 유명한 말을 다시한번 생각합시다. '우리는 에로스에서 태어나고 스톨게에서 성장하고 필로스에서 성숙하고 아가페에서 완성된다.' 왜 우리의 마음이 문제가 됩니까. 그것은 사랑이 아니기 때문입니다. 에로스요 유치한 사랑이기 때문입니다. 아가페의 사랑으로 돌아갈 때, 십자가의 사랑으로 돌아갈 때 나도 살고 저도 삽니다. 전쟁의 이유는 나 자신에게 있는 것입니다. 가끔 저는 이런 질문을 받습니다. 제가 북한에 자주 출입한다고해서 자연히 제게 물어볼 때가 많습니다. 어떤 강연을 하고 나오는데 나이많은 장로님 한 분이 저를 만나서 정면으로 여러 사람 앞에서 질문을 했습니다. "목사님, 다른 것은 다 좋은데 공산당은 안됩니다. 사랑할 수 없습니다." 그래서 제가 "장로님께서 그러셔서야 되겠습니까?"했더니 "목사님은 젊어서 몰라요"합니다. 제 나이를 모르시는가봐요. "젊어서 모르죠. 그런게 아닙니다"하기에 "그래요? 제가 이야기할까요. 저는 제 앞에서 아버님이 총살을 당했습니다. 그것을 제가 지켜보았습니다. 나 자신도 광산에 끌려가서 무진 고생을 했습니다. 그리고 나는 북한을 사랑하는 것입니다." 그랬더니 이 분이 딱 서서 움직이지를 못합니다. 그리고 눈물을 주르륵 흘리면서 "목사님, 그래도 사랑하는 것입니까?" 합니다. "그럼요. 이것만이 제가 사는 길이니까요. 그리고 저를 살리는 길입니다." 가끔 이런 질문을 받습니다. "언제 통일이 되나요?" 저는 대답합니다. "그것은 우리 할 탓입니다. 우리 마음속에 통일이 없는데 어떻게 통일을 주시겠습니까?" 우리가 저들을 사랑하고 저들이 우리를 사랑하게 될 때, 사랑으로 하나가 될 때 비로소 통일이 있는 것이지 왔다갔다 한다고 통일이 되나요. 회담 백날 해도 안됩니다. 그것은 성경적 진리가 아닙니다. 마음에서부터 사랑이 이루어집니다. 작년에 있었던 소위 9·11 사건. 뉴욕 한가운데 있는 쌍둥이빌딩이 터져나갔습니다. 바로 며칠 전에 제가 바로 그 자리를 지나갔었습니다. 두 번 지나가면서 보았습니다. 참 기가 막히더라고요. 다 치웠어요, 지금은. 그 넓은 땅. 그들의 마음의 상처가 거기에 있습니다. 이것은 무엇을 말하는 것입니까. '평화는 힘으로는 안돼! 폭격으로는 안돼! 무기로써는 절대로 평화를 얻을 수가 없어.' 그것을 말해주고 있습니다. 그것을 웅변적으로 말해주고 있습니다. 아무리 때려부숴도 안됩니다. 다 죽여도 안됩니다. 항복하지 않습니다. 왜냐고요? 미움은 미움을 낳기 때문입니다. 평화는 오직 사랑으로만 이루어집니다. 사랑만이 이것을 가능케 합니다. 십자가의 사랑만이 사람을 변화시키고 나 자신의 평화를 이루게 만듭니다. 강퍅한 마음을 녹입니다. 전쟁을 쉬게 합니다. 아가페의 사랑, 엄청난 사랑만이 전쟁을 쉬게 합니다. 통일을 이루게 합니다. 너희가 서로 사랑하면 내 제자가 될 것이다―주님께서 말씀하십니다. △

은혜를 헛되이 받지 말라

우리가 하나님과 함께 일하는 자로서 너희를 권하노니 하나님의 은혜를 헛되이 받지 말라 가라사대 내가 은혜 베풀 때에 너를 듣고 구원의 날에 너를 도왔다 하셨으니 보라 지금은 은혜 받을만한 때요 보라 지금은 구원의 날이로다
(고린도후서 6 : 1 - 2)

은혜를 헛되이 받지 말라

아서 배리(Arthur Barry)는 명문가에 태어나 유족하게 자라난 남 부러울 것 없는 행복한 사람이었습니다. 또 남다른 천부적 재능을 두루 갖추어 뭇사람이 부러워하는 남자였습니다. 지능지수도 탁월하고 학벌도 특출했습니다. 용모도 빼어나고 키도 훤칠하게 크고 늠름한 청년이었습니다. 운동신경도 좋아서 못하는 운동이 없고, 음악적으로도 재질이 있어서 피아노독주회를 할 만큼 피아노도 천재적으로 잘치는 재능을 가진 유능한 사람이었습니다. 춤은 또 얼마나 잘추는지 많은 사람이 부러워할 만큼 춤을 즐기는 사람이었습니다. 말주변도 특별히 좋아서 사교계에서도 기린아였습니다. 뭇여인이 그를 선망하여 그를 한번 만나는 것을 큰 영광으로 알았습니다. 이렇듯 남 부러울 것 없이 모든 여건을 두루 갖춘 이 사람—여러분, 무엇에 전념했을 것같습니까? 그리고 그가 무엇을 위해서 살았을 것같습니까? 그 운명이 어떻게 되었을 거라고 생각해보십니까? 어이없게도 이 사람은 보석도둑이었습니다. 아무도 눈치채지 못했습니다. 명성높은 이 유명인사가 뒤에서 그런 일을 하리라고는 어느 누구도 상상하지 못했습니다. 오랫동안 그는 보석도둑질을 하면서 유족하게 사교계를 누벼왔습니다. 꼬리가 길어 마침내 그는 잡혔습니다. 너무나도 지능적이었기 때문에 큰 벌이 내렸습니다. 20년징역이었습니다. 그가 징역살이 마치고 출옥할 때 토로한 유명한 말이 있습니다. "나는 보석을 훔친 것이 아니라 나 자신을 훔치고 산 죄인이었습니다."

아일랜드출신의 영국작가 오스카 와일드가 쓴 우화적 단편소설 한 편이 있습니다. 특별한 소재에 착안한 소설입니다. 예수님께서 은혜베푸신 사람이 많고 예수님께로부터 은혜받은 사람이 많지 않습니까. 많은 문둥병자들을 고치셨습니다. 고침받은 사람들, 얼마나 큰 은혜를 받은 것입니까. 심지어 죽은 사람을 살리셨습니다. 죽었다 살아난 것, 얼마나 감사할 일입니까. 장례 중에 살아난 청년도 있고… 그 많은, 은혜받은 사람들, 성경에는 그 사람들이 뒷날 어떻게 살았다,하는 이야기가 전혀 없습니다. 그것이 특징입니다. 은혜받고는 그 다음에 어떻게 됐다는 말씀이 없습니다. 오스카 와일드는 그것을 나름대로 추리하고 있습니다. 생각해보았습니다. 예수님께서 과거에 은혜를 베푼 그 사람들이 어떻게 살고 있는지—예수님께서 그들을 만나보신다는 이야기입니다. 어떤 곳에서 예수님은 알콜중독자를 만나십니다. 보니 어디서 많이 보신 것같았습니다. "내가 당신을 어디선가 본 일이 없습니까?" 그 사람은 대답합니다. "아, 있었지요. 나는 본래 절름발이였는데 예수님께서 고쳐주셔가지고 이렇듯 걷게 되었습니다. 그런데 말입니다. 절름발이였을 때는 이렇게저렇게 얻어먹고는 살았는데 건강해지고보니 할일이 없어요. 나를 반기는 사람도 없고… 그래 이럭저럭 타락하고 타락해서 이렇게 술 없이는 못살게 되었습니다." 또 한 사람을 만나시는데 이 사람은 창녀였습니다. "아니, 네가 창녀였을 때 내가 너를 용서하고 구원했거늘 어이 아직도 창녀질인가?"하고 꾸중하듯이 물으시는데 이 창녀 대답하는 말이 이렇습니다. "물론이지요. 제가 예수님께로서 구원받고 새사람이 됐습죠. 하나님의 딸이 되고 감사해서 창녀생활을 청산했었지요. 그런데, 아무도 거들떠보는 사람이 없고 갈 데도 없고 할일도 없고, 그리고 무엇보다 외로워서 살 수가 없었습니다. 그래서 힘들지만 다시 옛날직업으로 돌아와서 삽니다." 또하나 예수님께서 만나신 사람은 싸움질을 하고 있는, 혈기와 주먹이 몹시도 사납고 드센 깡패였습니다. 가만히 보시자니 그도 낯이 익은지라 사연을 물어 보십니다. "자네는 어쩌다 폭력배가 되었나?" 깡패는 대답합니다. "저는 원래 봉사였는데 예수님께서 제 눈을 열어주셨습니다. 그래서 감격하고 감사했습니다마는 눈감았을 때는 몰랐는데 눈뜨고 보니까 아니꼬운 사람들이 많았습니다. 더럽고 치사하고 모순되고 부조리하고… 부정부패, 사치와 타락, 여기에 울화가 치밀어서 주먹을 쓰다 보니 이렇게 되었습니다." 말되는 이야기지요? 정말입니다. 예수님께로서 은혜를 받았다, 예수님께로서 구원받았다 하는 사실까지는 좋은데, 그 다음에 그가 어떻게 살았을까, 은혜를 지켜가며 은혜 안에 살았나, 그것이 문제입니다. 철학자 파스칼은 말합니다. '이 세상에는 많은 사람이 사는 것같으나 알고보면 두 가지 종류의 사람밖에 없다. 왜? 다 죄인이니까. 위에서부터 아래까지 죄인 아닌 사람은 없다. 그러나 두 가지 죄인이 있다. 나는 죄인이다,하고 죄인됨을 알고 사는 죄인이 그 하나이고 또하나는 죄인이면서도 나는 죄인이 아니다,하고 또 내 잘못까지도 남에게 떠넘기고 내가 왜 죄인이냐,하고 고집부리면서 사는 교만한 죄인이다.' 글쎄입니다. 저는 이 시간 이렇게 말하고 싶습니다. 이 세상에는 두 가지의 사람밖에 없습니다. 하나님의 은혜를 안입은 사람은 없습니다. 은혜 속에 태어나서 은혜 속에 삽니다. 모두가 은혜 속에서 사나 은혜를 아는 사람이 있고 은혜를 모르는 사람이 있습니다. 은혜에 감사하고 사는 사람이 있고 은혜를 배반하고 사는 사람이 있습니다. 세상에는 이 두 종류의 사람밖에 없다—그렇게 생각해봅니다. 여러분, 은혜로 은혜되게 하는 길이 어디에 있습니까?

은혜가 은혜되려면 먼저 깨달음이 있어야 합니다. 깨달음이 참 중요합니다. 우리는 종종 인식론에 있어서 감정을 앞세웁니다. 그래서 생각 이전에 감정이 있다고들 합니다. 그러나 한 가지, 잊지 마십시오. 생각이 없는 감정은 감정이 아닙니다. 심지어는 잠재의식에까지도 지식이 있어서 감정이 더 많은 것입니다. 생각해보십시오. 내가 뱀을 만져도 뱀인 줄 모르면 무서운 것이 없습니다. 내가 사자를 만나도, 사자라는 것을 모르는 동안은 내가 두려워할 것 없습니다. 그런가하면, 보십시오. 어쩌다가 남편이 결혼 10년만에 큰맘먹고 장미꽃 한 송이를 사들고 들어왔다 합시다. 그 의미를 아는 아내이면 감격을 합니다. 그러나 의미를 모르고보면 그까짓 장미꽃 한 송이가 무슨 소용 있습니까. 뭐 그리 감격스럽겠습니까. 아무것도 아니지요. 결국은 내가 과거에 얼마나 은혜 가운데 있었는지, 내가 은혜를 얼마나 헤아릴 수 있는지, 은혜를 은혜로 아는 지식이 있어야 비로소 감격이 따라오는 것입니다. 이것을 모르기 때문에 은혜 가운데 살면서도 은혜를 모릅니다. 그런데 이상한 것이 은혜에 대한 감각지능은 역경 속에 있다는 것입니다. 결코 유족한 가운데 있지 않습니다. 그래서 유명한 말이 있습니다. '배고픈 사람의 코가 예민하다.' 배부른 사람의 코는 둔합니다. 그러나 정말로 배고프고보면 몇백 미터 앞에서 나오는 불고기냄새도 코를 찌릅니다. 은혜에 대해서도 그렇습니다. 은혜에 대한 고마운 마음도 알고보면 유족한 사람은 그 감각이 둔합니다. 그 감각지수가 낮습니다. 그까짓것, 그까짓것, 합니다. 그러나 역경 중에 있는 가난하고 어려운 사람은 민감합니다. 감사합니다. 전에 어떤 분이 제게 전화를 걸어 "지금 수술을 받습니다. 목사님, 기도해주세요" 합디다. 지난번 미국에 갔을 때도 그런 전화가 와서 전화로 기도했습니다. 찾아보지는 못해도 전화로 잠깐 기도를 하는데도 얼마나 울면서 감사하고 은혜를 받는지. 그런데 건강한 사람들은 하루종일 같이 있어도 고마운 줄 모르더라고요. 어렵고 어려울 때 정말 전화 한 통으로 기도를 받으면서도 이렇게 감사를 하는구나 —그런 생각을 합니다. '하나님 내가 무엇입니까? 이 기도가 그에게 꼭 응답되도록 해주십시오'하고 한참동안을 계속해서 기도할 마음이 있습니다. 여러분, 무엇보다도 자기자신을 알아야 합니다.

    R. A. 토레이 목사님에게 어느날 어떤 여인이 찾아와서 안타까운 상담을 합니다. "목사님, 저는 예수님을 좀 화끈하게 믿고 싶습니다. 좀더 뜨겁게 믿고 싶고 충만한 가운데 살고 싶은데 이것이 잘되지 않습니다. 부흥회에도 참석해봅니다. 목사님께서 인도하시는 부흥회도 여러번 따라다니면서 은혜를 받아보려고 애를 썼는데 영 은혜가 오지를 않습니다. 이렇게 열심히 교회생활을 해도 은혜가 없으니 어떻게 하면 좋겠습니까?" 여기서 목사님이 참 지혜로운 것을 가르쳐주었습니다. "뭐라고 기도하십니까?" "기도제목이 많지요 뭐. 이런 거 저런 거…" "그러지 말고 늘 기도하는 것 하나님께서 다 들으셨을 테니 미루어놓고 오직 한 가지 제목으로만 기도하십시오." "무엇인데요?" "하나님 아버지, 나 자신을 알게 해주십시오, 하나님 아버지, 나 자신을 알게 해주십시오, 나 자신을 똑바로 알게 해주십시오, 정직하게 알게 해주십시오—이렇게 기도하십시오." 정말 그대로, 착한 그 여인은 순종을 하였습니다. 기도할 때마다 '하나님 나 자신을 알게 해주십시오. 나 자신을 바로 알게 해주십시오. 바로 보게 해주십시오'하고 간절히 기도하기를 며칠, 정말 하나님께서 응답해주시는데, 하나님의 거룩한 영광 속에서 자신의 모습이 나타나는

것입니다. 자신이 얼마나 추하고 더러운지, 머리끝서부터 발끝까지 성한 곳이 없습니다. 시기, 질투, 명예욕, 물욕, 게다가 거짓… 너무나도 더럽고 추해서 고개를 들 수가 없습니다. 그렇고보니 남편도 바로 볼 수 없습니다, 부끄러워서. 아이들도 정면으로 대할 수가 없습니다. 또다시 목사님을 찾아왔습니다. "목사님, 이제는 너무 창피해서 살 수가 없는데요. 어떻게 하면 좋겠습니까?" "그 다음기도를 하십시오. '십자가를 알게 해주십시오. 십자가의 은혜를 알게 해주십시오'라고 기도하십시오. 십자가를 생각하십시오." 여인은 간절히 그렇게 기도했습니다. 하나님께서 십자가를 보여주십니다. 나를 위하여 대신 피를 흘리시는 그 모습을 보여주십니다. 그리고 "내가 너를 사랑하느니라"하십니다. 여인은 너무나도 감격했습니다. 이제 비로소 충만한 은혜의 사람이 된 것입니다. 여러분, 나 자신을 알아야 됩니다. 내가 누구입니까? 나의 나됨을 똑바로 알아야 됩니다. 그러고나면 누구를 원망할 것이 없습니다. 누구를 비방할 자신이 없습니다. 섭섭하고 억울하고 분하고… 그런 것 없습니다. 그런 일이 있을 수 없습니다. 오로지 감사할 뿐입니다. 여러분, 은혜를 입게되면, 은혜를 알 때는 나 자신의 의가 부정됩니다. 그래서 내 공로도 아니고 내 진실도 아니고 내 의도 아니고 내 노력도 아니고 내 지혜도 아니고… 다 없어집니다. 오직 은혜, 그것도 현실적인 은혜. 그 속에서 내가 완전히 사라지고 은혜만 남습니다. 요새 우리는 월드컵행사를 통해서 많은 것을 배웁니다마는 여러분, 월드컵 시작하기 전 몇달 전부터 어떤 분들은 심지어 구체적으로까지 기도했습니다. 우리의 소원이 16강이었습니다. '꿈에도 소원'은 16강이었습니다. 오로지 16강이었습니다. 그런데 어느날 8강으로 바뀌었습니다. 아, 그 다음에 4강으로 바뀌고⋯ 아, 그 다음에 요코하마 결승전 간다나? 사람이 이렇게 둔갑을 잘합니다. 어제저녁 준결승 축구 보자니 그거 참 어이없게 두 골 먹읍디다. 그래서 분해가지고 잠을 못잔다는 사람도 있습디다. 16강 어디에 갔습니까? 여러분, 제정신 차립시다. 모든것은 은혜입니다. 그 은혜의 현장을 잊어버리지 말 것입니다. 분명하게 생각을 하여야 합니다. 또한 그 은혜 속에 깊은 뜻이 있습니다. 그 속에 말씀이 있습니다. 그 은혜 속에 목적성이 있습니다. 은혜를 헛되이 받지 마십시오. 은혜를 쏟아버리지 마십시오. 기적입니다. 다 기적입니다. 그리고 은혜로 부르신 이의 깊은 뜻을 헤아려야 됩니다.

　또한 여러분, 이제 감격하여야 됩니다. 은혜에 대한 보답은 기쁨입니다. 은혜로 주셨으니 감사해야지요. 용서받았으니 감격해야지요. 만족함이 중요합니다. 만족함. 그리할 때 그 만족과 충만함이 사람을 내적으로 변화시킵니다. 성품이 변하고 가치관이 변하고 세계관이 달라지는 것입니다. 얼굴도 변할 것입니다. 어떤 여집사님이 교회생활을 매우 열심히 합니다. 찬송도 열심히 부르고 기도도 뜨겁게 하고⋯ 그런데 남편은 교회가자고 자꾸 조르면 한 달에 한 번 따라나섭니다. 따라가서는 그냥 졸다가 옵니다. 아내를 사랑하니까 아내가 가자 하면 그저 '죽은 사람의 소원도 들어주는데⋯'하고 모양새만 따라올 뿐 은혜를 못받습니다. 이게 마음이 아픈 것입니다. 어떻게 남편이 좀 은혜를 받아야겠는데—이래가지고 애를 쓰던 중 유명한 목사님이 부흥회를 한다고 하기에 잘 달래어가지고 남편을 모시고 가서 뒷전에 앉았습니다. 여집사님은 은혜를 받고 기뻐하는데 남편은 여기서 졸기만 합니다. 이게 속상해서 다음날 또 데리고 갔습니다. "여보, 오늘은 뒷전에 앉지 말고 앞에 앉읍시다. 아랫목 뜨끈뜨끈한 데서 은혜받읍시다." 앞자리가 아랫목이지요. 앞자리에 가야 은혜가 크지. 그래서 같이 제일 앞자리에 가서 은혜를 받으려고 했지만 역시 집사님은 은혜가 충만한데 남편은 여전히 졸고 있습니다. 이게 속이 상해서 부흥회 끝나고 나올 때 남편 보고 "당신 어떻게 그럴 수 있어요?" 하고 원망을 했습니다. 왜 은혜를 받지 못하느냐ㅡ그랬더니 남편이 빙그레 웃고 묻습니다. "은혜받으면 어떻게 되는데?" 이제 여집사님이 할말이 없습니다. "은혜받았다는 당신, 그것이 은혜요? 나 그런 은혜 별로 탐탁치 않아." 뭔고하니 그 부인의 마음속에 감격이 있고 생활에 변화가 왔어야 되는데 그것 없이 그저 잔소리꾼이었습니다. 은혜가 입에만 있고 성품에 없었습니다. 그래 이 남편이 그런 은혜라면 나 받고 싶지 않다, 한 것입니다. 여러분, 이것을 알고 있어야 합니다. 참은혜는 삶의 의미를 변화시키고 새사람되게 합니다. 얼굴도 달라지고 마음도 달라지고 하는 말이 달라집니다. 오로지 덕스러운 말만, 은혜로운 말만 해서 사람을 감동시킵니다.

또한 여러분, 이것을 잊지 맙시다. 은혜를 지켜가려면 겸손하여야 됩니다. 저는 결론적으로 말합니다. 은혜의 극치는 겸손입니다. 이것을 알아야 합니다. 여러분은 얼마나 겸손합니까? 그만큼 은혜에 살 것입니다. 교만한 사람은 은혜를 모릅니다. 은혜받았다가도 쏟아버립니다. 스스로 얼마만큼, 얼마만큼 겸손하다고 생각하십니까? 겸손은 은혜의 극치입니다. 클라이맥스입니다. 은혜는 받으면 받을수록 점점 더 겸손해집니다. 점점 더 자신은 낮아집니다. 모든 사람이 나보다 훌륭합니다. 모든 사람이 다 나보다 의롭습니다. 그러므로 겸손해질 때 아무도 원망할 마음이 없고 주어진 현실 그대로 감사하고 감지덕지할밖에 없습니다. 겸손입니다. 그러므로 사도 바울은 말씀합니다. 겸손하게 하는 은혜, 하나님께서 나에게 은혜를 주실 뿐 아니라 겸손하게 하는 은혜를 주셔서 나로하여금 은혜를 지속하도록, 보존하도록 하셨다, 라고 고린도후서 12장에서 고백하고 있습니다. 모처럼 은혜받았다가 교만해지면 은혜 다 쏟아버립니다. 더구나 영적으로, 신앙적으로 교만한 것처럼 구제 불능한 일은 없습니다. 신앙적으로 교만해진 순간 벌써 마귀의 종이 되었다는 것을 잊지 말아야 합니다. 그러면 은혜의 사람이 아닙니다. 은혜의 사람은 아주 겸손해집니다. 어쩌면 점점 더 겸손해집니다. 그것이 은혜의 극치입니다. 나아가 사도 바울의 '육체의 가시'와 같은 사단의 사자를 주셔서 꼼짝못하게 만드십니다. 교만하려고 해도 교만할 것이 없습니다. 교만할 거리가 없습니다. 싹 제해버리십니다. 그래서 바울은 겸손했습니다. 은혜에서 은혜로 계속 겸손하게 살아갈 수 있었습니다. 그래서 그는 고백합니다. '나의 나됨은 오직 은혜요 내게 주신 은혜가 헛되지 아니하여 오늘 내가 있다.' 그뿐입니까. 바울에게 주신 하나님의 은혜는 이렇습니다. "My grace is sufficient for you." 저는 이 요절을 사랑합니다. 신조같이 여깁니다. 내 은혜가 네게 족하다, **sufficient**, 만족은 아닙니다. '충분'입니다. 여러분은 여러분에게 주어져 있는 현실 속의 은혜를 충분하다고 여깁니까? 더 바랄 것이 없어야 합니다. 더 다른 것을 원치 않아야 합니다. 이대로 만족해야 합니다. "My grace is sufficient for you(내 은혜가 네게 족하도다-고후 12:9)." 그것을 받아들이는 거기에 은혜의 지속성이 있습니다. 그래서 사도 바울은 저렇게 말씀합니다. 자기자신의 자유를 반납해버립니다. 은혜의 말씀께 부탁해버립니다. 은혜에게 자신의 생명을 위탁해버리고 그대로 감사하며 삽니다. 살아도 죽어도, 잘되어도 못되어도 범사에 그를 높이고 감사하며 은혜의 종이 되어서 살아갑니다. 은혜를 헛되이 받지 말라—일시적인 것이 아닙니다. 이것은 말로만이 아닙니다. 이것은 지속적이어야 합니다.

그리고 2절에서 이제 "지금은 은혜받을만한 때요"라고 말씀합니다. 지금은—현실을 은혜로, 은혜의 극치로 수용하는 그것이 진정한 은혜입니다. 은혜는 간증을 하면 커집니다. 은혜를 기뻐하면 은혜가 증폭됩니다. 은혜를 함께 나누면 은혜가 극대화합니다. 여러분, 은혜를 감추지 말고 은혜를 나눕시다. 함께 나눕시다. 내가 결혼 주례를 하고나면 신랑 신부가 와서 "신혼여행 갑니다"하고 인사할 때가 있습니다. 그러면 제가 꼭 말합니다. "며칠 다녀올 건가?" "사흘입니다." "그러면 앞으로도 싸울 일이 많을 테니 그 사흘 동안은 싸우지 말게. 제발 싸우지 말게. 그저 좋게, 축제로 지내주게. 그러기 위해서는 좀 낭비성이 있어야 되네. 택시를 타서 요금이 만 원 나왔으면 그까짓거 이만 원 줘. 운전기사가 '왜 이만 원 줍니까?'하거든 '신혼입니다'라고 해. 그러면 '허허, 축하합니다. 행복하게 사세요'라고 인사할 게야. 그렇게 복을 빌어줄 것이니 적어도 그 사흘만은 되도록 베풀며 살아주게나. 은혜를 나누세. 나 좋으면 저도 좋아야지." 그것이 은혜입니다. 은혜를 헛되이 받지 말라, 하였습니다. 은혜를 저버리는 자가 되지 맙시다. 모처럼 받은 은혜를 쏟아버리는 자가 되지 맙시다. 나의 나됨의 은혜가 점점 더 깊어지고 점점 더 높아지고 더 많은 열매를 맺으며 충만한 은혜 가운데 사는 그런 귀한 생이 되기를 바랍니다. △

아버지의 뜻대로 한 사람

그러나 너희 생각에는 어떠하뇨 한 사람이 두 아들이 있는데 맏아들에게 가서 이르되 얘 오늘 포도원에 가서 일하라 하니 대답하여 가로되 아버지여 가겠소이다 하더니 가지 아니하고 둘째 아들에게 가서 또 이같이 말하니 대답하여 가로되 싫소이다 하더니 그 후에 뉘우치고 갔으니 그 둘 중에 누가 아비의 뜻대로 하였느뇨 가로되 둘째 아들이니이다 예수께서 저희에게 이르시되 내가 진실로 너희에게 이르노니 세리들과 창기들이 너희보다 먼저 하나님의 나라에 들어가리라 요한이 의의 도로 너희에게 왔거늘 너희는 저를 믿지 아니하였으되 세리와 창기는 믿었으며 너희는 이것을 보고도 종시 뉘우쳐 믿지 아니하였도다
(마태복음 21 : 28 - 32)

아버지의 뜻대로 한 사람

옛날 마케도니아 왕 알렉산더와 관련된 재미있는 일화가 있습니다. 알렉산더 왕이 거느리고 있는 군대의 사병 중에 왕의 이름과 똑같은 이름을 가진 졸병이 하나 있었다고 합니다. 동명이인이었습니다. 그런데 이 졸병은 아주 문제가 많은 졸병이었습니다. 사고뭉치였습니다. 그래서 이 졸병의 잘못된 행실로 인하여 왕의 이름에 누를 끼치고 욕이 돌아가게 되곤 했다고 합니다. 이 졸병이 실수할 때마다 상관들이 기합을 주면서 "알렉산더, 이놈!"하고 매질을 하고 이러니까 그 이름으로 인해서 왕에게 늘 불명예가 돌아가곤 했습니다. 이 사실을 오랫동안 들어오던 왕이 한번은 조용하게, 은밀하게 막사를 찾아갔습니다. 마침 그날도 이 사병은 술에 만취하여 주변의 물건을 때려부수고 행패를 부리고 있었습니다. 바로 그런 순간에 알렉산더 대왕이 찾아간 것입니다. 왕은 그 사병을 조용한 곳으로 불러내어서 "자네, 내가 누구인지 아는가?"했습니다. 그제야 정신이 든 졸병은 왕 앞에 벌벌떨며 인사를 드렸는데 알렉산더 왕은 다시 묻습니다. "자네 이름이 분명히 알렉산더인가?" "예, 그렇습니다." "언제부터?" "저의 아버지가 제 어렸을 때부터 지어주신 이름이지요. 저는 알렉산더가 분명합니다." "자네의 그 이름 때문에 내게 누(累)가 돌아오고 내 이름도 욕되게 될 때가 많은가보더군." 그리고 끝으로 이렇게 말했습니다. "이제 내가 네게 명령을 한다. 네 이름을 바꿔라. 그러지 않으려거든 행실을 바꿔라."

여러분, 우리는 하나님의 자녀입니다. 그러므로 이름을 바꾸든지 행실을 바꾸든지 하여야 되겠습니다. 우리는 성도라고 하는 거룩한 이름을 가지고 있습니다. 우리 믿는 사람의 소행 하나하나에 따라서 하나님께 욕이 돌아가기도 하고 영광이 돌아가기도 합니다. 뭐, 어렸을 때는 그렇다 하더라도, 또 처음 믿을 때는 좀 여유있게 생각해줄 수도 있겠지만 많은 세월이 흐르면서 그 이름에 합당한 인격, 합당한 성품, 합당한 생활철학, 합당한 가치관, 합당한 행위가 따라야 할 것이 아니겠습니까. 그런 인격으로 성숙해나가야 할 것이 아니겠습니까. 하나님의 자녀이면 하나님의 자녀에 합당한 신분이 있고 행위가 있습니다. 그 이름에 합당한 생을 살 때 비로소 하나님 아버지께 영광이 될 줄로 압니다.

오늘본문은 여러분이 잘 아시는 비유말씀입니다. 두 아들을 둔 아버지가 있었다는 것입니다. 큰아들에게 아버지가 말하기를 "포도원에 가서 일하라"했습니다. 그런데 이 아들은 "가겠소이다"하고 아주 정중하게 쉽게 대답하고는 가지 않았습니다. 아버지가 또 둘째아들에게 포도원에 가서 일하라, 했더니 이 아들은 무슨 할일이 있었던지 싫다고 정면으로 거절합니다. 그랬다가 뒤에 생각하니 잘못된 것같아 뉘우치고 포도원에 갔다—이야기는 여기까지입니다. 그러나 저는 이 본문을 읽을 때마다 늘 생각하는 것이 하나 있습니다. 아들 하나 더 있었으면 좋겠다는 생각입니다. 하나는 가겠다 하고 안가고 하나는 안가겠다 하고 가고—둘 다 썩 좋은 것이 아닙니다. '가겠습니다'하고 선뜻 가는 아들이 있었으면 얼마나 좋을까, 하고 생각합니다. 여러분, 그 아들은 없습니다. 예수님께서 말씀하신대로 셋째아들은 없습니다. 의인은 없나니 하나도 없습니다. 아버지의 마음에 정말로 합한 그런 아들은 없습니다. 이미 없습니다. 이미 망가졌습니다. 이제가 문제입니다. 그러면 이젠 어떻게 하면 좋겠습니까. 이제라도 뉘우치고 아버지의 뜻대로 하는 그 둘째아들이 되어야겠다는 것을 우리가 깊이 생각하게 됩니다. 특별히 오늘본문말씀에는 현대인들을 향한 중요한 메시지가 있다고 생각합니다. 그 맏아들, 다분히 처세적입니다. 그의 맹세는 허상입니다. 체면이며 위선에 사는 사람입니다. 아버지가 포도원에 가서 일하라 할 때 아버지의 심기를 어지럽히지 않으려고, 불편하게 해드리지 아니하려고 "네"하고 아주 공손하게 대답합니다. 그것은 위선입니다. 지극히 처세적입니다. 순종하는 것같지만 순종하지 않았습니다. 겉으로는 순종하는 좋은 맏아들같아 보이지만 실상은 아버지의 명령을 거역하고 있었습니다. 아니, 처음부터 순종할 마음이 없었습니다. 지식으로는 순종하였습니다. 말로써는 순종하였습니다. 형식적으로, 예절로는 순종하였습니다. 아마, 누가 묻는다면 대답을 이렇게 하겠지요. "노인의 마음을 섭섭하게 해드릴 수가 없어서 간다고 말씀드렸지요." 이렇게 예절적인 효자가 있습니다. 이것은 문제가 있는 것입니다. 오늘도 보면 한다고 하면서 하지 않습니다. 거룩하다고 하면서 거룩한 것이 없습니다. 사랑한다고 하면서 사랑하는 것이 없습니다. 봉사한다고 하나 말뿐입니다. 봉사한 것이 없습니다. 준다고 했지만 무엇을 준다는 말입니까. 아무것도 없습니다. 그렇게 하고 그저 허세와 허상으로 살아가는 것입니다. 아는 것도 없고 되는 것도 없고 한 것도 없는데 다 된 것처럼 적당히 적당히 넘어갑니다. 훌륭한 것같으나 실상이 없습니다. 내실이 없습니다. 심지어는 신앙생활도 없습니다. 경건의 모양은 있으나 경건의 능력이 없습니다. 그 많은 날 봉사한다고 했지만 여러분, 심판대 앞에 서서 한번 물어보십시오. 뭘 봉사했느냐고. 하나님의 엄위하신 심판대 앞에 어떤 모습으로 서겠습니까? 너는 뭘 했느냐고 스스로 물어봅시다. 그 많은 날 간다, 간다, 했지 간 일이 있느냐고, 한다, 한다, 했지 한 일이 있느냐고. 맨날 결심만 하고 맹세만 했지 무엇을 했더냐고요. 이것은 아주 심각한 질문이 아닐 수가 없습니다.

피터 드러커라고 하는 유명한 교수가 있습니다. 경영학자이며 미래학자이기도 합니다. 지금 93세인데 작년엔가 유명한 글이 나왔었습니다. 어느 제자가 그에게 "선생님, 선생님께서 쓰신 사십 여권의 책 중에서 가장 추천하실만한 좋은 책이 어떤 책입니까?"하고 물었습니다. 그러자 드러커는 "다음에 쓰는 책입니다"하고 대답했습니다. 92세 때입니다. 그런데 지금 93세인 최근에 나온 책이 있습니다. 「Next Society」라고 하는 책입니다. 그는 그 책에서 미래를 내다봅니다. '먼저 가보는 미래'를 말했습니다. '앞에는 어떤 일이 있을까?' 하고 93세의 이 해박한 노교수가 앞날을 전망해봅니다. 앞으로 확실한 것은 지식근로자가 노동력근로자에 우월한다는 것입니다. 지식의 세로 사는 것이다, 합니다. 그런데 여기서 오는 많은 문제가 있는 것입니다. 돈보다도 권력보다도 더 쉽게 이동하는 것이 지식입니다. 이젠 인터넷이라는 것을 통해서 지식이 제한 없이 마음대로 오고갑니다. 적어도 지식의 세계에서는 결국 국경이 없는 세상이 된다는 것입니다. 그렇습니다. 국경이 없습니다. 이제는 아무리 막으려고 해도 국경은 없습니다. 그런가하면 교육개방으로 인하여 많은 사람들이 학문을 자유롭게 하기 때문에 상승이동을 해서 신분상승으로 말미암아 종래의 질서가 곤두박질하고 깨지겠다는 것입니다. 2020년이 되면 이제 물건을 만드는, 제품생산적 일에 종사하는 사람이 인구의 7%밖에 안된다는 것입니다. 아주 높은 지식으로 모든것이 이루어지기 때문에 그들만의 세상이 됩니다. 이제 신분의 문제가 아주 혼란해집니다. 조금만, 100년 전으로만 돌아가보아도 공부란 아무나 하는 것이 아니었거든요. 귀족이 하고 권세자가 하고, 그런 것이었습니다. 지금은 아무나 공부하지 않습니까. 얼마전까지만 해도 가정에서들 아들이나 공부시키고 딸은 그만두라고 했습니다. 형이나 시키고 동생은 그만두라고들 하지 않았습니까. 그런데 지금은 모두가 다 공부를 하니까, 그러다보니 우수한 사람이 많이 생기지 않습니까. 그대로 신분상승 해서 올라갑니다. 그러니까 종래의 모든 질서는 아주 혼란스러워지고 깨지고 마는 것입니다. 우스운 이야기입니다만 어렸을 때 우리 아버지가 저를 가르치시기를 아무하고나 놀지 말고 모든 사람하고 화해하지만 그래도 가려야 된다고 하셨습니다. 그것은 아버지께서 잘못 가르치신 것입니다. 그리고 성씨에 대하여 가르쳐주시는데 어느 일곱 성에 대해서는 "이것은 상놈이다, 이것은 백정이다, 이런 성을 가진 사람하고는 놀지 말아라"하시는 것입니다. 지금도 그것이 머릿속에 기억되어 있습니다. 지금 보니 아버지께서 가르쳐주신 '상놈'들이 장관되더라고요. 재벌도 되고… 별걸 다 하고 있습니다. 옛날어른들이 보면 기절할 노릇이지요. 어쩌다가 이 모양이 되었는가, 할 것입니다. "이거 말세로다"할 것입니다. 이런 세상이 되었습니다. 이게 사실입니다. 혼란해지고 위계질서가 완전히 무너졌습니다. 무너진 것은 인정을 해야 합니다. 붙들고 있어보아야 아무 소용이 없습니다. 그렇지 않습니까? 또 그런가 하면 전공을 쉽게 얻어서 쉽게 성공하는 사람이 있는 반면 쉽게 실패하는 사람도 있습니다. 그래서 이 실패하고 성공하는 주기가 더욱 짧아집니다. 하루아침에 재벌되었다가 하루아침에 거지됩니다. 하루아침입니다. 존경받던 사람이 하루아침에 감옥갑니다. 이 난리를 치는 통에 결국은 불안한 것입니다. 아무것도 믿어볼 것이 없습니다. 불안에 떨 수밖에 없습니다. 안정이란 없습니다. 신분에도 없고 권력에도 없고 재벌에도 없고 지식에도 없습니다. 이런 세상을 만나게 되었다, 하는 이야기입니다. 여러분, 생각을 바꿔야 합니다. 옛날생각에 그대로 머물러 있다보면 기절해서 죽을지도 모릅니다. '원 세상에, 뭐 이런 세상이 다 있는가!' 우리는 봉건문화에 살아왔습니다. 그리고 새로운 미래가 우리 앞에 다가올 때 이것을 감당하지를 못해서 지금도 정신을 못차리고 있는 사람들을 많이 볼 수 있습니다.

자, 오늘본문에서 둘째아들을 좀 볼까요. 이 둘째아들은 정직한 사람이고 솔직한 사람입니다. 자기가 하려고 계획했던 무슨 일이 있었던가본데 아버지가 포도원에 가서 일하라니까 '안가요' 하였습니다. 정직하지 않습니까. 또 정당하기도 합니다. 안가겠다, 하고 안갔으니까요. 잘못이 없습니다. 이것이 둘째아들입니다. 그러나 문제가 있습니다. 이 아들은 뒤에 뉘우치고 갔습니다. 뉘우친다는 말은 헬라말원문이 '메타노이오'입니다. 회개입니다. 뉘우쳤습니다. 오늘말씀의 총주제요 핵심이 뉘우친다는 것입니다. 뉘우침이 있느냐없느냐입니다. 뉘우치는 것은 발상을 전환하는 것입니다. 생각을 바꾸는 것입니다. '내가 할 일은 내가 하고 아버지가 할 일은 아버지가 해야합니다. 나는 내 할 일 합니다.' 그는 정당했습니다. 그러므로 못가겠다고 했습니다. 못가겠다 하고 안갔으면 된 것입니다. 그러나 그는 뉘우쳤습니다. 지금까지 옳다고 했던 일이고 나는 정당하다고 했지만 아닙니다. 그것은 내 생각이요 나만 생각한 것이지 아버지의 마음을 헤아리지 못했습니다. 아버지의 뜻을 생각하지 못했습니다. 내 뜻이 아니라 아버지의 뜻을 생각해야 되는데 나만 아는 에고이즘이 요 ego-centric, 자기중심적인 생각이었다, 아, 그게 아니지 ─ 뉘우쳤 습니다. 생각을 바꾸었습니다. 생각을 바꾸면 세상이 달라집니다. 못바꾸면 이 세상에 못삽니다. 제가 요새 결혼주례 할 때마다 종종 그 이야기를 아주 심각하게 합니다. 그러면 신혼부부들이라든가 결혼한 사람들이 와서 "목사님, 그 말씀 두고두고 진리입니다"라고 합니다. 그래 재미가 나서 또 합니다. 그게 무엇인지 아십니까? 밥투정하지 말라는 것입니다. "어떤 일이 있어도 밥투정하지 말아라. 그것은 나쁜 것이다. 그리고 이것 한 가지만 잊지 말아라." 신랑 보고 이야기합니다. "압록강을 건너가보면, 중국에 가보면 13억이라고 하는 엄청난 인구가 거기 산다. 그런데 그 13억인구는 전부 남자가 밥을 한다." 그리고 꼭 확인을 합니다. "알았느냐?" 그것을 잊지 말라고. 또 바로 뒤에 있는 시어머니 보고 내 말합니다. "정신차리세요." 이제 이 아들이 장바구니 들고 따라다닐 거요, 자신이 부엌에서 일할 거요, 그럴 때 "내가 어떻게 키운 아들인데 그럴 수 있느냐?"하지 마세요, 그렇게 생각하면 못살아요, 합니다. 알았습니까? 생각을 바꾸라는 것입니다. 생각을 바꾸면 그런 것 다 아무것도 아닙니다. 우리 교회에 이런 분이 한 분 있습니다. 놀라운 얘기입니다. 직장을 그만두었습니다. 그 부인이 직장에 나갑니다, 살아야겠으니까. 그 부인이 직장에 나가고 남편은 직장을 못나갑니다. 어느날 부인이 집에 돌아왔더니 남편이 부엌에서 치마를 두르고 음식을 다 만들어놓았더랍니다. 생전처음이었습니다. 부엌이라고 한 번도 나와본 일이 없는 경상도사람인데 어떻게 이렇게 밥을… 부인이 깜짝놀랍니다. "여보, 죄송하고 미안해서… 어떻게 당신이…" 남편은 빙그레 웃고 말합니다. "그동안 당신이 나를 위해 그렇게도 일해왔는데 내가 오늘 당신을 위해 밥 한번 했다고해서 잘못된 것은 없잖소?" 그분 괜찮은 남자입니다. 생각을 바꿉시다. 생각의 전환이 와야 하는 것입니다. 오늘 이 둘째아들은 안간다고 했습니다. 안갈 이유가 또 있습니다. 그러나 그것은 내 생각이고 아버지의 뜻은 그것이 아니었습니다. 그래 뉘우치고 갔다, 합니다. 뉘우치고 갔다, 뒤에 뉘우치고 갔다—이 얼마나 아름다운 이야기입니까. 문제는 결국 뉘우침이 있느냐없느냐입니다. 여러분은 얼마나 뉘우쳐보았습니까? 얼마나 생각을 바꾸어가며 살아가고 있습니까? 발상의 전환을 이루고 있습니까? 내 뜻에서 하나님의 뜻으로, 내 생각에서 하나님의 생각으로 생각을 바꾸어야 합니다. 버나드 로너간(Bernard J. F. Lonergan)이라고 하는 유명한 신학자가 쓴 「Method in Theology」라고 하는 책에 보면 회개란 세 차원에서 오는 것이다, 하였습니다. 첫째, 지성적 회개가 있습니다. 깨달음입니다. 전에 깨닫지 못했던 것을 깨닫습니다. 깨달음에서 생각을 바꾸는 것입니다. 생각을 바꾸는 것이 첫째입니다. 둘째, 도덕적 회심이 있습니다. 가치관을 바꾸는 것입니다. 전에는 저런 것이 소중했는데 이제는 그런 것이 소중하지 않고 이런 것이 소중합니다. 선과 악의 가치관을 바꿉니다. 좋은 것과 나쁜 것, 해야 할 것과 하지 말아야 할 것, 즐길 수 있는 것과 즐겨서는 안되는 것의 가치관을 완전히 바꿉니다. 이런 도덕적 회심이 필요합니다. 그리고 종교적으로 이제는 하나님을 생각합니다. 아버지의 뜻을 생각합니다. 현재가 아니라 미래를 생각합니다. 그것이 회개입니다. 유명한 부흥사 무디 선생님에게 어떤 짓궂은 교인이 찾아와서 목사님이 읽으시는 성경책을 보여달라고 했습니다. 저도 성경책 오래된 것 하나, 지금 보고 있는 것이 있는데 그 책은 다 해어졌지만, 몇번 몇번 고쳤습니다만 버릴 수가 없습니다. 그래서 그 낡은 성경책을 즐겨 보는데, 교인에게 보여준 무디의 성경책도 그러했습니다. "목사님의 그 낡은 성경책, 그것을 보고 싶습니다." 목사님이 거절할 이유가 없지 않습니까. 보여주었습니다. 교인이 그 책을 받아보았더니 그저 여기에 줄치고 저기에 마크하고 이런저런 메모를 해놓고… 성경책이 여간 복잡한 게 아니었습니다. 그런데 군데군데 'T.P.'라고 써놓은 것이 있었습니다. 큰 글자로 T.P.입니다. "이것은 무엇입니까?"하고 교인이 물었더니 무디 선생께서 'Tried, Proved'라고 대답합니다. 내가 그 말씀을 듣고 보고 생활 속에 실천을 하고, 그래서 그것이 진리임을 확증했다고, 시험해보고 입증한 것이라고, 내 생활 속에서 입증한 것이라고 대답합니다. 여러분은 성경구절 하나하나를 생활 속에서 입증하고 하나님의 뜻 앞에 얼마나 순종했습니까? 얼마나 순종했다고 생각하십니까?

오늘본문말씀은 예수님께서 예루살렘성전을 깨끗이하실 때 제사장들이 우 몰려와 도전적으로 던진 질문에 답변하시면서 하신 말씀입니다. 목숨을 걸고 당당하게 말씀하시는데, 놀랍습니다. 이렇게 말씀하시고 살아남기를 바라실 수가 없습니다. 보십시오. 당시 종교지도자들, 바리새인, 서기관들이 모여 있는 그 자리에서, 제사장 앞에서 하시는 말씀입니다. "세리들과 창기들이 너희보다 먼저 하나님의 나라에 들어가리라." 이렇게 말씀하시고 살아남으실 수 있겠습니까. 세리와 창기가 너희보다 하늘나라에 먼저 간다, 왜? 너희는 뉘우침이 없고 위선에 빠져 있지만 이 사람들은 비록 세리이고 창기이지만 뉘우침이 있다, 마태는 뉘우치고 내 제자가 되었다, 삭개오도 뉘우치고 내 제자가 되었느니라, 저 창기도 뉘우치고 내 제자가 되었지만 너희는 끝까지 뉘우칠 줄을 모른다, 그런고로 창기나 세리가 너희 제사장들보다 하늘나라에 먼저 간다—얼마나 굉장한 말씀입니까. 여러분, 얼마나 뉘우칩니까? 계속적으로 뉘우치고 생각을 바꾸고 가치관을 바꾸고 행동을 바꾸어야 합니다. 내 평생 정당하다고 생각했던 것이더라도 오늘 생각을 바꾸어야 합니다. 뉘우치고, 뉘우치고, 아버지의 뜻에 순종하여야 합니다. 아버지의 뜻을 따라가야 합니다. 거기에 주님의 축복이 있습니다. 창기냐 세리냐를 묻지 않았습니다. 뉘우침이 있는 사람이 하나님의 자녀입니다. 뉘우치고 하나님의 뜻에 순종한 사람이 하나님의 복을 받는 사람입니다. △

아담아 네가 어디 있느냐

여자가 그 나무를 본즉 먹음직도 하고 보암직도 하고 지혜롭게 할 만큼 탐스럽기도 한 나무인지라 여자가 그 실과를 따먹고 자기와 함께한 남편에게도 주매 그도 먹은지라 이에 그들의 눈이 밝아 자기들의 몸이 벗은 줄을 알고 무화과나무 잎을 엮어 치마를 하였더라 그들이 날이 서늘할 때에 동산에 거니시는 여호와 하나님의 음성을 듣고 아담과 그 아내가 여호와 하나님의 낯을 피하여 동산나무 사이에 숨은지라 여호와 하나님이 아담을 부르시며 그에게 이르시되 네가 어디 있느냐 가로되 내가 동산에서 하나님의 소리를 듣고 내가 벗었으므로 두려워하여 숨었나이다 가라사대 누가 너의 벗었음을 네게 고하였느냐 내가 너더러 먹지 말라 명한 그 나무 실과를 네가 먹었느냐 아담이 가로되 하나님이 주셔서 나와 함께하게 하신 여자 그가 그 나무 실과를 내게 주므로 내가 먹었나이다 여호와 하나님이 여자에게 이르시되 네가 어찌하여 이렇게 하였느냐 여자가 가로되 뱀이 나를 꾀므로 내가 먹었나이다.

(창세기 3 : 6 - 13)

아담아 네가 어디 있느냐

　요새 서울에서 상영되고 있는 영화 한 편을 소개하겠습니다. 가능하면 우리교인들이 한 번씩은 다 보았으면 하는 것이 제 생각입니다. 「A Walk to Remember」라고 하는 영화입니다. 제목도 번역하지 않았습니다. 그대로 「워크 투 리멤버」입니다. 큰 감동을 주는 신앙적인 영화라고 생각합니다. 스토리는 대강 이렇습니다. 목사님의 딸이 있습니다. 이 딸이 어려서부터 백혈병을 앓고 있습니다. 그 딸의 소원은 기적이 일어나는 것입니다. 기적밖에는 더 바랄 수가 없습니다. 그래서 네 소원이 무엇이냐고 물으면 기적이 있기를 바란다고 하며 살았습니다. 그래도 기적적으로 고등학교 졸업할 즈음까지는 그래도 건강하게 지냈습니다. 남들은 옷을 반나체로 벗고 다닐 때 이 학생은 늘 스웨터를 입고 다닙니다. 그런데 그녀를 좋아하는 남학생이 하나 있어 접근하는데 '내가 너와 친구가 되겠다'고 합니다. 그녀는 이렇게 말합니다. 친구되는 것은 좋은데 하나의 조건이 있다고, 사랑은 하지 않기로, 사랑하지 않기로 하고 친구되자고 합니다. 그렇게 약속을 했습니다. 그리고 서로 같이하면서 대화하고 행동하는 중에 자연히 사랑은 점점 깊어졌습니다. 마침내 남자가 사랑을 고백합니다. 약속이 틀리지 않느냐고, 사랑은 안된다고 그녀는 말합니다. 남학생은 끝내 비밀을 알았습니다. 사랑은 안된다고 하는 것은 그녀가 백혈병을 가지고 있어 언제 죽을는지 모르기 때문이라는 것을 알고 남학생은 많이 고민을 합니다. 그러나 열렬히 사랑을 고백합니다. 백혈병환자인 것을 알면서 심지어는 결혼하자고까지 말합니다. 이런 뜨거운 사랑을 느끼고 그녀는 이렇게 말합니다. 하나님이 원망스럽다고. 왜 젊은 나이에 이렇게 가야 하는지, 남들같이 대학갈 생각도 못하고 사랑하는 사람이 생겼는데도 여기서 끝내야 하다니 너무 마음이 아프다, 좀더 살고 싶다, 행복하고 싶다, 하나님이 원망스럽다―그렇게 말합니다. 둘은 그렇게 이야기하면서 괴로워합니다. 며칠 뒤 다시 만났을 때 이 여학생은 이렇게 말합니다. 나는 하나님께 감사한다고. 지금까지 산 것이 기적이고, 참사랑을 알고 참사랑을 받았으니 이보다 더 행복할 수 없다고, 하나님께서 너같은 착한 사람을 내게 보내주셔서 사랑을 알게 해주심으로 이 어려운 고통과 이 고독을 쉽게 이길 수 있도록 해주시니 감사하다고 말합니다. 여러분, 문제는 여기에 있습니다. 현실을 인정합니다. reality를 인정하는 순간, 사실대로 인정하는 순간에 모든것이 다 축복이요 은혜요 하나님의 사랑이더라, 그 말입니다. 그녀는 현실을 인정하고 사랑하는 사람을 보내주신 하나님께 감사합니다. 그리고 이 어려운 고비를 잘 견딜 수 있게 해주시는 것을 하나님께 감사합니다.

 나의 현주소가 어디입니까? 내게 주신 운명의 현실을 여러분이 어느 정도 알고 있습니까? 내게 주어진 것, 하나님과 나와의 관계에서 정직하고 진실하게 믿음의 관계를 분명히하여야 됩니다. 내 정체가 무엇입니까? 그리고 내 현주소가 어디에 있는 것입니까? 내과의사들이 쓴 수필 가운데 제가 오래전에 읽은 것이 있습니다. 내과의사들에게 제일 괴로운 시간이 언제인가하면 환자를 다 진찰하고나서 그 환자의 병이 깊었음을 알고 이제 그 진실을 말할 때라고 합니다. "의학적으로 당신은 6개월밖에 살 수 없습니다. 어쩌면 며칠밖에 살 수 없을지도 모릅니다." 이렇게 사형선고같은 진단을 내릴 때 괴롭다는 것입니다. 마치 사형선고를 내리는 것같은 시간이기 때문에,

또 의사로서의 무능함을 그대로 말할 수밖에 없기 때문에 괴롭다는 것입니다. "이것은 고칠 수 없습니다." 그럴 때 괴롭다는 것입니다. 더 괴로운 것은 환자가 그 병을 얻은 것이 대체로 보아서 3년 전쯤 당한 어떤 큰 충격 때문이라는 것을 알 때입니다. 3년 전부터 그 병을 가지고 있었는데 알기는 오늘 안 것입니다. 이 환자가 진작 3년 전에 이 사실을 알았더면 좀더 다른 의미로 3년을 살 수 있었을 텐데… 병을 고치고 못고치고의 문제가 아닙니다. 이 3년을 좀더 뜻있게 의미있게 보낼 수 있었을 것을, 이 사람은 그 사실을 몰랐습니다. 그래 그럭저럭 흐지부지 이렇게 잘못살았던 것입니다. 그 마지막 3년을 잘못산 것을 생각하니 괴롭더라, 하는 이야기입니다.

여러분, 사실이 어디까지입니까? 오늘본문에 말씀하십니다. '아담아, 네가 어디 있느냐?' 장소를 물으시는 것이 아닙니다. 지금 어느 곳에 있느냐, 물으시는 것이 아닙니다. 어떤 상태에 있느냐, 하는 것입니다. location이 아니라 attitude를 묻고 계십니다. state를 묻고 계십니다. '지금 어떤 상태에 있느냐? 아담아, 네가 지금 어느 지경에 있느냐?'를 묻고 계십니다. 그 뜻을 알아야 합니다. 말뜻을 알아야 합니다. 또한 몰라서 물으시는 것이 아닙니다. 창조주께서 아담이 어디 있는지를 모르시겠습니까. 알고 물으시는 것입니다. 다시말하면 아담이 스스로 알기를 바라십니다. 나는 이런 상태에 있습니다 —이렇게 고백해주기를 바라셔서 물으십니다. 또 한편으로 생각하면, 우스운 이야기이지만, 숨은 사람은 가만히 있어야지요. '어디 있느냐?' 하시는데 '나 여기 있습니다' 하면 되겠습니까. 아이들이 숨바꼭질을 할 때 "어디 있냐?" "나 여기 있다" 하는 것, 얼마나 난센스입니까. 어디에 있느냐고 물으시는데 아담은 대답을 합니다, 숨었다고. 세상에 숨었다는 말처럼 바보스러운 말이 어디에 있습니까. 숨었으면 아무 말도 하지 않아야 합니다. 그러나 그는 말할 수밖에 없었습니다. 이것이 지금 하나님과 아담과의 대화입니다. 얼마나 우스꽝스럽고 얼마나 한심한 만남이 되었습니까.

"네가 어디에 있느냐?" 스스로 알기를, 스스로 고백하기를, 스스로 정직해주기를 바라시는 것입니다. 하나님께서 기대하신 대답이 무엇이겠습니까. '내가 죄를 지었습니다. 먹지 말라시는 것을 먹었습니다. 하나님의 말씀을 내가 거역했습니다. 내가 죄를 지었습니다.' 이렇게 고백해주기를 바라셔서, 그런 대답을 기다리셔서 묻고 계십니다. 네가 어디에 있느냐? 누가 너에게 벗었다고 하더냐? 왜 이런 것을 먹었느냐?―보십시오. 끝내 아담은 '내가 먹었습니다'라고 다윗처럼 정직하게 고백하지 못하고 있습니다. 원인부정 하고 있습니다. 하나님의 말씀을 거역하였습니다. 그때문에 그는 두려워합니다. 두려워하면 두려움이라고 하는 증상은 있는데 두려움의 원인은 모르고 있습니다. 이것이 문제입니다. 하나님의 말씀을 거역한 그 사실로 인하여 지금 엄청난 두려움이 엄습했습니다. 두려워하면서도 두려움의 이유를 모르고 있습니다. 마치 우리가 병에 걸렸을 때 아픈 것은 알지만 병의 원인은 의사만이 아는 것과도 같습니다. 결과는 알면서 원인은 모르는 것이 인간의 어리석음입니다. 통계에 의하면 한국사람들이 무려 70%가 한 번 이상 점(占)을 본 일이 있다고 합니다. 여러분 가운데도 그런 분 있지 않나 싶습니다. 토정비결이니뭐니 들고다니기에 그것이 무슨 짓이냐고 했더니 어떤가해서 봤다나요. 그뿐입니까. 그 중 69%는 부적을 가진 경험이 있다고 합니다. 초등학교 1학년 아이들, 학교갈 때 할머니가 주머니에 부적을 넣어주더랍니다. 그래서 학교를 조사해보면 아이들 주머니마다 부적이 있다는 것입니다. 왜들 이러는 것입니까. 불안해서 그렇습니다. 두려워서 그런 것입니다. 운명이 두렵고, 환경이 두렵고, 세상이 두렵고, 죽음이 두렵습니다. 두렵다는 것은 아는데 그것이 무엇 때문인지는 모릅니다. 이것은 하나님과의 관계입니다. 하나님과의 관계가 잘못되었습니다. 범죄했다는 말씀입니다. 죄 때문입니다. 하나님과의 관계가 바로되면 환경도 좋고 미래도 좋고 운명도 환하게, 밝게 바라볼 수 있습니다. 왜 두렵습니까. 말씀을 거역한 죄 때문입니다.

또한 성경에 부끄러워하더라고 했습니다. 본래는 부끄러움이 없었는데 범죄함으로 인하여 부끄러움이 생겼습니다. 마땅히 할 것을 못했기 때문입니다. 당연히 해야 할 일을 못했을 때 부끄러워지는 것입니다. 공부할 수 있는데 안했거든요. 부지런해야 되는데 안했거든요. 당연히 해야 할 일을 못했을 때 부끄러움으로 나타나는 것입니다. 그런데 하나님과의 관계가 깨어지고보니 사람과의 관계가 부끄러워지더라는 것입니다. 여러분, 사람 만나는 것이 싫습니까? 전화하기도 싫고 전화받기도 싫습니까? 가능하면 아무도 안만나고 살았으면 좋겠습니까? 그렇다면 당신은 심적으로 문제가 있는 것입니다. 사람이 반가워야 합니다. 세상이 아름답게 보여야 되는데 남들 다 웃을 때 웃지도 않고, 자폐증환자같이 스스로 자신을 괴롭히며 부끄러운 모습으로 살아갑니다. 엄청난 불행입니다. 그 원인을 우리는 깊이 생각하여야 됩니다. 그가 부끄러워하더라―그것이 현주소입니다.

또한 변명과 핑계의 사람이 되었습니다. "내가 죄를 지었습니다"라고 고백하면 좋으련만 끝까지 그 말을 못합니다. 그리고 하나님께서 물으실 때 회개할 시간에 회개하지 못하고 정직해야 할 사람이 정직하지 못하고 책임전가를 합니다. 아담은 '하나님께서 내게 주신 이 여자가 먹으라고 해서 먹었습니다'하고 책임을 여자에게 돌리고 있습니다. 저는 이 본문을 읽을 때면 너무나도 안타깝습니다. 창세기 2장 23절을 보면, 하나님께서 아담을 만드시고 그 다음에 하와를 만드시고 하와를 하나님께서 중매하셔서 아담에게 인도합니다. 아담이 하와를 보니 너무도 아름다웠습니다. 그래서 하와를 가리켜 "내 뼈 중의 뼈요 살 중의 살이라"며 감탄했습니다. 그런데 여기 재미있는 유머가 있습니다. 바로 그 시간에 아담이 하나님께 감사기도를 했다고 합니다. 하와가 너무 예뻐서, 어느 모로 봐도 예쁘고 부드럽고 상냥하고 좋아서 감사기도를 드립니다. "하나님, 어떻게 이런 사람을 저에게 주셨습니까? 얼마나 예쁜지…" 하나님께서 말씀하십니다. "그렇게 예뻐야 네가 사랑하지 않겠느냐." 아담이 또 한마디, 하나님께 여쭈어보았다고 합니다. "그런데 하나님, 이 사람이 맹할 때가 있거든요. 그건 왜 그렇습니까?" 하나님께서 대답하십니다. "이놈아, 그래야 너같은 놈을 사랑할 것이 아니냐." 말하자면 그렇게 예쁘고 아름답고 좋았는데 이제와서 엉뚱한 소리를 하고 있습니다. 죄를 짓고나서 한다는 소리가 '하나님께서 내게 주신 저 여자가…'입니다. '왜 저런 여자를 주셔서 죄를 짓게 만드십니까?' 이게 말이 나 되는 것입니까. 뼈 중의 뼈요 살 중의 살이라고 할 때가 언제인데, 이제와서는 '하나님께서 내게 주신 저 여자가 나를 범죄케 했습니다'라고 말하는 것입니까. 여러분, 책임을 전가하는 것처럼 미련한 것이 없습니다. 그런 상태에서 헤매다보면 자기정체를 잃어버립니다. 나는 누구입니까, 그러면. 책임인간은 어디에 갔습니까. 세상을 탓하지 마십시오. 환경을 탓하지 마십시오. 이웃을 탓하지도 말고 누구를 원망하지도 마십시오. 원망이란 자꾸만 상승작용을 하여 하나님께까지 올라갑니다. 원망하다보면 세상 탓하고 조상 탓하고 나라 탓하고 환경 탓하고 마지막에 하나님까지 원망하게 됩니다. 지금, 나의 상태는 어떻습니까? 절대로 변명하거나 핑계하거나 책임전가 하는 초라한 인간이 되어서는 안됩니다.

또한 "숨었나이다"합니다. 정당화라는 편법으로 숨어버리고, 합리화라는 편법으로 숨는 것이 현대인의 특징입니다. 미국의 사회학자 롤랜드 엘 워렌(Roland L. Warren)이 현대사회를 '대변화'라고 묘사하고 있습니다. 충격적인 대변화의 새대라 하고 깊은 사회면을 지적합니다. 첫째, 다양한 조직과 기능이 관료화하면서 비인간화해가고 있다, 합니다. 조직이 커지고 사회구조가 강해지면서 개인이라고 하는 인간존재가 없어졌습니다. 그래서 비인간화하여가는 세상이라고 했습니다. 둘째, 인간의 행위에 대한 해석이 도덕적 해석에서 떠나 임의적 해석으로 가고 있다, 합니다. 절대기준에 의하여 도덕적으로 해석해야 할 문제는 어느 사이에 다 없어졌고 이제는 인위적으로 상황적으로 저희 마음대로 정치적인 임의해석을 하고 있다는 것입니다. 그것이 숨어버리는 일입니다. 셋째, 생산우선적 가치가 어느 사이에 소비우선적 가치로 변화하고 있다, 합니다. 많은 해석을 필요로 하는 말입니다. 보십시오. 현대인들, 숨어버립니다. 스스로 자기를 숨깁니다. 부정과 비리로 검찰에 끌려가는 사람들 보십시오. 검찰청 앞에서 기자들이 물으면 절대로 결백하다고 잡아뗍니다. 그런데 들어가서는 못나오더라고요. 어느 한 사람도 정직하게 "내가 잘못했습니다"라고 말하는 사람이 없습니다. 형을 살고 나와도 억울하다, 분하다, 합니다. 이것이 바로 망조든 것입니다. 제가 캐나다로 집회를 다녀오면서 '히딩크 리더십'에 대한 책을 한 권 읽었습니다. 재미있는 이야기가 많았습니다. 배울 것도 많았습니다. 그런데 특별히 어느 한구석에 나타난 너무나 충격적인 말을 보았습니다. 그에게는 선수들에 대하여 이런 철학이 있습니다. '실수와 실력은 별개다.' 실수했다고해서 실력 없는 것이 아닙니다. 실수와 실력은 별개입니다. 실수할 수 있습니다. 그래서 경기 때 보니 번번이 실수하는 사람을 내세웁니다. 믿어줍니다. 왜 그렇습니까. 실력은 실력이기 때문입니다. 우리는 한 번 실수했다 하면 다 끝난 줄로 압니다. 오늘 아담이 실수했습니다. 여기서 저는 이런 생각을 합니다. '하나님, 내가 잘못했습니다'하고 아담이 회개를 했다면 어떻게 되었을까? 자비로우신 하나님께서는 그를 용서하시고 다시 시작하라고 하셨을 것같습니다. "Try again." 틀림없이 그러하였을 것입니다. 그런데 이 사람이 두려워하고 부끄러워하고 변명하고 숨어버렸습니다. 숨기려고 합니다. 이리하여 에덴은 실낙원이 된 것입니다. 깊이 생각해보십시오. 정당화하고 합리화하고 폭력화, 정치화하면서 계속 숨어버리기 때문에 하나님께서는 그를 용납하실 수 없는 것입니다.

'아담'이라는 히브리말은 우리말로 '인생'이라고 하는 말입니다. 그러므로 "아담아…"는 "인생아…"라는 말도 됩니다. 네가 어디 있느냐―현주소를 물으십니다. 제가 이번여행 중에 또 한 권의 책을 보았습니다. 「7 Habits of Highly Effective People」이라고 하는 유명한 책을 써서 세계적으로 알려진, S. R. 코비 박사가 추천한 책인데 그 제목이 「Game Plan」입니다. 이 책의 부제는 이렇습니다. 'second half를 위한 작전의 성공을 위하여―' 인생에 전반이 있고 후반이 있습니다. 보자하니 여러분도 대부분 지금 전반은 지났습니다. 절정은 후반에 있는 것이지 전반에 있는 것이 아닙니다. 그뿐입니까. 종반에 있습니다. 우리 지난번 월드컵게임에서 보지 않았습니까. 연장전에 골을 넣으니까, 골든 골 하나 넣으니까 끝입니다. 인생은 종반이 가름합니다. 이 후반, 종반을 어떻게 살아야 하느냐—그런 책이었습니다. 여러분, 이제 과거를 더는 비판하지 마십시오. 누구를 원망하지도 말고. 후반이 중요하고 종반이 중요합니다. 이제 하나님께서는 말씀하십니다. '인생아, 너 어디에 있느냐' 진실하게 응답합시다. 정직하게 응답합시다. 그리할 때 하나님께서 우리에게 새로운 미래를 허락하실 것입니다. △

너는 이것을 기억하라

 한 부자가 있어 자색 옷과 고운 베옷을 입고 날마다 호화로이 연락하는데 나사로라 이름한 한 거지가 헌데를 앓으며 그 부자의 대문에 누워 부자의 상에서 떨어지는 것으로 배불리려 하매 심지어 개들이 와서 그 헌데를 핥더라 이에 그 거지가 죽어 천사들에게 받들려 아브라함의 품에 들어가고 부자도 죽어 장사되매 저가 음부에서 고통 중에 눈을 들어 멀리 아브라함과 그의 품에 있는 나사로를 보고 불러 가로되 아버지 아브라함이여 나를 긍휼히 여기사 나사로를 보내어 그 손가락 끝에 물을 찍어 내 혀를 서늘하게 하소서 내가 이 불꽃 가운데서 고민하나이다 아브라함이 가로되 얘 너는 살았을 때에 네 좋은 것을 받았고 나사로는 고난을 받았으니 이것을 기억하라 이제 저는 여기서 위로를 받고 너는 고민을 받느니라 이뿐 아니라 너희와 우리 사이에 큰 구렁이 끼어 있어 여기서 너희에게 건너가고자 하되 할 수 없고 거기서 우리에게 건너올 수도 없게 하였느니라 가로되 그러면 구하노니 아버지여 나사로를 내 아버지의 집에 보내소서 내 형제 다섯이 있으니 저희에게 증거하게 하여 저희로 이 고통 받는 곳에 오지 않게 하소서 아브라함이 가로되 저희에게 모세와 선지자들이 있으니 그들에게 들을지니라 가로되 그렇지 아니하니이다 아버지 아브라함이여 만일 죽은 자에서 저희에게 가는 자가 있으면 회개하리이다 가로되 모세와 선지자들에게 듣지 아니하면 비록 죽은 자 가운데서 살아나는 자가 있을지라도 권함을 받지 아니하리라 하였다 하시니라

(누가복음 16 : 19 - 31)

너는 이것을 기억하라

93세인 대학자 피터 드러커(Peter Drucker)교수는 경영학과 미래학의 대가입니다. 그의 최신저서「Next Society」에 보면 '미리 가본 미래'라고 하는 제목의 논문이 나오는데 이 제목이 참 마음에 듭니다. 미래를 미리 가볼 수 있다면 이 얼마나 놀라운 일이겠습니까. 미래는 반드시 현재로 다가옵니다. 알거나 모르거나 믿거나 말거나 좋아하거나 싫어하거나 미래는 내게로 다가오고 있습니다. 현재는 반드시 과거의 뒷전으로 밀려가고 불확실한 미지의 미래가 현재로 나타납니다. 여러분, 운전을 하십니까? 운전하는 사람의 가장 기본적인 자세는 어떤 경우에도 뒤를 돌아보지 않는 것입니다. 오로지 앞만 보아야 합니다. 만일 뒤를 돌아본다면 결국은 미래가 망쳐지는 것입니다. 잘했어도 못했어도 지난 일은 돌아보지 말아야 합니다. 어렸을 때 저는 아버지께서 밭갈이하는 곳에 따라가 도와드렸습니다. 물론 제가 밭을 갈 만큼 힘이 있는 것도 아니고 경험도 없지만 아버지께서는 저를 가르치시고자 언젠가는 한 번 쟁기를 잡아보라고 하셨습니다. 소 두 마리가 끄는 쟁기를 손에 잡고 보습을 땅에 대어 이끌려갔습니다. 소걸음이라는 말이 있습니다. 소는 참으로 천천히 걸어가는데 이렇게 쟁기를 잡고보니 왜 이리도 빨리 가나 싶었습니다. 한참 하다가 내가 제대로 했는가 해서 뒤를 돌아보았습니다. 그랬더니 보습을 위로 쳐들고 쟁기가 하늘로 올라갔습니다. 그 시간에 아버지께서 성경을 읽어주셨습니다. "손에 쟁기를 잡고 뒤를 돌아보는 자는 하나님의 나라에 합당치 아니하니라(눅 9 : 62)." 이 말씀입니다. 그대로 딱 맞는 정확한 말씀입니다. 쟁기를 잡고 뒤를 돌아보는 사람은 합당치 않다—여러분, 잘됐든 못됐든 과거는 과거입니다. 거기에 매여서는 안될 것입니다.

　인간은 생각하는 존재입니다. 생각할 수 있는 이성이라고 하는 소중한 선물, 소중한 기능을 지니고 있습니다. 생각이 지혜요, 생각이 행복이요, 때로 잘못되면 생각이 불행의 원인이 됩니다. 2002년 7월 18일자 「동아일보」에 실렸던 이야기입니다. 세계적인 골퍼로 '골프의 제왕'이라고 불리는 잭 니클라우스가 골프 레슨에서 말해준 퍽 지혜로운 말이 있습니다. 프로 골퍼와 아마추어 골퍼의 차이는 미미하다는 것입니다. 단순히 샷을 날릴 때를 보면 일반 골퍼에도 훌륭하게 잘하는 사람이 많다고 합니다. 그런데 프로와 아마추어의 차이가 어디에 있느냐—그는 중요한 말을 합니다. 그것은 생각이라는 것입니다. 기억력이라는 것입니다. 전문가적인 골퍼는 한 번 골프채를 휘둘러도 잘했는가 못했는가를 생각합니다. 무엇을 잘못했는지 무엇을 잘했는지를 꼭 생각한다고 합니다. 그리고 기억한다는 것입니다. 그런데 전문가가 못되는 일반적인 골퍼는 치다가 잘못되면 마누라 탓하고 기후 탓하고 잔디 탓하고… 그저 다른 사람을 탓하거나 엉뚱한 것을 탓한다고 합니다. 아니면 '재수없다' 한다고 합니다. 그뿐아니라 프로는 course management가 훌륭하다고 합니다. 내가 나가서 운동하게 될 이 골프장을 미리 답사하고 photograph memory, 사진을 찍듯이 골프장을 전부 살펴보고 머리에 환하게 기억을 하고 밤새껏 그것을 생각한다고 합니다. 이 생각을 가지고 다음에 나가서 뛰는 것입니다. 간단히 말하자면 프로 골퍼는 생각이 있고 일반적인 사람들은 멍청하다, 그 말입니다. 생각없이 하는 일은 되는 법 없습니다. 생각, 기억을 하여야 됩니다. 현대인을 가리켜서 '쿼터리즘

(quarterism)'이라고 하는 말을 씁니다. 쿼터리즘이란 짧게 생각하고 빠르게 행동하는 것을 말합니다. 책을 볼 때도 한 페이지를 다 보지 않습니다. 단 몇줄 읽어보고는 알았다, 하고 넘깁니다. 한 권의 책도 단 몇장을 넘기고는 다 알았다는 듯이 덮어버립니다. 연애를 해도 옛날에는 1년 2년, 심지어는 10년씩 길게길게 했는데 요새는 단 세 번 만나보고 뚝딱이라 합니다. 속전속결입니다. 모든 문제에서 그렇습니다. 여러분도 그렇습니까? 그리고 텔레비전 프로그램을 보아도 한 테마를 설명하는 데 옛날에는 한 시간이 걸렸습니다. 지금은 15분입니다. quarter라는 말이 1/4이라는 뜻입니다. 한 시간이 1/4로 줄어들었습니다. quarterism입니다. 다시말하면 깊이 생각하지 못하고 좀더 멀리 생각하는 그것이 없다는 것입니다. 이는 현대인의 큰 결점입니다. 여러분, 반드시 다가오는 미래, 이 결정적 미래는 반드시 생각을 해야 합니다. 생각해야만 하는 것입니다. 그래서 예수님 말씀하십니다. '이것을 생각하라.'

생각이라는 것을 세 차원으로 볼 수 있습니다. 첫째는, 후회라고 하는 생각이 있습니다. 지나간 다음에 생각을 하는 사람이 있습니다. 현재에도 생각하지 못하고 미래는 더더욱 없고 꼭 지나간 다음에야 '그랬으면 좋았을 걸'합니다. 꼭 지나간 다음에야 생각을 하고 후회하는 사람 많습니다. 물건을 사오는 것을 보아도 그렇습디다. 물건 사기 전에 생각을 해야 하는데, 꼭 사가지고 와서 후회를 합디다. 그래 바꿔오는데 그러고도 또 후회를 합니다. 이런 맹랑한 사람이 다 있습디다. 산 다음에는 생각하지를 말아야지요. 가지고 왔다가는 다시 무른다 바꾼다 하고 덤비면 사람이 사람 꼴이겠습니까. 생각이 뒤에 가서는 안됩니다. 그런데 자꾸 뒤에 생각을 하는 것입니다. 후회라고 하면 제게 꼭 기억나는 일이 있습니다.「Jesus Christ, Super Star」라고 하는 뮤지컬이 있습니다. 예수님의 생애를 그린 뮤지컬인데, 내 마음을 크게 아프게 했던 것이 바로 가룟 유다입니다. 가룟 유다가 예수님을 팔고 죽었습니다. 죽었다가 혼령으로 나타납니다. 그 혼령이 슬피 울부짖습니다. "Why didn't you tell me?" 왜 나한테 말씀하시지 않았습니까, 합니다. 십자가가 이렇게 중요한 것이라고, 십자가 뒤에 부활이 있다고 왜 내게 말씀하시지 않았습니까, 그것을 알았다면 제가 왜 예수님을 팔았겠습니까—이렇게 구슬피 울부짖습니다. 저주받은 영혼이 울부짖는 것입니다. 후회입니다. 그러나 지나간 다음에 뉘우쳐도 도리가 없습니다. 후회라는 고통은 인간이 겪는 가장 무거운, 구제받을 수 없는 고통입니다. 후회입니다. 둘째는, 현재를 생각하는 것입니다. 바로 깨달음이라는 것입니다. 깨달음이라고 하는 생각은 현재에 있는 것이고, 또 거기에 행복이 있습니다. 그 의미를 생각하고 기뻐하는, 그런 생각입니다. 셋째는, 전망입니다. prospective, 미래를 생각하는 것입니다. 우리가 말하는 소망입니다. 우리교회 이름이 '소망교회' 아닙니까. 중국에 갔을 때 소망교회라고 했더니 중국사람들이 못알아듣습니다. 중국에는 소망이라는 말이 없다고 합니다. 희망이라고 한다는 것입니다. 그래서 그게 무슨 소리냐, 우리가 중국사람한테 배운 말인데 왜 없느냐 했더니, 학자이자 부장이라고 하는 장관이 내게 설명을 해줍디다. "예전엔 소망이라고 했는데, 요새는 희망이라고 합니다." 여러분, 소망(所望)이 좋은 것입니다. 바라는(望) 바(所), 그것이 소망입니다. 그러나 희망은 내가 생각하는 소원일 뿐입니다. '그랬으면 좋겠다' 하는 것입니다. 희망은 주관적이고, 소망은 객관적인 것입니다. 소망교회라는 이름은 참 잘 지은 것입니다. 처음 이름을 지을 때 소망교회라고 짓자 했더니 더러는 마음에 안드는지 임시로 그렇게 하자고 했었습니다. 그랬던 것이 어느덧 25년이 된 것입니다. 좌우간 이름을 얼마나 잘 지었나 봅시다. 서울 안에 소망교회라고 이름붙인 교회가 30개도 넘습니다. 좋으니까 따라 한 것이 아니겠습니까. '소망'이니까요. 결정적인 미래를 생각하는 것입니다. 소망, 소망이라고 하는 생각, 아주 귀한 것입니다.

오늘본문을 봅시다. 부자와 가난한 사람이 있습니다. 부자는 날마다 향락을 좇았습니다. 요샛말로 파티를 날마다 열고 enjoy했다고 합니다. 나사로라는 거지는 몸에 상처가 있었습니다. 그리고 이 부잣집 상에서 떨어지는 것을 주워먹고 살았다, 개가 와서 그 상처를 핥았다, 합니다. 듣기에 참 마음아픕니다. 이렇게 고통스럽게, 비참하게 살았다는 것입니다. 그런데, 예수님께서 하시는 말씀이 "이것을 기억하라" 하십니다. 이것을 기억하라—무엇? 둘 다 죽었다—이것을 생각하라시는 말씀입니다. 부자도 죽고 가난한 자도 죽고, 잘살아도 죽고 못살아도 죽고, 행복하다 해봐도 임시요 고통당했다 해도 죽으면 그만이다, 임시적인 것이다, 하는 말씀입니다. 우리는 다 똑같이 죽는다는 것을 잊지 마십시오. 어떤 사람은 안죽으려고 몸부림을 칩디다. 여러분, 어떤 때에라도 내가 중병에 걸렸거나 내게 중요한 분이 탈나서 의사가 힘들어하거든 "그냥 갑시다" 그러십시오. 살려달라고 매달리는 것, 보기 흉합디다. 사람 인격, 아무것도 아닙니다. 갈 때면 가는 것이지 뭐 그렇게 야단스럽습니까. 여러분, 안죽으려 하지 말고 잘 죽으려 하십시오. 잘 죽는 것이 중요합니다. 또한 안늙으려들지 마십시오. 안늙어보려고 요새는 또 화덕 앞에 앉아 있기도 하고 마사지를 한다, 수술을 한다, 하는데, 안늙으려 한다고 안늙습니까. 곱게 늙는 그것이 중요한 것입니다. 가끔 어떤 분이 나 보고 이런 말을 합니다. "목사님은 점점 젊어지시네요." 그래서 내가 그 사람 보고 이렇게 말합니다. "거짓말도 정도있게 하세요." 아니, 어떻게 젊어집니까. 이야기는 이렇습니다. 사람은 다 늙습니다. 그러니 늙을 생각이나 하십시오. 늙되 좋게 늙을 것입니다, 발악을 하지 말고… 예쁘게 늙는 것, 이것이 중요합니다. 또 어떤 사람들은 뭘 남기려듭니다. 죽으면서 남기긴 뭘 남깁니까. 또한 기념사업이라나… 저 보고 "목사님께서 40년 목회하셨으니 기념사업…"하고 말하는 장로님들도 있어 제가 여기서 말씀드립니다. 절대 하지 않습니다. 기념사업은 무슨 기념사업입니까. 다음일은 다음사람 보고 하라 하십시오. 내가 하던 일을 거기까지 물려갈 것은 없지 않습니까. 그것이 아닙니다. 기념사업이라는 것처럼 맹랑한 것이 없습니다. 기념비를 세우지 말라—이것은 성경이 주는 교훈입니다. 사울 왕이 이것을 세웠다가 망했습니다. 여러분, 무엇을 기억하려 합니까? 아니, 지금도 시원찮은 사람이 뭘 다음 세대에까지 기억되려고 합니까. 그냥 깨끗하게 가십시오. 뭘 남깁니까, 남기기는. 우리교회 묘지, 어떤 사람이 "비석 뒤에 이름만 좀 쓰면 안될까요?"하기에 "왜요? 꼭 써야겠소?"했더니 가만있다가 "그만두죠"합디다. 쓰면 무엇하고 안쓰면 무엇합니까. 쓸데없는 생각 좀 그만합시다. "이것을 기억하라"—둘 다 죽었다, 그 말씀입니다. 모든것이 헛되다는 것입니다. 두 번째는, 모두가 하나님 앞에 섰다는 것입니다. 하나님 앞에 서서 어떻게 되느냐가 중요합니다. 거지 나사로는 하나님의 위로를 받았고, 부자는 여기서 문제가 되는 것입니다. 결국은 현세에 산 그

생활대로 내세에서 심판을 받았다는 것입니다. 그리고 이어지고 있더라는 말씀입니다. 이것을 생각하여야 됩니다. 철학자 이마누엘 칸트는 말합니다. 지옥과 천당은 반드시 있어야 한다고, 있다 없다 시비에 앞서서 반드시 있어야 한다, 왜? 이 세상에는 모순이 많기 때문이다, 부조리도 많고 모순도 많다, 천당 지옥이 없다면 하나님의 공의는 무너진다, 그러므로 천국과 지옥은 반드시 있어야 한다—대철학자의 말입니다. 여러분, 하나님 앞에서, 거기에서 결정이 되는 것입니다.

그리고 오늘본문의 주제가 되는 중요한 말씀은 이것입니다. 그러면 무엇으로 우리가 평가되느냐입니다. 잘살고 의롭고 깨끗하고 좋은 일 많이 하고 선한 일 많이 하고…? 아닙니다. 오직 하나, 기준은 mercy, 긍휼이 있느냐 없느냐입니다. 이 부자가 돈을 어떻게 벌었는지는 말씀이 없습니다. 부정축재를 했는지 못할짓을 했는지 율법을 지켰는지 안지켰는지, 성경은 말씀하지 않습니다. 오직 하나, 긍휼함이 없었습니다. 불쌍히 여기는 마음이 없었습니다. 여러분, 죄송하지만 의인은 없나니 하나도 없습니다. 의로우면 얼마나 의롭고 깨끗하면 얼마나 깨끗하겠습니까. 문제는 하나님의 긍휼하심을 힘입어야 한다는 것입니다. 하나님께서 불쌍히 여기셔야 구원을 받습니다. 그러려면 내가 남을 불쌍히 여겨야 합니다. 마태복음 5장에 예수님께서 말씀하십니다. "긍휼히 여기는 자는 복이 있나니 저희가 긍휼히 여김을 받을 것임이요…" 오직 긍휼입니다. 이것을 잊지 말아야 합니다. 불쌍히 여기는 마음은 하나님의 마음입니다. 이것은 수직적인 마음이요 위에서 내려오는 마음입니다. 하나님 닮은 마음입니다. 여러분이 선한 사마리아사람 비유를 아십니다. 불한당만난 사람이 여리고의 길가에 누워 있었다. 제사장이 그냥 지나쳐가고, 레위사람이 지나쳐가고… 바빠서 갔겠지만 문제는 제사장, 레위사람, 그들이 얼마나 깨끗하냐 의로우냐, 묻지 않는다는 것입니다. 문제는 다만 긍휼이 없었다는 것입니다. 죽어가는 사람 보고 그냥 지나갔습니다. 그러므로 유명한 신학자 윌리엄 버클리가 「The Mind of Jesus」라는 저서에서 이렇게 말합니다. '예수님께서 생각하시는 죄는 오직 하나, 긍휼없음뿐이다.' 우리 인간이 생각하는 의는 다 소용이 없다, 오직 긍휼이 있느냐 없느냐, 이것 하나를 묻고 계신다, 하였습니다. 여러분, 죽어가는 사람 보고 그냥 지나가면 그것이 죄라는 것을 알아야 합니다. 용서받을 수 없는 죄입니다. 살인을 했느냐 간음을 했느냐 묻지 않습니다. 당신에게 긍휼이 있느냐 없느냐를 묻는 것입니다. 깊이 생각하여야 합니다. 무조건적으로 불쌍히 여기는 마음을 가져야 합니다. 또한 오늘본문에 보면 이 부자가 저 지옥으로 떨어지고나서, 그때가서 뉘우쳤습니다. 불쌍히 여겨주십사 합니다. 그러나 때는 지났습니다. 왜 그렇습니까. 긍휼에는 때가 있습니다. 기회가 있습니다. 베풀어야 할 시간에 베풀지 않으면 베풀 수 없습니다. 불쌍히 여겨야 할 시간에 불쌍히 여기지 않으면 불쌍히 여길 수가 없습니다. 불쌍히 여겨야 할 대상이 내 앞에 있다는 것은 하나님께서 내게 주신 기회입니다. 이 기회를 놓치면 다시 돌아오지 않는 것입니다. 그것을 잊지 말아야 합니다. 중세에 수도사들은 사람을 만나면 이렇게 인사를 했다고 합니다. 우리는 인사할 때 "안녕하세요?" "Good morning!" 혹은 "좋은 아침입니다"하는 좋은 인사가 많지만 그때의 수도사들은 그렇게 인사하지 않았습니다. "memento mori"하고 인사했습니다. memento는 기억하라, 생각하라, 하는 뜻이고 mori는 죽음입니다. "죽음을 생각하라." 오늘이 네 마지막날이 될 수 있다는 것을 생각하라, 항상 죽음을 생각하라, 하였습니다. 여러분, 행복한 사람이 누구입니까. 오늘본문에서 말씀하는 복자는 누구입니까. 거지 나사로입니다. 그가 복된 사람입니다. 부자는 불행한 사람이더라고요. 주께서는 이것을 기억하라, 하십니다. 왜요? 하나님 앞에 가서 긍휼하심을 입은 사람이, 위로를 받는 사람이 행복한 사람이기 때문입니다. 땅에서 제아무리 잘살았다해도 하늘나라에 가서 버림을 받으면 그 사람은 불행한 사람입니다. 여러분, 오늘 불쌍히 여기는 마음을 거절하지 마십시오. 하나님의 마음입니다. 우리의 마음속에서 불쌍히 여기는 마음이 끓어오를 때 이것을 배반하지 마십시오. 배반하고나면 잠 못잡니다. 그것이 인간입니다. 그러나 여러분이 불쌍히 여길 때 힘에 넘치도록 한번 긍휼을 베풀어보십시오. 베풀고나면 여러분의 마음이 밝아집니다. 여러분의 마음속에 하나님의 나라가 이루어집니다. 이 행복이 영원으로 이어집니다. 그러므로 예수님께서 말씀하십니다. "이것을 기억하라." 오직 긍휼만이 영생의 길이요 행복의 길이요 오늘을 사는 길입니다. "이것을 기억하라." △

이 아브라함의 딸

　안식일에 한 회당에서 가르치실 때에 십 팔 년 동안을 귀신들려 앓으며 꼬부라져 조금도 펴지못하는 한 여자가 있더라 예수께서 보시고 불러 이르시되 여자여 네가 네 병에서 놓였다 하시고 안수하시매 여자가 곧 펴고 하나님께 영광을 돌리는지라 회당장이 예수께서 안식일에 병 고치시는 것을 분내어 무리에게 이르되 일할 날이 엿새가 있으니 그 동안에 와서 고침을 받을 것이요 안식일에는 말것이니라 하거늘 주께서 대답하여 가라사대 외식하는 자들아 너희가 각각 안식일에 자기의 소나 나귀나 마구에서 풀어내어 이끌고 가서 물을 먹이지 아니하느냐 그러면 십 팔 년 동안 사단에게 매인 바 된 이 아브라함의 딸을 안식일에 이 매임에서 푸는 것이 합당치 아니하냐 예수께서 이 말씀을 하시매 모든 반대하는 자들은 부끄러워하고 온 무리는 그 하시는 모든 영광스러운 일을 기뻐하니라
　　　　　(누가복음 13 : 10 - 17)

이 아브라함의 딸

　무척이나 인형을 좋아하는 한 소녀가 있었습니다. 그 집에 한 손님이 찾아왔습니다. 이 소녀는 손님 앞에서 여러 인형을 꺼내서 기쁜 마음으로 자랑을 하고 설명을 합니다. 이렇게 인형을 좋아하는 소녀의 밝은 얼굴을 보다가 그 아저씨는 이렇게 물었습니다. "애야, 너는 이 중에서 어떤 인형을 가장 사랑하고 좋아하느냐?" 소녀는 한참 말이 없다가 방글방글 웃으면서 아저씨에게 다짐을 받아내는 것이었습니다. "이제 제가 제일 좋아하는 인형을 보여드릴 테니까요 절대로 웃으시면 안됩니다. 약속할 수 있어요?" "그럼!" 약속을 했습니다. 이 아이는 저 뒤에 있는, 코는 주저앉고 팔다리는 떨어지고 옷은 다 해진 가장 못난 인형을 하나 들고 나왔습니다. "나는 이 인형을 제일 좋아합니다." 적이 놀란 아저씨가 "어째서냐?" 하고 물었더니 이 아이는 대답합니다. "이 인형이 저와 제일 오랫동안 같이 있었거든요. 오랫동안 내가 사랑한 인형이에요. 그리고 제가 이 인형을 사랑하지 않으면 아무도 사랑해줄 사람이 없는 못난 인형이기 때문이에요." 이 소녀의 마음이 얼마나 아름답습니까. 꼭 같은 이야기가 있답니다. 남편을 여의고 아이 넷을 키우며 하숙을 치고 어렵게 살아가는 여인이 있었습니다. 그 하숙에서 하룻밤을 지내게 된 어떤 손님이 아이들을 정성껏 돌보고 위하여 수고하는 여인의 모습을 보고 물었답니다. "아주머니는 네 자녀 중 어느 아이를 가장 사랑하십니까?" 이 어머니는 대답합니다. "맏아들이에요. 우리 첫사랑의 열매이기 때문에 제가 제일 사랑합니다." 그러더니 곧 부인합니다. "아니올시다. 저는 둘째를 제일 사랑합니다. 둘째는 우리집 4남매 중 하나뿐인 고명딸이거든요. 이 애가 재롱을 부리고 예뻐요. 그래서 사랑합니다. 아, 아니올시다. 저는 막내를 제일 사랑합니다. 왜냐하면 이 애는 유복자로서 제 아버지 얼굴도 못보았거든요. 그래서 이 애를 제일 사랑합니다." 그러더니 여인은 그 또한 부인하고 한참을 생각하더니 눈물을 머금고 대답합니다. "사실은 제가 셋째를 제일 사랑합니다. 셋째는 소아마비에 걸렸거든요." 여러분, 그런 생각 아십니까? 병든 자식을 더 사랑한다고요. 오히려 약한 자식을 더 사랑합니다. 문제 있는 자식을 부모는 더 사랑합니다. 그것이 진정한 사랑입니다. 공부를 잘하느니 못하느니, 인물이 잘났느니 못났느니, 그것은 사랑이 아닙니다. 사랑은 무조건적이고 절대적입니다. 사랑의 이유는 사랑일 뿐입니다. 왜 사랑하느냐고는 묻지 마십시오. 사랑하는 것입니다. 이것은 창조적인 사랑이기 때문입니다.

오늘본문에는 가장 비참한 한 인간상이 나타납니다. 그는 몸이 꼬부라졌다고 했습니다. 척추장애자입니다. 허리를 펴지 못하는 꼬부라진 사람입니다. 18년 동안을 그렇게 살아왔습니다. 장기병자입니다. 어쩌면 누구도 이 장애자에게 아무런 기대를 하지 않을 것입니다. 오랫동안 병중에 있어 고침받지 못했기 때문에 어쩌면 가족들도 그를 다 버렸으며 그에게 소망이 있다고는 생각못했습니다. 말하자면 모두로부터 완전히 소외되고 버려진 존재였습니다. 그도그럴것이 그는 귀신들린 사람입니다. 다른 말로 해서 정신적 장애요 의식부자유자입니다. 말을 할 수도 없고 들을 수도 없습니다. 그러니 사랑한다고 사랑을 압니까, 준다고 고맙다 하겠습니까. 아무것도 모르는 것입니다. 어찌 생각하면 인간이라고 하기에도 참 민망할 정도입니다. 영 쓸모가 없는 것입니다. 몸도 병들었고 정신도 병들었고 인격도 병들었습니다. 우리 인간의 흔히 보는 보편적 가치로 볼 때는 쓸모가 없는 것입니다. 버려진, 완전히 소외당한 불쌍한 청년이었습니다. 가치론의 대표적 학자인 R. B. 페리(Ralph Barton Perry)의 가치론을 간단히 요약하면 이렇게 볼 수 있습니다. 첫째는 물질적 가치—사람들은 물질적 가치를 소중히 여깁니다. 그래서 얼마나 많이 가졌느냐입니다. 여러분이 아시는대로 돈이 많으면 대접받고 돈이 없으면 천대받지 않습니까. 또한 얼마나 소비하느냐입니다. 가졌더라도 구두쇠라면 소용이 없습니다. 얼마나 돈을 쓰고 사느냐, 이것이 그 사람의 가치입니다. 물질로 인해서 우리 인간의 가치가 오르고내립니다. 둘째는 신체적 가치입니다. 건강하고 잘먹고 튼튼하고, 그리고 늠름해보일 때 가치가 있습니다. 요즘에는 흔히 말하는대로 키도 한 180미터 되고… 그렇지 않습니까. 월드컵경기를 계기로 축구선수들이 아주 인기가 많습니다. 확실히 신체적 가치가 높습니다. 이렇게 평가됩니다. 셋째는 정신적 가치입니다. 혹은 심리적 가치입니다. 얼마나 예술성이 있느냐, 아름다움을 갖추었느냐, 사람들의 마음에 얼마만큼 아름다운 마음을 줄 수 있느냐, 또 행복을 줄 수 있느냐, 이런 것입니다. 그러나 네 번째 가치는 인격적 가치입니다. 의미의 추구입니다. 그 사람이 어떤 목적으로 사느냐입니다. 그리고 어떤 목적을 지향하여 사느냐입니다. 또 어떤 의미의 생을 사느냐, 그것이 그 사람의 가치입니다. 목적이 가치를 평가하기 때문입니다. 그러므로 궁극적인 것을, 높은 것을, 영원한 것을 지향하고 살 때 그만큼 인생의 가치는 높아집니다.

자, 저러한 가치론에 한번 준해서 본문의 이 여자를 생각해보십시오. 그에게 물질적 가치가 있습니까 신체적 가치가 있습니까 정신적 가치가 있습니까 인격적 가치가 있습니까. 이 원리에 준해서 생각해보면 완전히 제로입니다. 어쩌면 살아 있다고 하는 것 자체가 많은 사람에게 폐를 끼치는 일입니다. 모든 사람이 이 사람이 필요하다고 생각하지를 않습니다. 그러한 존재입니다. 그러나 오늘본문에 보는대로 예수님께서는 (잘 보십시오) 이 여자를 만나고 말씀하십니다. "이 아브라함의 딸을…" 여기서 예수님의 인간가치론이 나옵니다. 예수님께서는 사람을 어떻게 보셨느냐, 어떤 기준에 의해서 평가하고 어떤 기준에 의해서 사람의 사람됨을 보셨느냐—분명한 것은 사람을 외모로 취하지 않으셨다는 사실입니다. 그의 소유로 평가하시지도 않았습니다. 그의 지식으로도 아닙니다. 심지어는 그의 건강과 젊음으로도 아닙니다. 예수님의 평가기준은 오로지 내면적 존재입니다. 아브라함의 딸—다시말해서 하나님의 형상을 보신 것입니다. 내면적 세계를 보십니다. 겉으로는 불쌍합니다. 사람같지도 않습니다. 모든 사람에게 멸시를 당합니다. 그러나 예수님께서는 그 사람 속에 있는 하나님의 형상을 보십니다. 이것을 잊지 말아야 합니다. 우리가 지식이 있든지 없든지, 소유가 있든지 없든지, 사람을 소중히 여겨야 하는데 그것은 그 속에 하나님의 형상이 있기 때문입니다. 하나님의 형상, 말이 통하든 안통하든 상관이 없습니다. 하나님의 형상, 그것을 보고 우리는 사람을 대하고 그 가치를 평가해야 합니다. 예수님께서는 그 인간의 내면을 보시고 아브라함의 딸이다, 선민의 딸이다, 소중히 여기십니다. 이것을 잊지 말아야 합니다. 내면에서 보아야 됩니다. 또한 그에게서 자유를 잃어버린 불쌍한 영혼을 보십니다. 자유를 잃어버렸습니다. 왜 이렇게 되었습니까. 그는 지금 건강을 잃어버리고 특별히 마귀에게 붙들렸습니다. 자유를 잃어버린 부자유하고 억압된 생명을 보십시오. 여러분, 이것을 알아야 합니다. 현재를 볼 것이 아닙니다. 또 외형만 볼 것이 아닙니다. 지금 자유가 없습니다. 무엇에 붙들려 있다는 것입니다. 스페인의 철학자 호세 오르테가(Jose Ortega Y Gasset)가 재미있는 책을 썼습니다. 「집단의 반란(The Revolt of the Masses)」라고 하는 책입니다. 이 책에 독특한 학술용어가 쓰이고 있습니다. '전문화의 야만주의'라고 했습니다. the barbarism of specialization, 이것이 아주 재미있는 말입니다. 이 무슨 말이냐 하면, 이렇습니다. 지식이라고 하면 일단 단순 지식이 있습니다. 무언가를 많이 알고 있는 것입니다. 반면에 단순 무식이 있습니다. 알아야 할 것들을 모릅니다. 그래서 멍청합니다. 아는 사람, 모르는 사람, 이렇게 둘이 있습니다. 문제는 제 3의 사람입니다. 무엇인가하면 유식하게 무식한 것입니다. 알아들었습니까? 아는 것같은데 아무것도 모릅니다. 이것이 문제입니다. learned ignorance라고 했습니다. 공부 많이 한 무식한 사람입니다. 그것이 왜 그런가하면 전문화 때문입니다. 너무 한쪽으로만 공부하기 때문입니다. 언젠가 한번 제가 어느 잡지에서 의학도 이제는 부득불 일반의학을 많이 해야 하겠다는 논문을 본 적이 있습니다. 왜냐하면 의사들이 너무 전문적으로 전문적으로 공부를 해서 환자가 하나 왔을 때 그 사람 진찰을 하지 못합니다. 자기가 공부하지 않은 것은 모르기 때문입니다. 내가 공부한 분야의 환자가 와야 알지 그렇지 않은 환자는 아무리 보아도 진찰조차 하지 못한다는 것입니다. 그래서 일반의학을 많이 하지 않으면 안되겠다는 이야기입니다. 병도 얼마나 종류가 많습니까. 그런데 의사들은 딱 하나만 공부했습니다. 그러니까 하나는 알고 다른 것은 모르는 것입니다. 모든 지식이 그렇습니다. 전문적으로 한쪽으로만 너무 많이 공부하는 동안에 다른 공부를 하지 못했습니다. 그러니 무식할 수밖에 없습니다. 그러니 여러분, 혹 공부를 많이 못했더라도 절대 '나는 무식하다'라고 생각하지 마십시오. 왜냐하면 어차피 무식한 사람들끼리 사니까요. 다 무식하니까요. 왜? 전체적인 것을 모릅니다. 또 하나, 무엇보다 중요한 것은 가치관을 모르고 있다는 것입니다. 삶의 의미와 목적을 모르고 있습니다. 열심히 연구만 했지 왜 한다는 것을 모릅니다. 심지어 어떤 분들은 연구, 연구, 하면서 건강까지 해칩니다. 그리해서 뭘 하겠다는 것입니까. 어떤 사람들은 또 병들어가면서 돈을 번다고 기를 쓰는데 그렇게 벌어서 뭘 합니까. 어리석은 짓입니다. 무엇을 안다고 하는데 실상은 모르고, 무엇을 가졌다 하는데 실상은 아무것도 없습니다. 여러분은 혹시 은행빚 없습니까? 없다면 당신은 재벌입니다. 요새는 빚 없는 사람이 재벌입니다. 요새 돈 있다는 사람들, 그 돈 다 빚입니다. 제 돈 하나도 없습니다. 있다고 하나 아무것도 없고, 뭘 할 수 있다고 하나 아무것도 못합니다. 제일 불쌍하고 무식한 사람이 내가 뭘 좀 안다고 생각하는 사람입니다. 알긴 뭘 압니까. 아는 양 하지만 실상은 그렇게 모를 수가 없더라는 것입니다. 그래서 이것을 비웃는 이런 학설이 나와 있습니다. 유식한 무식이 있다는 것입니다.

그렇다면 저러한 것이 다 무엇을 말하는 것입니까. 자기우상화의 감옥에 갇힌 것입니다. 무엇을 아는 줄 아는데 실은 안다고 착각하는 감옥 속에 갇힌 것입니다. 그런 주제에 아는 줄 알고 있습니다. 자유가 없습니다. 이제부터는 들리는 것도 없고 보는 것도 없습니다. 이 얼마나 문제거리입니까. 어떤 사람은 교만의 감옥에 있고 욕심의 감옥에 있고, 혹 어떤 사람은 열등의식의 감옥에 있고, 어떤 사람은 자기고집이라고 하는 감옥에서 헤어나지 못하고 있습니다. 불쌍한 일입니다. 불쌍한 영혼입니다. 정말 불쌍한 사람을 볼까요? 제가 북한에 갈 때마다 늘 수수께끼같은 것을 봅니다. 어떻게 이 어려운 사회가 이 체제를 유지하고 나아갈 수 있을까? 아, 거기는 뭐 분명합니다. 강한 체제를 볼 수 있습니다. 어떻게 이것이 가능할까? 거기에 이유가 있습니다. 제가 언제 이 사실을 깨닫고 깜짝놀랐습니다. 지금 북한을 주도하고 있는 지도자들이 6·25때 그 무자비한 폭격으로 부모가 다 죽고 고아로 살아남은 아이들이었습니다. 그들이 커서 지금 지도자가 된 것입니다. 본인들이 말합니다. "나는 아버지 어머니 모릅니다. 아버지 어머니를 본 적이 없습니다. 미제국주의자 놈들이 폭격을 해서 다 죽었대요. 수령님께서 우리를 거두어주셔서 탁아소, 고아원을 거쳐서 지금 이렇게 이 나라를 위해서 일하게 되었습니다. 진짜수령이요 진짜어버이입니다. 어버이수령입니다. 아버지 어머니는 모릅니다. 그러므로 그가 가라 하면 가고 오라 하면 오고 죽으라면 죽습니다." 아, 무섭습니다. "그리고 우리 아버지 어머니 죽인 그놈들, 내가 복수할 것입니다"합니다. 보십시오. 이 원한, 이 복수심에 꽉 막힌 것입니다. 여기에 붙들렸습니다. 다른 아무것도 생각이 없는 것입니다. 복수할 마음밖에 없는 것입니다. 이 얼마나 불쌍합니까. 그래서 북한이 못사는 것입니다. 무기 준비하고 전쟁 준비하느라고 거기에다 온정력을 다 쏟다보니 되는 것이 없습니다. 참으로 불쌍합니다. 변증법적 이데올로기의 노예가 되어가지고 헤어나지를 못합니다. 여러분, 이 점을 생각하여야 합니다. 그 속사람은 다 우리와 같답니다. 그런데, 이렇게 노예가 되었습니다. 이렇게 감옥에 갇혀 있습니다. 무슨 악한 마음, 잘못된 생각, 증오심, 원한, 섭섭한 마음, 분한 마음에 꽉 붙들리면 눈에 아무것도 안보입니다. 다른 아무것도 생각 못합니다.

오늘 예수님 앞에 있는 이 불쌍한 여자, 18년 동안 귀신한테 붙들려 있었습니다. 들은 것도 없고 본 것도 없습니다. 어떻게어떻게 생명만 유지했습니다. 그는 자유가 없습니다. 들을 수 있는 자유, 깨달을 수 있는 자유, 느낄 수 있는 자유, 없습니다. 예수님 말씀하십니다. "이 매임에서 푸는 것이 합당치 아니하냐." 지금 매여 있습니다. 속박되어 있습니다. 몸의 문제가 아닙니다. 정신이 완전히 속박되어 있습니다. 여러분, 여러분은 얼마나 자유를 누리고 있습니까? 자유를 잃어버린 사람처럼 불쌍한 사람이 없습니다. 가만히 보면 어떤 사람들은 담배를 피우는 것, 거기에 붙들려서 자유가 없습니다. 공항에 나가 보면 한쪽구석 칸막이 해놓은 데 들어가 쪼그리고 앉아 담배피우는 사람들 보면, 저는 지나가면서 한 번씩 웃습니다. '이 불쌍한 사람들아, 어쩌다가 그렇게 되었나?' 멀쩡하게 생긴 사람들이 그렇더라고요. 이거 보십시오. 보이지 않는 끈에 매여서 무엇엔가 노예가 된 것이지요, 이게. 그것뿐입니까. 금권욕, 명예욕에다 버럭버럭 화를 내는 것, 잘못된 습관에 젖은 것… 다 매인 것입니다. 다 뭐에 씌운 것입니다. 확실하게 씌운 것입니다. 제정신 없습니다. 예수님께서는 이것을 이해하십니다. '저는 매였다, 매였기 때문에 불쌍한 것이다, 풀어야겠다'고 생각하십니다. 그리고 은총의 시각에서 보십니다. 은혜를 플러스 알파로 부여하시고 은혜 속에서 이 여자를 보십니다. 여러분, 미래가 보여서 사랑하는 것이 아닙니다. 사랑하면 미래가 보입니다. 아이들이 장난을 칩니다. 심한 장난을 칠 때 그들을 사랑하는 부모는 생각합니다. '저 애는 발명가가 되려나보다' 막 고집을 부리고 뒹굴고 할 때도 사랑의 시각으로 보면 "쟤가 의지력이 있어. 개성이 있다고 쟤가…" 왜요? 미래를 보지 않습니까, 미래를. 사랑의 시각으로 보니 미래가 보이는 것입니다. 오늘 예수님께서는 이 여자를 봅니다. 이 매여 있는 불쌍한 여자를 보시고 이제 예수님께서 병을 고치고나면 이 여자가 멀쩡한 사람이 될 것이고 그 다음에 한평생 주께서 내게 베푸신 은혜를 간증하고 살 것이라고 생각하십니다. 그 아름다운 여자를 생각하십니다. 이것이 예수님의 마음입니다. 미래와 소망을 환하게 보고 계십니다. 여러분, 육체적으로 부자유하십니까? 물질적으로 부자유하십니까? 이보다 더 무서운 것은 죄의 노예가 된 것이요, 혈기의 노예, 욕심의 노예가 된 것입니다. 잘못된 이데올로기의 노예가 된 것, 참으로 불쌍한 것입니다. 예수님 말씀하십니다, 이도 아브라함의 딸이라고. 이 아브라함의 딸을 풀어주는 것이 마땅치 않느냐─여러분, 온전한 자유인이 될 때 하나님의 영광을 볼 수 있습니다. 또한 매여 있는 사람들을 자유케 하는 일, 그 불쌍한 것에서 자유케 하는 일이 바로 우리에게 맡겨진 사명입니다. △

삼가 말씀에 주의하는 자

　지혜를 얻는 것이 금을 얻는 것보다 얼마나 나은고 명철을 얻는 것이 은을 얻는 것보다 더욱 나으니라 악을 떠나는 것은 정직한 사람의 대로니 그 길을 지키는 자는 자기의 영혼을 보전하느니라 교만은 패망의 선봉이요 거만한 마음은 넘어짐의 앞잡이니라 겸손한 자와 함께 하여 마음을 낮추는 것이 교만한 자와 함께 하여 탈취물을 나누는 것보다 나으니라 삼가 말씀에 주의하는 자는 좋은 것을 얻나니 여호와를 의지하는 자가 복이 있느니라

(잠언 16 : 16 - 20)

삼가 말씀에 주의하는 자

이러한 우스갯소리가 있는 것을 여러분이 아시는지 모르겠습니다. 한국에서 무슨 일에든지 성공을 하려면 'ㄲ'으로 시작되는 여섯가지가 있어야 한다고 합니다. 꿈, 꾀, 꼴, 끈, 끼, 깡 — 이런 것입니다. 꿈 — 이상이겠지요. 꾀 — 지혜이고 꼴 — 외모가 있어야 한다, 끈 — 연고 끼 — 소질이 있어야 한다, 그리고 깡은 그야말로 깡인데 말하자면 끈기가 있어야 한다는 것이겠습니다. 글쎄올시다. 하버드대학의 대니얼 골맨(D. Goleman) 교수는 성공하는 사람들을 나름대로 사회학적으로 잘 분석하여 성공의 요건을 단 두 가지로 요약하였는데 바로 IQ가 20%, EQ가 80%라는 것입니다. 이것은 우리네의 기대치와 좀 다릅니다. 우리 생각은 IQ가 높아야 한다는 것입니다. IQ라고 하면 지식, 재능, 기술을 다 포함한 것입니다. IQ가 높아야, 곧 머리가 좋아야 하는 것입니다. 그런데 이것은 20%밖에 되지 않습니다. 그리고는 EQ입니다. Emotional Quotient, 감성지수가 높아야 된다는 것입니다. 우리가 쉽게 말해서 그저 마음이 좋아야 한다는 것입니다. 마음씨가 좋아야 된다 — 이것은 의외입니다. 바로 어제도 어떤 예쁘게 생긴 탤런트아가씨가 텔레비전에 나왔는데 인터뷰를 하면서 "장차 어떤 남자와 결혼을 하겠습니까?"하고 물었더니 대답하기를 "제가 어렸을 때는 누구누구같은 미남, 뭐 키가 얼마고 머리가 좋고, 이렇게 생각을 했는데 요새 나이가 30이 넘으면서 생각이 바뀌었습니다. 그저 마음이 좋은 사람이면 좋습니다" 합니다. 그래서 제가 '철이 났구나'하고 생각을 했습니다. 여러분, 이 마음씨라는 것, 이 감성지수가 모든것을 가능케 합니다. 아무리 지능이 높아도 감성이 낮으면 그 지능이 소용없습니다. 그 머리좋은 것 때문에 저도 고생이고 남도 고생입니다. 성공이 그것에 있는 것이 아니고 감성에 있다, 하는 것입니다.

글랜 힌슨(Glann Hinson)이라고 하는 현대 영성학자는 현대인들이 하나님의 음성을 가까이 귀담아듣지 못하는 이유가 두 가지 있다, 하였습니다. 첫째는 too busy, 너무 바쁘다는 것입니다. 일 자체에 몰두하고 성과주의에 빠지고 성공에만 급하여 성공이 무엇인지도 생각하지 못한다, 의미도 깊이도 없이 그저 뛰고 있는 것이다, 생각하고 뛰는 것이 아니고 뛰면서 생각하는 것이다, 열심히 뛰고 바쁜데 왜 바쁜지도 모르겠고 이 바쁨의 결과가 무엇인지 생각할 겨를도 없다, 그러니 하나님의 음성을 들을 수 없을 수밖에 없다는 것입니다. 두 번째는 noisy라고 했습니다. 너무 산만하다는 것입니다. 많은 볼거리가 있습니다. 많은 들을거리가 있습니다. 여러분, 요새 우리는 많이 보고 듣고 삽니다. 휴가가는 사람들을 보니 강릉까지 두 시간 십오 분이면 가는 것을 요새는 여덟 시간, 열 시간 간다고 합니다. 노상에서 열 시간이라니, 얼마나 힘든 일입니까. 텔레비전에 해운대 해수욕장 나오는 것을 보니 그게 목욕탕도 아니고 죽탕입니다. 물은 하나도 안보이고 사람만 보이더라고요. 도대체 그게 왜 그래야 되나? 내 하도 기가막혀서 "이 사람들이 왜 이 고생을 하는지 모르겠네"했더니 내 말을 들은 사람이 내게 말하기를 "목사님, 거 모르는 소리 하지 마세요. 그 재미에 가는 겁니다. 시끄러운 재미에 가는 것이랍니다. 와글와글해야지 쓸쓸하면 누가 가겠습니까"합니다. 그것도 또 말이 되는 것같습디다. 그렇지요? 요새는 선택의 여지 없이 들어야 합니다. 선택의 여지 없이 보아야 됩니다. 만나고 싶지 않은 사람도 만나야 됩니다. 겪고 싶지 않은 일도 겪어야 됩니다. 선택의 여지가 없습니다. 제가 퍽 유감스럽게 생각하는 것이 있습니다. 산천경개가 좋은 유원지, 좀 조용했으면 좋으련만 거기다 대고 식당같은 데서 스피커를 내놓고 흘러간 노래같은 것을 고래고래 불러대는 것입니다. 시장님께 전화라도 걸어보든지 해야지 안되겠습니다. 좀 조용한 데라고 찾아왔는데 오히려 서울 도심보다도 더 복잡하고 더 시끄러웠습니다. 듣고 싶지 않아도 들어야 합니다. 보고 싶지 않아도 보아야 합니다. 이렇게 세월이 흘러가면서 우리들의 마음이 산만해졌습니다. 어느 사이에 그만 산만해졌습니다. 깊은 명상도 깊은 생각도 없습니다. 인간궁극에서 하나님을 만나게 돼 있는데, 이제 조용하게 이 모든 관계를 끊고 하나님과 만날 수 있으려면 어찌해야 할 것같습니까. 미안하지만 병원에 입원하기 전에는 안됩니다. 엄청난 사건을 만나기 전에는 제정신 돌아오지 않습니다. 그냥 맞물려돌아갑니다. 시끄럽게 돌아갑니다. 하나님의 음성을 들을 수가 없습니다. 우리 믿는 사람들도 보니 기도하는 시간이 없습니다. 물어보았더니 딱 세 번 기도한다고 합니다, 식사할 때. 그러니 하나님의 음성을 들을 기회가 없습니다. 그러면 우리의 영혼이 어떻게 되겠습니까. 영혼이 황폐해질 수밖에요. 그래서 영혼에 병이 생기고 마음에 병이 생깁니다. 이기심에 빠지고 자기우상화가 되고 자신도 모르는 사이에 짜증이 나고 교만해집니다. 낙심도 절망도 다 교만에서 옵니다. 끝없는 욕심의 노예가 되어 모두가 피해자입니다. 비참합니다. 큰 전쟁을 치른 다음에 오는 패병의 모습입니다. 해서 주님의 음성을 들을 수가 없다, 그 말씀입니다. 역사의 음성을 들어야 하고 양심의 음성을 들어야 하고 하나님의 음성을 들어야 하는데 들을 길이 없습니다. 너무 바쁘고 너무 시끄럽습니다.
 여러분, 이보다 더 무서운 것은 하나님의 말씀이 들리지 않는다는 것, 들려지지 않는다는 것은 심판이라는 사실입니다. 기도할 때, 성경볼 때, 설교들을 때, 나의 마음에 하나님의 음성이 들려지지 않는다면 이미 현재적으로 심판을 받고 있다는 것을 알아야 합니다. 내가 지금 어디로 가고 있느냐입니다. 멸망을 좋아하는 사람은 없습니다. 실패를 좋아하는 사람이 어디 있겠습니까. 그러나 사람들은 교만을 즐기고 있습니다. 오늘 성경이 말씀하기를 교만은 멸망의 선봉이라 하였습니다. 교만하고 멸망합니다. 그런데 멸망은 싫으나 교만은 즐기고 있습니다. 저번 월드컵행사 속에서 우리가 배운 것이 무엇입니까. 가장 크게 배운 것이 무엇인가하면 교만한 자를 물리치신다는 것입니다. 오만한 사람은 다 망했습니다. 하나님께서는 교만을 허락지 않으십니다. 그런데 교만을 즐긴다면 어떻게 되겠습니까. 그것은 멸망을 자초하고 있다는 뜻입니다. 여러분, 내가 어디로 가는 것입니까? 내 마음의 성향이 어디로 기울어지고 있습니까? 점점 겸손해지고 있습니까, 아니면 점점 교만해가고 있습니까? 구약성경에서 예를 들어봅시다. 가장 큰 예가 아마도 사울 왕의 경우일 것입니다. 사울 왕이 겸손할 때, 스스로 작게 여길 때 하나님께서 그를 높이고 높여서 이스라엘의 왕으로 세우셨습니다. 그렇지만 그가 교만하게 되었을 때 하나님께서 그를 버리셨습니다. 그가 여호와의 말씀을 버렸기 때문에 '내가 너를 버리노라' 분명히 말씀하십니다. 그러나 여러분 잊지 마십시오. 사울 왕은 전쟁에 성공하였습니다. 승전했습니다. 싸움에서 이겼습니다. 전쟁에는 이겼는데 자기마음을 다스리는 데 실패했습니다. 교만해지고 말았습니다. 그래서 자기기

넘비를 세웠습니다. 하나님께서 크게 책망하셨습니다. 그런가하면 은사를 모독하였습니다. 제사는 사무엘선지가 하나님 앞에 드리는 것입니다. 그 외의 누구도 할 수 없습니다. 왕이라해도 할 수 있는 일이 아니었습니다. 그런데 사무엘 대신 자기가 제사를 드렸습니다. 교만했습니다. 하나님께서 주신 은사를 모독했습니다. 그때 하나님께서 크게 책망하십니다. 그뿐입니까. 다윗을 죽이려고 쫓아다닙니다. 가만히 상상을 해보십시오. 자기의 사위입니다. 그리고 충성된 신하입니다. 그런 다윗을 죽이겠다고 군사를 몰고 쫓아다니는 이 늙은 사울을 생각해보십시오. 얼마나 비참하고 얼마나 한심한가요. 무엇엔가 씌웠지 않습니까. 악령에 씌워서 이러고 다니다가 결국은 죽었습니다. 얼마나 비참합니까. 작은 성공이 큰 미래를 망친다는 말이 있지요. 그는 전쟁에 이겼습니다. 차라리 패했더면 좋았을 것을 전쟁에 이겼다는 것 때문에 아주 망가지고 말았습니다. 교만해지면서 그와 그 가문, 그 족벌이 다 망했습니다. 이 얼마나 비참한 이야기입니까. 문자그대로 교만은 멸망의 선봉입니다. 그러므로 오늘 성경은 말씀합니다. '삼가 주의 말씀을 들으라(20절).' 삼가 하나님의 말씀에 주의하라—무슨 뜻입니까. 하나님과 내가 직접 대면하는 바른 자세를 취하라는 것입니다. 여러분, 주변환경을 생각하지 마십시오. 남이야 이러든저러든 상관없습니다. 나와 하나님과의 관계가 중요한 것입니다. 하나님과의 만남, 하나님과의 직선적이고 종말론적인 관계가 가장 중요합니다. 야곱이라는 사람을 보십시오. 그가 20년 동안 집을 떠나 다니다가 이제 고향으로 돌아갑니다. 얍복강변에서 그가 하나님께 기도하는 모습을 봅니다. 단독으로, 홀로 남았다고 했습니다. 홀로. 아내가 넷입니다. 위로가 되지를 않습니다. 자식이 열둘입니다. 아무 소용이 없습니다. 많은 재산, 아무 소용이 없습니다. 이제 하나님 앞에 일대 일로 서서 밤새 기도합니다. 이러한 대면, 하나님과 나와의 직선적인 관계가 필요합니다. 괜히 이 생각 저 생각, 세상이 어떻고… 그러지 마십시오. 남이 어떻고… 그럴 시간 없습니다. 순간순간 우리는 하나님과 나와의 관계로 딱 만나야 됩니다. 그것이 중요합니다.

그리고 하나님의 음성에 귀를 기울여야 됩니다. 들으십시오. 내 소원을 말씀드리고 내 욕망에 사로잡힌 기도가 앞서서는 안됩니다. '주의 뜻이 어디에 있습니까?' 주님께 물으십시오. 주님께서 말씀하실 것입니다. 주님께서 말씀해주실 기회를 드려야 합니다. 주님께서 나에게 말씀하실 수 있도록 마음문을 열어야 되는 것입니다. 듣는 마음이 중요합니다. 그것이 '주의 말씀에 주의하는 것'입니다. 솔로몬 왕이 하나님 앞에서 지혜를 구합니다. '하나님이여, 나에게 지혜로운 마음을 주십시오.' 히브리원문으로 보면 '메부쉐 미드'라는 말입니다. '듣는 마음을 주십시오.' 옛날 구역(舊譯)에는 'hearing heart'로 나옵니다. 요새번역에는 'understanding mind'로도 나옵니다. hearing heart —'하나님이여, 나에게 듣는 마음을 주십시오. 주의 음성을 조용히 듣는 그런 마음을 주십시오.' 바로 이것이 지혜가 되기 때문입니다. 우리는 나의 고집, 나의 형편에 매이지 말고 마음을 열고 주님께서 주시는 말씀에 귀를 기울일 것입니다.

또한 이해에 겸손해야 합니다. 주의 말씀을 듣는대로 자신의 멋대로 해석하지 마십시오. 해석에 너무 조급해서는 안됩니다. 조용히 기다릴 것입니다. 철학자 이마누엘 칸트의 말이 있습니다. '하나님의 능력과 지혜를 인정하면서 너의 이성을 제한하라.' 이성, 우리에게 주신 이상과 판단이 참으로 중요하지만 그 판단을 서두르지 마십시오. 내 이성이 완전한 것이 아니기 때문입니다. 내 이성이 건강한 것이 아니기 때문입니다. 너무 빨리 해석하고 빨리 판단내리지 마십시오. 기다릴 것입니다. 기다릴 필요가 있습니다. 그래서 이런 말이 있습니다. 청교도신앙에서 신앙생활원칙을 말할 때 'waiting on the Lord'라고 말합니다. 주님을 기다리는 마음입니다. 기다리는 마음. 기다린다 할 때 가장 대표적으로 꼽고 싶은 사람이 누구인가하면 예수님 세상에 태어나실 때의 마리아의 남편 요셉입니다. 상상해보십시오. 약혼한 여자가 있었습니다. 내가 관계를 한 일이 없는데 이 여자가 임신을 했다는 소문이 들려옵니다. 보통사람이라면 어떻게 되겠습니까. 난리가 나지요. 벼락이 떨어지지요. 이런 날벼락이 어디 있습니까. 그러나 요셉은 의로운 사람이었답니다. 조용히 기다렸습니다. '그만한 사연이 있겠지, 그만한 이유가 있겠지, 피치못할 사정이 있겠지'하고 조용히 물러나려고 했습니다. 얼마나 굉장합니까. 속단을 하지 말고 너무 빨리 비판을 하지 마십시오. 기다립시다. 그럴만한 이유가 있겠지, 무슨 사연이 있겠지, 하고 기다립시다. 이해를 기다립시다. 해석을 기다립시다. 판단을 기다립시다. 조지 뮐러 목사님은 말했습니다. '하나님보다 앞서지 마라. 성령보다 앞서지 마라. 기도보다 앞서지 마라." 무슨 말입니까. 하나님의 뜻과 지혜를 앞세울 것입니다. 조용히 기다릴 것입니다. 성령이 감화하여 문제의 해결을 주실 것입니다. 서두르지 마십시오. 성령의 역사를 기다립시다. 무엇보다도 기도부터 먼저 하십시오. 기도하고 말합시다. 많이 기도하고 기다립시다. 그것이 성도의 마땅한 도리입니다. 그러면 조용히 주의 음성이 올 것입니다. 기도하라, 기도보다 앞서지 마라—

이 얼마나 명언입니까.

그리고 삼가 순종할 것입니다. 듣는다는 것은 순종을 말하는 것입니다. 조용히 조심스럽게 말씀에 순종해나갈 것입니다. 스탠리 팜 (Stanley Pam)이라고 하는 사업가가 있었습니다. 사업에 크게 성공을 한 사업가입니다. 그가 젊었을 때, 사업을 시작할 때 하나님 앞에 기도를 드렸다고 합니다. '제가 하나님의 영광을 위하여 일하겠습니다. 나의 가장 좋은 것으로 하나님께 바치겠습니다. 한평생을 주님 앞에 바치고 사업을 통하여 하나님의 일을 하려고 합니다. 방법을 가르쳐주소서.' 하나님께서 응답해주셨습니다. '너는 평생 종업원으로 일하라. 언제라도 네가 주인이라는 생각은 하지 말아라.' '아멘.' 그는 받아들였습니다. '나는 종업원이다. 주인은 하나님이시다. 이 회사의 주인은 하나님이시다. 나도 종업원이고 너도 종업원이다.' 오로지 종업원의식으로만 부지런히 일을 했습니다. 그리하여 크게 성공을 하였다고 합니다. 여러분, 삼가 조심할 것입니다. 내가 주인이 아닙니다. 내가 목적이 아닙니다. 내가 하나님이 아닙니다. 내가 판단하는 것이 아닙니다. 그가 하실 것입니다. 나는 조용히 삼가 듣고 순종할 것입니다.

그리고 오늘본문에 주는 말씀과 같이 교만한 자와 함께하면 화를 당합니다. 겸손한 자와 함께하면 은혜가 있습니다. 아치발트 하트라고 하는 심리학자가 「마음의 습관」이라는 책을 썼습니다. 그 내용이 재미있습니다. 우리는 흔히 행동의 습관을 이야기합니다. 오랫동안 반복하면서 무의식 속에서 진행되는 것이 습관입니다. 그런데 마음에도 그것이 있습니다. 나도모르게 한 방향으로만 마음이 가는 것입니다. 그것을 진단해보아야 합니다. 보십시오. 타인의 좋은 점을 보는가? 자신에게 물어보십시오. 내가 다른 사람의 장점을 보는 가? 만약 당신이 남의 좋은 점만 보고 있다면 당신은 겸손한 것입니다. 다른 사람의 나쁜 점이 자꾸 눈에 들어오고 그것을 마음에 두게 된다면 당신은 교만한 것입니다. 그것을 잊지 말아야 합니다. 또 '자신의 실패를 용납하라'하였습니다. 중요한 말입니다. 내가 실패했을 때, 실수했을 때 '그럼. 이 부족한 사람이 언제나 실수할 수 있는 거지. 하나님의 긍휼로 사는데…' 이렇게 생각해야 되는데 가끔 보면 이런 사람이 있습니다. '내가 실패를 하다니, 내가 실수를 하다니 말도 안돼!' 참 웃기는 것입니다. 사람이 어찌 실수를 하지 않습니까. 그것은 교만입니다. 자기가 실패해놓고 자신을 저주하는 것입니다. 이럴 수가 없다, 하고. 아닙니다. 그것이 교만입니다. 그쪽으로 기울어지면 안되는 것입니다. 실패를 인정할 줄 알아야 합니다. 그런가 하면 양심이 맑아야 합니다. 양심이 흐려졌다면 무엇엔가 지금 붙들려 있다는 증거입니다. 또한 '자신을 너무 가혹하게 대하지 마라'하였습니다. 하나님께서 사랑하는 사람, 하나님의 사랑을 받는 존재이므로 자신에 대하여 가혹해서는 안됩니다. 그것도 교만입니다. 또 '작은 은총을 소중히 여기라'하였습니다. 그것이 겸손입니다. '모든 것을 긍정적으로 대하라. 하나님께서 합동하여 선을 이루게 하실 것이니까.' 그것이 믿음입니다. '올바른 낙관론자가 되어라. 다 합동하여 선을 이룰 것이다. 종국에는 하나님의 영광을 드러낼 것이다.' 그것이 겸손입니다. 절망하는 것은 바로 교만입니다. '자신을 그대로 받아들여라.' 여러분, 현실이 어떤 처지에 있습니까? 이 속에 하나님의 뜻이 있습니다. 조용하게 겸손히 받아들일 것입니다. 현실을 못마땅하게 여기지 마십시오. 그것이 교만입니다. 또한 마지막으로 생각합시다. '하나님의 사랑과 지혜를 인정하라.' 어떤 경우에도 하나님께서는 나를 사랑하십니다. 하나님의 지혜가 여기에 함께 있다는 것을 인정하는 것이 겸손입니다. 하나님의 사랑을 못알아보는 것, 그것이 교만입니다. 교만한 사람은 사랑할 줄도 모르고 사랑받을 줄도 모릅니다. 사랑이 무엇인지를 모릅니다. 그것이 바로 교만이다, 이렇게 말하고 있습니다. 여러분, 자신의 마음을 한번 진단해보십시오. 겸손지향적입니까? 교만지향적입니까? 나도모르는 사이에 교만해집니까? 나도모르는 사이에 나는 점점 성숙하면서 겸손해지고 있습니까? 이것만은 잊지 마십시오. 사단은 나를 교만하게 만듭니다. 그래서 절망하게 만듭니다. 성령은 나를 겸손하게 만듭니다. 그래서 감사하게 만듭니다. 성령이 나와 함께할 때 나의 마음이 낮아지고 겸손해집니다. 동시에 조용하게 주의 음성이 들려옵니다. 그 마음에 주의 음성이 들려옵니다. 그리고 그 마음이 말씀에 순종하는 순간, 더욱더 크게크게 말씀의 역사가 우리영혼 안에, 실제생활 속에 나타날 것입니다. △

베푸신 큰 일을 본 사람

여호와께서 모세에게 이르시되 네 손을 바다 위로 내어밀어 물이 애굽 사람들과 그 병거들과 마병들 위에 다시 흐르게 하라 하시니 모세가 곧 손을 바다 위로 내어밀매 새벽에 미쳐 바다의 그 세력이 회복된지라 애굽 사람들이 물을 거스려 도망하나 여호와께서 애굽 사람들을 바다 가운데 엎으시니 물이 다시 흘러 병거들과 기병들을 덮되 그들의 뒤를 쫓아 바다에 들어간 바로의 군대를 다 덮고 하나도 남기지 아니하였더라 그러나 이스라엘 자손은 바다 가운데 육지로 행하였고 물이 좌우에 벽이 되었었더라 그 날에 여호와께서 이같이 이스라엘을 애굽 사람의 손에서 구원하시매 이스라엘이 바닷가의 애굽 사람의 시체를 보았더라 이스라엘이 여호와께서 애굽 사람들에게 베푸신 큰 일을 보았으므로 백성이 여호와를 경외하며 여호와와 그 종 모세를 믿었더라

(출애굽기 14 : 26 - 31)

베푸신 큰 일을 본 사람

　우리는 2002년 6월에 역사적인, 세계의 큰 축제행사 월드컵 축구경기를 감격 속에 보았습니다. 이 축구경기는 국가대항전이었습니다. FIFA라고 하는 것은 국제축구연맹이고, 여기에 가입된 회원수가 UN회원국보다 더 많습니다. 아직 UN에 회원국으로 가입되지 못한 작은 나라들도 축구연맹에는 가입하고 있다는 이야기입니다. 그만큼 큰 기구입니다. 특별히 현대축구는 대리전쟁적 성격, 대리전쟁적 의미가 있다는 것에 깊이 생각을 두어야 합니다. 그래서 사생결단 축구경기에 임하고 온세계가 떠들썩했던 것입니다. 보십시오. 독일과 잉글랜드가 축구경기를 벌이면 잉글랜드사람들은 말합니다. '어떤 일이 있어도 독일은 이겨야 한다.' 그런가하면 독일사람들은 어떤 일이 있어도 잉글랜드는 이겨야 한다, 합니다. 왜 그렇겠습니까. 오래 전에 독일과 영국은 싸웠습니다. 전쟁을 치렀기 때문입니다. 그런 과거가 있기 때문에 어쨌든 축구에서 이겨야 한다는 것입니다. 그러니 이것이 예삿일입니까. 대리전쟁을 치르는 셈입니다. 다들 보아서 잘 아는대로 오만불손했던 프랑스축구팀이 아프리카의 세네갈에 패했습니다. 여기에는 큰 뜻이 있습니다. 우리가 미처 모르는 엄청난 의미가 있어서 온세계가 감격 속에 만세를 불러주었습니다. 왜냐하면 오래전에 세네갈은 프랑스의 식민지였기 때문입니다. 정치적으로는 속국을 지낸 일이 있어도 축구는 이겨야 한다는 것입니다. 그래서 이 작은 나라가 별로 신통치 않은 줄 알았더니 가장 우수한 우승후보였던 프랑스를 꺾어버렸습니다. 온세계가 깜짝놀랐습니다. 왜 이랬을 것같습니까. 대리전쟁이기 때문입니다. 자, 남의 얘기 할 것

없습니다. 우리한국 역시 축구경기가 시작되었을 때 여러분은 어떻게 생각했었습니까? 다른 나라에는 다 져도 좋지만 일본에게만은 이겨야 한다, 했습니다. 여러분은 그런 생각 안했습니까? 저도 그렇게 생각을 했었습니다. 절대 안된다고, 일본에 패해서는 안된다고들 했습니다. 왜냐하면 일본에 대한 감정이 좀 이상하기 때문입니다. 36년 동안 우리나라가 고생을 했지만 축구만은 이겨야 한다고 생각했습니다. 이 마음을 알만하지 않습니까. 전부가 이런 행사였습니다. 그래서 온세계가 떠들썩했던 것입니다. 대리전쟁입니다. 그런데 한국은 색다른 경험을 했습니다. 월드컵본선에 다섯 번을 출전했지만 한 번도 이겨본 경험이 없습니다. 일승도 못하고 패했던 그런 한국이 첫승은 물론 포르투갈, 이탈리아, 스페인 등 유럽의 강호들을 다 차례로 꺾고 4강에 올라갔지 않습니까. 온세계가 깜짝놀랐고, 뿐만 아니라 7백만인구가 거리로 쏟아져나와서 만세를 불렀습니다. 우리의 꼬마들도 "대~한민국!"을 목청껏 불렀습니다. 그 속에는 깊은 의미가 있는 것입니다. 이렇게 우리는 큰승리를 노래하고 만끽했습니다. 그런데 더욱 신기한 것은 하나님께서 일본을 싸우지 않고 이기도록 해주셨다는 것입니다. 죄송하지만 일본과 한국이 붙었더라면 저 곽목사, 죄 많이 지을 뻔했습니다. 왜요? 일본한테는 이겨야 한다는 소리 했을 것이고, 졌으면 내가 얼마나 화가 났겠습니까. 그런만큼 일본하고 비켜가게 해주신 것에 참으로 감사를 드립니다. 일본하고 싸우지 않고 이겼고, 그뿐입니까. 일본사람들까지도 목소리를 높여 한국을 응원해주었단말입니다. 누구도 이런 시나리오를 쓸 수는 없습니다. '정말 하나님의 특별한 지혜와 경륜이 여기에 있었지 않았나?' 그렇게 생각을 해봅니다.

여러분, 이스라엘은 애굽에서 무려 430년 동안 노예생활을 했습니다. 잘 생각해보십시오. 430년이니 정말 엄청난 것입니다. 우리는 지금 36년으로도 민족이 없어질 뻔했는데 물경 430년 동안이나 노예생활을 했습니다. 그냥 노예로 민족이 없어지고 마는 것입니다. 그런 상황이었습니다. 그런 가운데서 구원의 역사가 이루어졌습니다. 이 구원의 역사에는 첫째, 자유적 성격이 있습니다. 억압과 고통, 노예생활로부터 자유하는, 벗어나는, 출애굽적인, 자유하게 하는 그런 성격이 있습니다. 또한 승리의 의미가 있습니다. 애굽을 물리치고, 애굽나라는 망하게 하고, 이스라엘은 구원을 받았습니다. 싸우지 않고 이겼습니다. 이기는 것, 승리라고 하는 것, 승리가 자유요 자유가 승리입니다. 승자에게만 자유가 있는 것이 아닙니까. 그런가하면 이것은 기적이었습니다. 앞, 뒤, 어디를 보아도, 어느 내용을 보아도, 이것은 온전한 기적입니다. 기적이 아니고는 이런 일은 상상도 할 수 없습니다. 보십시오. 구원은 하나님의 일방적인, 창조적이고 적극적인 역사였습니다. 여러분 함께 깊이 생각해보십시오. 430년 동안 노예생활을 한 사람들입니다. 이들에게는 아무런 능력도 없습니다. 출애굽같은 것은 상상도 못합니다. 노예 속에서 노예로 태어나서 노예근성이 있습니다. 그대로 노예로 살다가 죽어 없어질 사람들입니다. 어쩌면 그저 조상적부터 옛날이야기처럼 전해지는 전설, 전승을 따라서 우리는 아브라함의 후손이다, 우리는 애굽사람이 아니다, 우리는 하나님께서 택하신 선민이다, 그렇게 연면히 교육을 했겠지만 그것은 마음속에 있는 꿈과 같은 이야기이고, 어찌 이들이 자유할 수 있다고, 이들에게 해방이 오리라고 생각조차 했겠습니까. 그런 운동을 했었다는 이야기도 없고 그렇게 부르짖었다는 이야기도 없습니다. 전혀 그럴 수가 없었습니다. 전적으로 무능했습니다. 그러나 하나님께서 섭리하시고 하나님께서 모세와 같은 지도자를 미리 준비하시고 모세를 보내시고 그와 함께 역사하셔서 위대한 출애굽, 해방의 역사를 이루셨다는 말씀입니다.

그럼 이스라엘이 한 일은 무엇입니까. 하나님께서 원하셨던 것이 무엇입니까. 오직 믿음과 순종입니다. 오직 믿고 순종하라, 그리하면 구원을 얻으리라—철저한 믿음을 요구하셨습니다. 바로 이 믿음이 문제였다는 것입니다. 그 믿음만 있으면 구원을 받는 것입니다. 이것은 기적이었습니다. 사람의 일이 아니고 하나님의 역사였습니다. 열 가지 재앙도 그렇고 홍해가 갈라져 들어가게 된 것도 그렇고… 하나에서 열 가지가 다 기적인데 여러분, 이 기적 속에서 하나님의 백성이 이것을 어떻게 받아들이느냐 하는 것이 문제였습니다. 하나님의 위대한 능력 앞에 저들이 무엇을 생각했습니까. 어떤 자세로 임해야 하는가 하는 것이 문제였습니다. 신학자 루우엘 하우가 쓴 「Man's Need and God's Action」이라는 책에서 현대인들은 하나같이 마음 깊은 곳에 소외감이 있다, 하였습니다. 소외감의 뿌리는 불신앙입니다. 소외감의 저쪽에는 교만이 있습니다. 어쨌든 소외감 때문에 문제입니다. 자기가 자기로부터 소외를 당하고 있다는 것입니다. 그래서 원하는 선은 행할 수 없고 원하지 않는 죄만 짓습니다. 하고 싶은 일은 못하고, 하고 싶지 않은 일을 합니다. 그 마음에 마치 두 사람이 있는 것같습니다. 한 사람 속에 두 사람이 들어 있는 것입니다. 싸웁니다. 항상 실패합니다. 그래서 자기적대감을 가지고 있습니다. self-hostility, 자기를 미워하는 것입니다. 자기가 자기를 탓합니다. "야 이놈아! 너는 무엇을 하는 것이냐? 너는 그것도 모르느냐 이 멍청한 것아, 이 무능한 것…" 자꾸 자기를 미워합니다. 그 결과로 무절제한 자기사랑에 빠져서 탕자가 되는 것입니다. 어떤 사람 보고 "그 담배, 나쁜 걸 왜 피우냐"하니까 "나쁘니까 피우지"합디다. "몸에 해로운 것을 왜 좋아하냐"하니까 "빨리 죽으라고 좋아하는 거지"합니다. 보십시오. 살고 싶은 마음이 없는 것입니다. 제가 미국에서 공부할 때입니다. 아는 사람이 위암수술을 했습니다. 그 사람은 술을 마시면 안되거든요. 술을 다시 마시면 죽는다고 의사가 그랬답니다. 그 사람이 그 말을 하면서 여전히 술 담배를 합니다. "아, 의사가 그렇게 말했다면서?" "말했죠." "그럼 왜 하는 거야?" 죽으라고 그런다는 대답입니다. 보십시오. 현대인의 생활의식이 자기소외감에 빠져서 살기를 원치 않습니다. 그런가하면 이웃과의 관계에서도 소외감을 느낍니다, 여러 이유로 해서. 그러면서 친절한 것처럼 안녕하십니까, 반갑습니다, "How are you?" "Fine, thank you." 하지만 그것은 다 겉치레이고 속으로는 다 적으로 대합니다. 적대감을 가지고 있습니다. '아무도 나를 돕는 자도 없다. 아무도 나를 이해하는 자도 없다. 아무도 나를 사랑하지 않는다. 전부가 내가 망하기만 바라고 있다.' 주변사람들을 전부 적으로 보는 것입니다. 그리고 피해의식에 빠져 있고 피해망상에 젖어 있습니다. 그래서 건드리기만 하면 터집니다. 이 모두가 자기소외감에 빠져 있고 이웃과의 관계도 소외감을 가지고 대하기 때문입니다. 또한 하나님과의 관계에서 소외감을 느낍니다. 하나님의 능력, 하나님의 은혜, 그것을 그대로 받아들이지 못합니다. "하나님께서 당신을 사랑하십니다" 하면 사랑할 리가 없다는 것입니다. 나같은 죄인을 사랑할 리가 없다는 것입니다. "하나님께서 당신을 위하여 아들을 보내셔서 십자가를 지게 하셨습니다" 하면 "그건 옛날얘기죠"하고 받아들이지 않습니다. 하나님을 두려운 하나님으로 대합니다. 여러분, 스스로 물어보십시오. '하나님께서는 아십니다. 당신의 모든것을 아십니다'할 때 이 말이 안도감으로, 행복으로 느껴집니까, 아니면 두려움으로 느껴집니까? 내가 "심은대로 거둘 것이오"하면 이제 하나님 앞에 평안함이 있습니까? 아니면 두려움이 있습니까? 바로 그것이 문제입니다. 하나님의 능력과 하나님의 은혜, 그 기적, 이것을 받아들이지를 않습니다. 그 능력을 능력으로 깨닫지도 못하고 받아들이지도 않습니다. 그리고 은혜를 은혜로 받지 못합니다. 이 하나님의 위대한 구원의 능력을, 기적을 보면서 기적 속에 내가 있고 기적 속에 사랑이 있고 기적 속에 은혜가 있음을 알고 '오, 하나님 감사합니다' 하고 받아들여야 하는데, 그것이 하나님의 뜻인데, 바로 그것을 못하는 것이 현대인의 모습입니다.

그리고, 이 구원의 역사 속에는 심판이 있었습니다. 이스라엘에게는 구원, 애굽사람에게는 심판입니다. 동시적으로 이루어졌습니다, 같은 사건 속에서. 이것을 잊지 말아야 합니다. 그러나 하나님께서 바로의 강퍅한 마음을 심판하셨습니다. 하나님께서 애굽사람을 구원하기 위하여 무조건 바로 왕을 치신 것이 아닙니다. 그가 심판받을만한 충분한 이유가 성경에 기록되어 있습니다. 열 가지 재앙을 내렸다는 것입니다. 여러분, 인간적으로 생각해보십시오. 저는 이 바로를 볼 때 참 미련한 사람이라고 생각합니다. 재앙이 내려오는 것을 보면 깨달을 터입니다. 시작할 때, 하나 둘 셋 쯤 받아놓고서 정신차리면 되지 않습니까. 열 가지 재앙을 다 받을 게 뭐 있습니까. 참 미련한 사람입니다. 그런가하면, 열 가지 재앙이라고 하지만 사실은 열한 가지입니다. 홍해까지 갔다가 따라들어가서 빠져죽지 않았습니까. 그렇게까지 할 것이 뭐 있습니까. 그 사람은 그렇듯 철저하게 완악한 사람이었습니다. 회개할 기회가 열 번이나 주어졌는데, 하나님께서 긍휼히 여기셨는데 회개하지 않았습니다. 결국은 바로이기 때문에 망한 것이 아니라 완악하기 때문에 망한 것입니다. 회개하지 않았기 때문에 망한 것입니다. 간단합니다. 하나님의 능력 앞에 온유 겸손하여 믿고 순종한 사람은 구원을 받고, 그 누구든, 그 능력을 거절하고 완악하고 강퍅한 사람은 심판을 받는 것입니다. 그것이 출애굽사건입니다. 그래서 히브리서 3장에 보면 "너희 마음을 강퍅케 하지 말라(8, 15절)"하였습니다. 마음 악하게 먹지 마십시오. 혹 잘못된 생각이 있더라도 하나님의 말씀이 들려질 때 곧 회개하십시오. 말씀을 거절하고 강퍅해지고 강퍅해지고 강퍅해지면 그대로 심판을 받게 되어 있습니다. 하나님께서도 어찌할 수 없습니다. 아우구스티누스의 아주 재미있는 말이 있습니다. '하나님께서도 못하시는 일이 있다. 회개하지 않는 죄인을 구원하실 수 없다.' 어찌하겠습니까, 저 강퍅한 자를. 그래서 홍해에 수장된 것입니다. 깊이 생각해야 할 문제입니다. 하나님께서는 승리하셨습니다. 강퍅한 자를, 바로의 군대를 수장시키시며 큰 승리를 이루셨습니다. 그 승리에 이스라엘은 편승했습니다. 그 승리를 기뻐했습니다.

　지금 14장을 읽었지만 15장을 읽어가면 한 장 전부가 이스라엘 백성의 구원의 노래입니다. '하나님께서 우리를 사랑하사 구원하시고, 애굽의 군대를 바다 속에 던졌도다, 하나님이여, 할렐루야.' 감사의 노래입니다. 그 노래가 이어집니다. 자유의 노래, 바로 승리의 노래였던 것입니다. 그러면 하나님께서 이스라엘에게 요구하신 것이 무엇입니까. 오늘본문 마지막에 잘 나타나 있습니다. 보십시오. "이스라엘이 여호와께서 애굽사람들에게 베푸신 큰 일을 보았으므로 백성이 여호와를 경외하며 여호와와 그 종 모세를 믿었더라." 하나님과 모세를 믿었더라—이렇게 되어 있습니다. 그것이 바로 구원의 역사입니다. 하나님을 믿게 되었습니다. 아브라함의 하나님께서 우리와 함께하시고 하나님께서 구원을 베푸셨다는 것을 믿어야 했고, 또 특별히 구름기둥과 불기둥으로 인도하시고 독수리날개로 인도하시는 여호와 하나님을 믿게 되었습니다. 하나님을 믿게 되었습니다. 그 약속을 믿게 되었습니다. 큰 권능을 보았으면 이제는 믿어야 합니다. 또한 모세를 믿게 되었습니다. 하나님의 종 모세를 믿게 되었습니다. 이스라엘사람들 중에는 모세에 대해서는 원망하는 사람들도 많았습니다. 왜 하필이면 왜 모세냐? 할말이 많습니다. 예나 오늘이나 불평하는 사람에게는 할말이 많습니다. 이스라엘은 말합니다. 모세는 우리 온백성이 노예로 고생할 때 바로의 궁전에서 40년 동안 왕자처럼 편안하게 자란 사람입니다. 맞지 않습니까. 그런가하면 애굽사람을 하나 때려죽이고 도망을 해서, 광야에 나가서 처자식을 키우면서 목자로 편안하게 40년을 산 사람입니다. 이런 과거를 가진 사람이 어떻게 우리의 지도자가 되느냐입니다. 요샛말로 하면 지도자 자격이 없는 것입니다. 그렇지 않습니까? 실격자입니다. 그러나, 하나님께서는 말씀하십니다. '내 종 모세를 보내노라.' 여러분, 이것을 잊지 마십시오. 하나님께서는 모세와 같이하셨습니다. 양을 치던 막대기, 그 지팡이 하나 들고 내려칠 때 홍해가 갈라졌습니다. 하나님께서 모세와 함께하시는 것을 보여주셨습니다. 모세가 하는 일은 내가 하는 일이요 내가 하는 일은 모세가 하는 일이다, 하나님을 믿느냐, 또 모세를 믿어라, 나를 믿느냐, 내가 모세를 보냈다는 것을 믿어라, 저의 말을 믿으라, 저의 말은 곧 내 말이니라—하나님의 말씀이 모세의 입에 함께했습니다. 그 모든 생애 속에서 하나님께서 모세와 함께하셨습니다. 바로 이것을 믿었다는 것입니다. 그러니 생각해보십시오. 그들은 이 믿음으로 애굽을 나왔고, 그리고 가나안으로 향하게 되었습니다. 백범 김구 선생의 「백범일지」라는 책이 있습니다. 그 속에 나오는 이야기입니다. 김구 선생이 어렸을 때, 소년시절에 꿈이 관상보는 사람 되는 것이었다고 합니다. 왜냐하면 과거를 보아야 출세를 하는데, 옛날에 상황이 좀 부패해서 돈 없이는 과거를 보아도 소용이 없어서 나같이 가난한 사람은 아무리 공부해도, 과거에 급제하지 못한다는 것을 알고, 어떻게 먹고살까 했는데, 어렸을 때 아버지가 농담처럼 하신 말씀이 관상을 보는 사람은 돈걱정은 안하고 살 수 있다 하셨다고 합니다. 그 생각이 나서, 관상보는 사람이 되어야겠다고 생각을 했습니다. 관상에 대한 책을 많이 읽었다고 합니다. 많이 읽고 훈련을 쌓았습니다. 이제 관상을 보아도 될 수준에 도달했을 때 일차적으로 거울을 놓고 자신의 관상을 보았다고 합니다. 보았더니, 자기관상이 아주 불길하고 흉하더라고 합니다. 운명이 아주 비뚤어졌더라고 합니다. 그래서 '이것도 안되겠는데? 제 관상도 이 모양인데 남의 관상을 어떻게 보겠는가'하고 생각했다고 합니다. 그러고 실망할 때 관상책에서 본 하나의 구절이 마음속에 떠올랐다고 합니다. '관상은 신상만 못하고, 신상은 심상만 못하다.' 얼굴이 아무리 좋게 생겼다 하더라도 몸 전체가 늠름하고 건강한 것만 못하고, 아무리 몸이 건강하고 잘생겼다 하더라도 마음이 잘생긴 것만 못하다, 결국은 심상의 문제이다, 마음을 닦아야겠다, 마음의 문제다—다시 그는 공부를 해서 독립열사가 되었다고 합니다. 여러분은 여러분의 마음을 어떻게 보고 있습니까? 절대로 잊지 말아야 합니다. 이 큰 권능을 보고, 그 속에서 믿음을 가져야 합니다. 하나님께 대한 믿음, 모세에 대한 믿음을 확실히해야 됩니다. 그래야 구원이 있고 구원의 노래를 지켜갈 수 있습니다.

1945년, 제가 초등학교 5학년 때입니다. 그 여름에 해방이 되었습니다. 해방되기 직전에 제가 교회에 나갔는데, 찬송가에서 금지된 찬송이 있었습니다. 그게 바로 좀전에 부른 36장찬송입니다. 예수를 왕으로 추대하고 찬양하는 것이기 때문입니다. 아니, 천황이 있는데 어찌 예수를 왕으로 높이느냐, 그래서 못부르게 했습니다. 교회에 들어갈 때 찬송책을 펴서 검사해보는데 그 찬송 페이지를 찢었든지 아니면 흰 종이를 붙였어야 합니다. 그것을 보여주고서야 교회에 들어갈 수가 있었습니다. 그랬기 때문에 해방되자마자 교회에서는 하루종일 그 찬송만 불렀습니다. 예수의 이름 권세요… 얼마나 목이 터져라 불렀는지 모릅니다. 해방직전에는 교회 종까지 모두 공출해서 어디에 갖다놓았었는데 해방된 후에는 종을 찾아다 달아놓고 시도때도없이 종을 쳤습니다. 종을 치는 사람이 눈물을 흘리면서 종을 쳤습니다. 그 종소리를 들으며 다함께 눈물을 흘렸습니다. 자유의 노래, 해방의 노래를 불렀습니다. 이것은 기적이었습니다. 하나님의 은혜였습니다. 그 은혜 안에 우리가 있음을 알고, 우리는 행복했습니다. 여러분, 잃어버린 자유의 노래, 영원한 자유의 노래를 다시 불러야 하겠습니다. 이사야 43장 21절에 말씀하십니다. "이 백성은 내가 나를 위하여 지었나니 나의 찬송을 부르게 하려 함이니라." △

신앙인의 신앙

그러므로 후사가 되는 이것이 은혜에 속하기 위하여 믿음으로 되나니 이는 그 약속을 그 모든 후손에게 굳게 하려 하심이라 율법에 속한 자에게 뿐 아니라 아브라함의 믿음에 속한 자에게도니 아브라함은 하나님 앞에서 우리 모든 사람의 조상이라 기록된 바 내가 너를 많은 민족의 조상으로 세웠다 하심과 같으니 그의 믿은 바 하나님은 죽은 자를 살리시며 없는 것을 있는 것같이 부르시는 이시니라 아브라함이 바랄 수 없는 중에 바라고 믿었으니 이는 네 후손이 이 같으리라 하신 말씀대로 많은 민족의 조상이 되게 하려 하심을 인함이라 그가 백 세나 되어 자기 몸의 죽은 것 같음과 사라의 태의 죽은 것 같음을 알고도 믿음이 약하여지지 아니하고 믿음이 없어 하나님의 약속을 의심치 않고 믿음에 견고하여져서 하나님께 영광을 돌리며 약속하신 그것을 또한 능히 이루실 줄을 확신하였으니 그러므로 이것을 저에게 의로 여기셨느니라 저에게 의로 여기셨다 기록된 것은 아브라함만 위한 것이 아니요 의로 여기심을 받을 우리도 위함이니 곧 예수 우리 주를 죽은 자 가운데서 살리신 이를 믿는 자니라 예수는 우리 범죄함을 위하여 내어줌이 되고 또한 우리를 의롭다 하심을 위하여 살아나셨느니라

(로마서 4 : 16 - 25)

신앙인의 신앙

 1962년, 그러니까 40여 년전 제가 다른 교회에서 목회를 할 때 '신앙인의 불신앙'이라고 하는 제목으로 설교를 한 일이 있습니다. 그 후로도 이 말씀이 많이 은혜되어서 여러 곳에서 이 말씀, 이 본문으로 설교를 했습니다. 본문은 민수기 20장에 있는 내용입니다. 모세가 원망하는 백성들 앞에 큰 실수를 하는 그런 장면입니다. 하나님의 은혜로 구원을 받고 하나님의 은혜로 광야에 살면서 백성은 물이 좀 없다고해서 하나님을 원망하고 심지어는 모세를 죽이겠다고까지 합니다. 이렇게 발광하고 원망하는 백성들 앞에서 모세는 그만 이성을 잃어버렸습니다. 화가 났습니다. 버럭 역정을 내고 반석을 칩니다. 경건한 마음으로 지팡이를 들어 반석을 쳐야 하는데 혈기로 꽝, 꽝, 두 번 쳤습니다. 사건은 이것입니다. 그런데 하나님께서 크게 책망하십니다. 심지어는 이 일로 인하여 하나님께서 모세에게 그가 몽매간에도 잊지 못하던 가나안땅에 못들어간다고 하십니다. 왜 이렇게 이것이 큰 죄가 되었는가, 그것이 늘 궁금해서 그 본문을 읽을 때마다 신앙이 무언가, 참신앙이 어떤 것인가를 다시한번 생각하게 됩니다. 먼저는 그가 말로 실수를 합니다. 시편 106편 33절에 보면 "모세가 그 입술로 망령되이 말하였음이로다"라고 했습니다. 신앙인은 신앙적으로 말을 해야 됩니다. 모세는 함부로 지껄였습니다. 아주 불신앙적인 말을 했습니다, 하나님 앞에. "우리가 너희를 위하여 이 반석에서 물을 내랴(민 20 : 10)?" 언제 자기가 물을 낸 적 있습니까. 하나님께서 물을 내신 것이며 모세는 심부름을 했을 뿐인데 "우리가 너희를 위하여 물을 내랴?"하고 소리를 질렀으니 그것이 잘못이었습니다. 말에 신앙이 없었습니다. 또하나는 믿지 아니했다는 것입니다. "너희가 나를 믿지 아니하고…(민 20 : 12)" 하나님께서 심판하십니다. '너는 나를 믿지 않았다.' 행동에 믿음이 없다는 것입니다. 그런가하면 민수기 20장 24절에 가서는 "내 말을 거역한 연고니라"하십니다. 여러분, 모세는 누가 뭐라 해도 믿음의 사람입니다. 모세가 믿음의 사람이 아니라면 누가 믿음의 사람입니까. 그는 믿음으로 이 백성을 인도했고 믿음으로 오늘도 능력을 나타내는 하나님의 사람이 아닙니까. 그러나 이 순간 그는 불신앙의 사람이었더라고요. 믿음 없이 말을 했습니다. 믿음 없이 행동했습니다. 믿음 없이 하나님께 반항을 했습니다. 그 순간 그는 큰 책망을 받습니다. 믿음의 사람 같으나 그 순간 그는 믿음 없는 사람으로 나타났습니다. 신앙인의 불신앙이었습니다.

그런데 오늘본문말씀에는 신앙인의 신앙이 있습니다. 보통믿음이 아니고 믿음 중의 참믿음, 바른 믿음, 거룩한 믿음이 여기에 나타나 있기에 이 말씀을 봅니다. 신앙인의 신앙입니다. 사도 바울의 신학을 한마디로 말하라고 하면 믿음으로 의롭다 하심을 얻는다, 하는 것입니다. justification by faith—그것이 바로 그의 믿음의, 또 신학의 골자입니다. 율법으로, 행위로 구원을 얻는 것이 아니라 오직 은혜로, 믿음으로 구원을 얻는 것이다—그 관점에서 성경 전체를 해석합니다. 오직 은혜로, 오직 믿음으로 우리는 구원을 얻는 것이다—그것이 바울의 신학이자 우리 개혁신앙의 핵심이기도 합니다. 그런데 그 신학의 뿌리는 구약의 두 곳에 있습니다. 창세기 15장 6절에 보면 "아브람이 여호와를 믿으니"라고 말씀합니다. 아브라함이 하나님을 믿었다—그것을 의로 여기십니다. 그 믿음, 이것이 신앙의 뿌리입니다. 그 믿음의 성격을 똑바로 알아야 됩니다. 또하나는 하박국 2장 4절의 저 유명한 말씀입니다. "의인은 그 믿음으로 말미암아 살리라." 행위로 살고 도덕으로 사는 것이 아니라 의인은 믿음으로 말미암아 산다는 것입니다. 사도 바울은 이 두 요절을, 이 두 말씀을 꽉 붙들고, 온 성경을 이 두 말씀에 의해서 해석을 합니다. 그것이 바울신학의 핵심입니다. 자, 그 믿음, 하나님께서 의롭다 하시는 믿음, 하나님의 마음에 합한 믿음, 하나님께서 기뻐하시는 믿음, 바로 그 믿음이란 어떤 믿음입니까. 오늘본문에 아주 귀한 말씀이 있습니다. 16절에 있습니다. "아브라함의 믿음에 속한 자…" 아브라함의 믿음만이 문제가 아니고 아브라함의 믿음에 속한 그 사람들이 구원을 받는다는 말씀입니다. 의롭다 하심을 얻는다는 말씀입니다. 24절에 "믿는 자"에 대해서 말씀하고 있습니다. 믿는다고 해서 다 믿음이 아닙니다. 참믿음, 그것은 무엇이겠습니까. 일반적인 믿음을 한번 생각해봅시다. 일반적으로는 믿는다고 하면 하나님을 믿고 하나님의 능력을 믿고 하나님의 지혜를 믿는 그런 믿음입니다. 최근의 조사보고서에 의하면 미국사람의 96%가 하나님의 존재를 믿는다고 합니다. 그 중 90%가 기도를 한다고 합니다. 그리고 41%가 한 주일에 한 번 이상 종교의식에 참례합니다. 그런데 유감스러운 것은 이것이 1947년의 통계와 똑같다는 것입니다. 발전이 없었다는 이야기입니다. 미국사람들, 확실히 하나님을 믿습니다. 2001년 9월 11일 사건 때, 꽝하고 뉴욕의 그 건물들이 터져나가니까 그 다음 주일날 교회가 터지게 사람들이 모였습니다. 교회마다 수용을 못할 정도였습니다. 평소 텅텅비던 교회들이 꽉꽉 찼습니다. 그런가하면 서점마다 성경책이 동이 났습니다. 모두가 성경책을 사려고 한 것입니다. 읳

어버린 신앙을 그렇게 다시 일으키는 모습을 볼 수 있었습니다. 그러니까 속에 하나님을 믿는 마음은 있고 기도하는 마음도 있었다는 이야기입니다. 이것이 이렇게 나타난 것입니다. 이것이 일반적인 신앙입니다.

더글러스 반 스티어(Douglas van Steere)라고 하는 신학자의 「Dimensions of Prayer」라고 하는 책에 보면 우리가 하나님 앞에 기도할 때는 적어도 세 가지의 믿음이 있다고 합니다. 기도하는 자의 믿음. 첫째는 모든것이 하나님께로부터 왔다, 우리 생명도 하나님께로부터 온 것이다, 우리가 먹고사는 것도 다 하나님께서 주신 것이다, 하는 기본적인 믿음이 있습니다. 또하나는 모든것이 다 하나님께 속해 있다, 하는 믿음입니다. 전쟁도 흉년도 질병도 실패도 성공도 사랑도 전부 하나님의 손에 있다는 것입니다. 그러니 기도하는 것 아닙니까. 사랑을 달라고 기도하고 사랑하게 해달라고 기도하고… 다 하나님께 속한 것이다, 하는 믿음을 가지고 있습니다. 또하나는 내가 하나님께로 돌아간다는 믿음입니다. 우리가 죽으면 다 하나님 앞에 갑니다. 그리고 하나님의 심판대 앞에 서야 합니다. 그 시간을 생각하면서 우리는 기도합니다. 이런 기본적인 믿음이 있습니다. 또 있어야 합니다. 그러나 가만히 생각하면 이 모두가 다 하나님께 요구서를 드리는 것입니다. 하나님께 이렇게 해주세요, 저렇게 해주세요, 왜 안주십니까, 하고 신청서를 내는 것입니다. 그것이 나 자신을 위한 것같으나 그렇지 않습니다. 하나님께 고문이 되겠다는 것입니다. 하나님께 자문을 드리고 있는 것입니다. '하나님, 이런 것 왜 모르십니까? 왜 내게 복을 안주십니까?' 이 기도가 사실 문제가 있는 것입니다. 두 번째는 은총적 신앙입니다. '오직 은혜로 사는 것이다.' 여러분, 아무래도 나의 의, 나의 선, 나의 봉사, 나의 진실로 써는 안될 것을 압니다. 이것을 완전히 부정하고 그 다음에는 '오직 은혜로'입니다. 그래서 의롭다 하심을 얻는 그 믿음을 가지게 됩니다. 다시말하면 의로 의인이 되는 것이 아닙니다. 의롭다 하심을 얻는 것입니다. 죄인이 용서를 받고 의롭다 하심을 얻어 의인이 되는 것입니다. 그러므로 예수믿는 사람은 의롭다 하심을 얻은 죄인입니다. 의인이 아닙니다. 의롭다 하심을 얻은 죄인입니다. 의롭게 봐주신 것입니다. 보십시오. 탕자가 집에 돌아옵니다. 아주 나쁜 사람입니다. 아버지의 유산을 받아 가지고 가서 허랑방탕하다가 여러 해만에 거지가 되어서 돌아오는데, 아버지를 보십시오. 이 아들을 율법적으로 대하지 않습니다. '왜 나가지 말라고 했는데 나갔느냐. 돈은 다 어디에 썼느냐? 얼마나 못된짓을 많이 하였느냐? 빚은 얼마나 졌느냐?' 전혀 묻지를 않습니다. 다만 '내 아들이 죽었다 살았다. 잃었다 얻었노라. 잔치를 하자'합니다. 아들로 영접합니다. 여기에 의롭다 하심을 얻는 믿음이 있는 것입니다. 아들이 믿음을 가지고 돌아왔기 때문입니다. 아버지가 불쌍히 여겨주실 줄 알고 돌아왔거든요. 아버지가 용서해주실 줄 알고 돌아왔거든요. 아버지의 엄청난 사랑을 믿고 돌아왔습니다. 돌아온 행위를 믿음으로 보고, 그 믿음을 보고 다 용서합니다. 그리고 아들로 영접합니다. 바로 그것이 의롭다 함을 얻은 것입니다. 저는 탕자입니다. 그러나 지금은 아들입니다. 좀 염치가 없지만 아들입니다. 당당한 아들입니다. 왜요? 아버지가 그것을 다 지워버렸기 때문입니다. 의롭다 함을 얻은 그 탕자의 모습을 보십시오. 그 믿음이 중요한 것입니다. 오직 사랑. 오직 긍휼. '오직 믿음으로'란 '오직 긍휼로'입니다. 오직 은혜란 오직 사랑을 말하는 것입니다. 그래서 의롭다 하심을 얻는다 하는. 그렇다면 여러분 스스로 갖는 믿음의 핵심이 무엇인가하면 '나는 용서받은 죄인이다. 의롭다 하심을 얻었다'하는 확신입니다. '그러므로 나는 당당한 하나님의 자녀다'하는 믿음입니다. 사도 바울의 고백을 들어봅시다. 로마서 8장 33-34절에서 그는 "누가 능히 하나님의 택하신 자들을 송사하리요 의롭다 하신 이는 하나님이시니 누가 정죄하리요"하고 말씀합니다. 누가 나를 정죄할 것입니까, 하나님께서 용서하셨는데. 누가 나를 두고 죄인이라 할 것입니까. 그 믿음이 믿음 중에 가장 중요한 믿음입니다. 가끔 아이들을 보면 재미있습니다. 꼬마들을 보면 어머니가 어떤 때는 쥐어박기도 하고 물러가라고 해도 그냥 엉덩이를 갖다대고 떡 앉아 있습니다. 틀림없이 사랑해줄 것이라는 것을 믿습니다. 이 녀석들은 좌우간 우리 할머니 할아버지가 사랑해줄 것이라고 확실하게 믿는 것입니다. 그러니 아무리 잘못해도 봐줄 수 밖에요. 사랑으로 봐줍니다. 그 믿음이 이렇게 좋을 수가 없습니다. 믿음을 보시고 의롭다 하시는 것입니다. 좀더 나아가서는 오늘본문에 있는 실제적 신앙을 볼 수 있습니다. 이것은 구체적인 신앙입니다. 아브라함의 이야기가 나옵니다. 참믿음입니다. 아브라함은 창세기 12장에 보면 이제 고향을 떠나라 하시는 하나님의 음성을 듣습니다. 그리고 고향을 떠나는데 약속을 두 가지 주십니다. 하나는 '내가 지시할 땅으로 가라. 약속의 땅을 주겠다'하시는 약속입니다. 땅에 대한 약속입니다. 또하나는 '자식을 주마'하시는 약속입니다. 그런데 그로부터 25년을 내리 기다려도 자식볼 낌새가 없습니다. 이것을 어떻게 해야 하겠습니까. 나는 점점 늙어가고 아내는 할머니가 되어 단산했습니다. 이렇게 되었는데 25년이 지난 오늘와서 천사가 와서 말합니다. '내년에 아들을 낳으리라.' 보십시오. 여러분은 그 믿음을 가질 수 있겠습니까? 아주 어려운 시간입니다. 25년을 기다렸습니다, 그 약속을 믿고. 때가 다 지나간 오늘와서 내년에 아들을 낳는다니, 무슨 소리요, 그게? 일축해버릴 수 있습니다. 그런데 아브라함은 그것을 믿었습니다. 솔직히 말하면 25년을 속았거든요. 그런데 오늘 믿습니다. 약속만 믿는 사람이 아닙니다. 성취를 믿었습니다. 요즘에도 보면 사람들이 하나님의 축복과 은혜에 대한 약속은 믿는데, 믿습니다, 믿습니다, 믿습니다, 하는데 현실적으로 나타나는 믿음이 없습니다. 믿음의 구체성이 없습니다. 25년을 그렇게 기다려왔고 실망했습니다마는 오늘 말씀하십니다. '내년에 낳으리라.' 이것을 어떻게 믿겠습니까. 그러나 아브라함은 믿었습니다. 믿었습니다. 그뿐입니까. 이 말씀을 할 때 사라가 저 뒷전에서 웃었습니다. '픽'하고 웃었습니다. 이것은 보통웃음이 아닙니다. 어이없다는 웃음입니다. '하나님도 참… 내 나이가 지금 몇인데, 단산한 지가 언젠데, 난 죽은 자와 같은데…' 천사가 그걸 알고 '네 아내가 왜 웃느냐' 하니, 사라가 뜨끔해서 '아니, 안웃었습니다'하며 거짓말을 합니다. 그런데 천사의 말이 너무 좋습니다. "웃었느니라"합니다. '안웃겠느냐, 웃게 되었지.' 참 놀라운 것입니다, 이것은. 이것은 절대적 은혜이거든요. 보십시오. 그뿐도 아닙니다. 아브라함은 내년에 아들을 주리라, 하시는 말씀을 들으면서 가책되는 것이 많았습니다. 땅을 주신다고 하셨으나 흉년이 들 때 애굽으로 피난을 갔습니다. 그래 죽을 뻔했습니다. 그런가하면 자식을 주신다고 했는데 기다려도 기다려도 안되니까 종 하나 양자삼지를 않나, 또 외도를 해서 서자 이스마엘을 만들지 않나—잘못했지 않습니까. 그런 터에 이제 내년에 주신다는 말씀을 듣고보니 뜨끔한 것입니다. '어이쿠 하나님, 죄송합니다. 제가 그동안에 잘못을 너무 많이 범했습니다.' 휘청휘청, 흔들흔들, 실수가 너무 많았었습니다. 자, 생각하자면 하나님께서 '너 굳게 서지 못하고 왜 휘청거리느냐. 약속 취소다' 하셔도 할말 없는 것입니다. 그러나 취소하시지 않습니다. 그 많은 흔들림이 있었으나 오늘 이 시간 부끄러워하는 아브라함에게 '내년에 아들을 주리라' 하십니다. 아브라함은 믿었습니다. 믿음을 보시고 그동안의 모든 실수를 다 덮으십니다. 이것이 무엇입니까. 절대적 은혜입니다. 아브라함의 실수와는 관계없이 약속은 약속대로 이루어지는 것입니다. 단, 그 약속을 아브라함이 믿었어야 하는 것입니다. 믿었습니다. 놀라운 일이 아닙니까.

케이 체프 노이드라고 하는 신학자가 이런 말을 합니다. '사람은 심리적으로 여섯 가지 감옥에 갇혀 있다.' 첫째감옥은 나만을 예쁘게 보려고 하는 자기도취의 감옥입니다. 거울 보고 '참 이쁘다' 하는 것, 공주병입니다. 또하나는 '나는 왜 이렇게 못생겼는가' 하는 자기멸시입니다. 일상 '나는 왜 이렇게 못났는가' 하는데 그것도 감옥이고 병입니다. 또하나는 오늘이고 내일이고 항상 절망적입니다. 이것은 절망의 감옥입니다. 옛날일만 좋게, 황금시대로 생각하는 이것은 향수의 감옥입니다. 그리고 다른 사람의 일만 좋게 보이는, 부러워하고 사는 선망의 감옥, 다른 사람의 잘되는 것을 못봐주는 질투의 감옥, 이렇게 여섯 가지의 감옥입니다. 그런데 통합하면 그 원인은 자만심에 있습니다. 자만심 때문에 절망하고 자만심 때문에 교만한 것입니다. 아브라함은 믿음으로 자만심에서 벗어났습니다. 완전히 자유하고, 부끄러운 과거도 있고 잘못된 것도 많고 의심도 많지만 그래도 말씀하시니 그대로 될 것이라고 믿었습니다. 오늘본문을 잘 보면 19절에 참으로 아름다운 말씀이 있습니다. "그가 백 세나 되어 자기 몸의 죽은 것 같음과 사라의 태의 죽은 것 같음을 알고도"—알고도 믿었습니다. 늙은 것도 알고 아내가 노파인 것도 압니다. 인간으로는 이제 가능성 없습니다. 25년을 기다렸습니다. 그러나 오늘 이 시간 하나님께서 말씀하실 때 그대로 믿었습니다. 얼마나 훌륭합니까. 그대로 믿고 다시 회춘하는 것입니다. 다시 시작하는 것입니다. 그래서 아들을 낳습니다. 이 사실을 두고 사도 바울은 말씀합니다, 이것은 부활신앙에 속하는 것이라고. 하늘만 쳐다보지 마십시오. 주님께서 나와 함께 계십니다. 죽은 것과 같은 나를 통하여 역사하시는 것입니다. 그것을 믿었습니다. 구체적인 신앙입니다. 빌립보서 4장 13절 말씀을 저는 제일 좋아합니다. 누가 제게 "목사님께서 제일 좋아하시는 성경구절은 무엇입니까?"하고 물어오면 언제나 이것이라고 대답합니다. "내게 능력 주시는 자 안에서 내가 모든것을 할 수 있느니라." 성경책 하나 들고 이 요절을 읊으면서 저는 남쪽으로 왔습니다. 어머니께서 이 말씀을 제게 가르쳐주셨습니다. "내게 능력 주시는 자 안에서" 구역(舊譯) 성경에서는 "능치 못할 일이 없느니라" 하였습니다. 능치 못할 일이 없느니라. 그것이 믿음입니다. 아브라함은 하나님을 믿었습니다. 약속의 성취를 믿었습니다. 약속을 믿고 성취를 믿고 그 현재성을 믿고 구체성을 믿었습니다. 나의 실수도 알고 허물도 알고 부족함도 다 압니다. 죽은 것과 같다는 것 압니다. 그래도 나를 통해서 다시 살리시고 위대한 역사를 이루신다는 것을 믿었습니다. 나는 할 수 있습니다. 그가 내게 능력 주시면 나는 할 수 있습니다. 그의 뜻이면, 그가 말씀하시면 나는 할 수 있습니다. 저 십자가 뒤에 있는 부활신앙도 여기에 뿌리를 두고 있는 것입니다. 아브라함의 후손인 여러분, 여러분의 믿음을 다시 점검합시다. 신앙인의 참믿음을 가져야 할 것입니다. "내게 능력 주시는 자 안에서 내가 능치 못할 일이 없느니라." △

선택적 고난의 의미

사환들아 범사에 두려워함으로 주인들에게 순복하되 선하고 관용하는 자들에게만 아니라 또한 까다로운 자들에게도 그리하라 애매히 고난을 받아도 하나님을 생각함으로 슬픔을 참으면 이는 아름다우나 죄가 있어 매를 맞고 참으면 무슨 칭찬이 있으리요 오직 선을 행함으로 고난을 받고 참으면 이는 하나님 앞에 아름다우니라 이를 위하여 너희가 부르심을 입었으니 그리스도도 너희를 위하여 고난을 받으사 너희에게 본을 끼쳐 그 자취를 따라 오게 하려 하셨느니라 저는 죄를 범치 아니하시고 그 입에 궤사도 없으시며 욕을 받으시되 대신 욕하지 아니하시고 고난을 받으시되 위협하지 아니 하시고 오직 공의로 심판하시는 자에게 부탁하시며 친히 나무에 달려 그 몸으로 우리 죄를 담당하셨으니 이는 우리로 죄에 대하여 죽고 의에 대하여 살게 하심이라 저가 채찍에 맞음으로 너희는 나음을 얻었나니 너희가 전에는 양과 같이 길을 잃었더니 이제는 너희 영혼의 목자와 감독 되신 이에게 돌아왔느니라

(베드로전서 2 : 18 - 25)

선택적 고난의 의미

　심리학자 에리히 프롬(Erich Fromm)의 저서 「Man for Himself」에 보면 건강한 성격을 지닌 사람의 특징을 논하고 있습니다. 요새 우리는 건강하지 못한 성격, 건강하지 못한 인격으로 인해서 많은 시달림을 당하고 있습니다. 스스로도 판단해볼 필요가 있습니다. 건강한 성격은 네 가지 특성을 가졌다고 말하는데, 한마디로 말해서 생산적 성향을 가졌다는 것입니다. 생산적 성향이란 첫째, 생산적 사랑이라 말하고 있습니다. 사랑에 빠져서 정신을 못차리는 것이 아니고, 그 사랑 자체가 남을 피곤하게 만드는 것이 아닙니다. 보아하면 사랑의 이름으로 남을 죽이는 일이 많습니다. 사랑한다는 말로 얼마나 남을 괴롭히는지 모릅니다. 이것은 비생산적입니다. 저도 죽고 남도 죽이는 것입니다. 생산적 사랑이란 내가 사랑하는 자의 어려움을 내가 대신 책임지는 것입니다. 책임을 같이 지면서 특별히 상대방을 높이 존경합니다. 존경해서 그를 높이고 동시에 그 결과로 나도 높아지는 것입니다. 이러한 사랑이 생산적 사랑입니다. 또하나는 생산적 사고입니다. 생각이 생산적입니다. 부분에 치우치지 않고 전체를 볼 줄 압니다. 과거와 현재에 매이지 않고 미래를 바라볼 줄 압니다. 우리는 과거에 너무 깊이 빠져들어서 과거에서 헤어나지 못하는 경향이 있습니다. 참으로 답답합니다. 건강하지 못한 사람들입니다. 미래를 바라볼 줄 알아야 합니다. 또 주관적인 생각, 자기생각에 집착해서 정신을 못차립니다. 객관성을 잃어버렸습니다, 어느 사이에. 객관적 시각을 넉넉하게 가지고 살아야 합니다. 그것이 바로 생산적 사고입니다. 또한 생산적 행복을 말하고 있습니다. 행복은 단순한 감상이 아닙니다. 행복 그 자체가 바로 창조력입니다. 요새는 창의력으로 산다는 말을 합니다. 창의력 없이는 되는 일이 하나도 없습니다. 그렇게 되려면 먼저 나의 마음에 행복이 있어야 합니다. 행복이 창의력으로 발전하는 것입니다. 또하나는 생산적 양심입니다. 저는 오늘 여기에 중점을 두고 싶습니다. 양심이 자유로워야 합니다. 양심에 고통을 느껴서는 안됩니다. 양심에 고통을 느끼면 당장 얼굴이 썩습니다. 몸도 뒤틀리고 맙니다. 그리고 정말 본의아니게 많은 실수를 합니다. 훨훨 나는 것처럼 양심이 항상 자유로워야 합니다. 외부의 압력에 대해서 초연합니다. 그리고 자유롭게 선택하고 결정합니다. 바로 그러한 양심이 생산적 양심이라는 것입니다.

　　기독교사에 유명한 성 아우구스티누스는 「The City of God(하나님의 도성)」라고 하는 불후의 명저에서 유명한 말을 합니다. '고통이란 동일한 것이다. 누구에게나 고통이란 있고 동일한 것이로되 고통을 당하는 사람은 동일하지 않다. 악한 사람은 고통 속에서 하나님을 비방하고, 원망하고, 모독하고, 선한 사람은 고난을 통해서 하나님을 찾고 하나님을 알고 궁극에서는 하나님을 찬양하게 되느니라.' 고통은 같은데 사람은 전혀 다른 두 가지입니다. 사람에 따라 고통의 결과를 이렇게 맺는다, 하는 말입니다. 또한 '무슨 고통을 당하느냐는 중요하지 않다. 어떤 자세로 고난을 당하느냐에 따라서 결과가 달라지고 고난의 의미도 달라지는 것이다'라고 말합니다. 빅터 E. 프랭클이라고 하는 분을 많이들 알고 있습니다. 그는 나치독일의 강제노동수용소에서 많은 고난을 겪었고 다른 사람들이 고난겪는 것도 보았습니다. 그리고 「죽음의 수용소에서」라는 책을 썼습니다. 제가 이 책을 특별히 감명깊게 읽을 수밖에 없었던 것은 그 비슷한 북한의 강제노동수용소에서 한 5개월 고생을 한 경험이 있기 때문입니다. 그 강제노동수용소는 지상에 있는 지옥입니다. '아, 세상에 이런 데도 있구나'했습니다. 참 하나님께서 어찌됐든간에 그걸 한번 나로 하여금 경험하게 해주셨다는 것은 지금 생각하면 큰 복이 아닐 수 없습니다. 거기서 그냥 죽었으면 여러분을 못볼 뻔하였습니다. 어쨌든 참 기적 중의 기적으로 제가 살아서 오늘 여기에 있습니다. 그래서 종종 어려운 일을 당할 때도 저는 이렇게 생각합니다. '내가 보통 사람이 아닌데 이렇게 죽을 수는 없다.' 프랭클은 그 책에서 이렇게 말하고 있습니다. '고난 속에서 포기를 한 사람에게는 고난은 저주이지만, 고난 속에서 그 고난의 의미를 발견한 사람에게는 고난은 놀라운 축복일 수 있다.' 고난의 의미를 아는 자에게는 고난은 축복일 수 있다—두고두고 생각할만한 문제입니다. 오늘본문에는 고난 당하지 않는 자가 있다든가 어떻게 해야 고난을 면할 수 있다든가 고난을 피해야 한다는 유의 이야기가 없습니다. 고난이라고 하는 실존적 현실을 그대로 인정하고 말씀합니다. 오로지 고난에 세 가지가 있다, 합니다. 하나는 애매하게 당하는 고난입니다. 또하나는 죄가 있어 당하는 고난입니다. 그리고 의를 위하여 스스로 선택해서 당하는 고난입니다. 여러분은 어느 고난을 선택하고 싶습니까? 어떤 고난의 길을 가고 있는 것입니까? 여기에 신앙고백이 있습니다. 하나님을 믿는 사람에게는 신앙고백이 있습니다. 고난도 하나님께서 주시는 은사다—우리는 이렇게 믿고 있습니다. 여기에 하나님의 능력이 있고 하나님의 지혜가 있고 사랑이 있고 하나님의 축복이 있습니다. 하나님께서 능력이 없어서 고난이 있는 것이 아닙니다. 하나님께서 나를 버리셨기 때문에 고난을 당하는 것이 아니라는 것입니다.

그 신앙고백이 원칙적으로 기본입니다. 가끔 시장에 가보면 어머니들이 아기들을 집에 둘 수가 없어서 데리고 나왔는데 겨우 걸음마나 하는 서너 살 안팎의 아기들이 어머니를 따라나와서 고생하는 것을 봅니다. '집에 떨어져 있었으면 좋았을 것을 왜 이 복잡한 데 와서 고생을 하나'하고 생각을 합니다. 아이가 어머니의 치마끝을 붙잡고 그 복잡한 시장을 다니려면 얼마나 고생이겠습니까. 보면 어떤 어머니는 또 아기를 쥐어박더라고요, 징징거린다고. 그래도 그냥 울면서 어머니를 좇아다니는 것을 볼 때 '이것이 믿음이구나'라는 생각을 해봅니다. '저 어머니가 쥐어박아도 나를 사랑한다. 절대로 나를 미워하지 않는다. 저 어머니가 나의 운명을 책임지고 있다.' 끝까지 믿고 따라가면서 칭얼대는 아이들을 볼 때 그 믿음이 참으로 훌륭하다고 저는 생각을 해봅니다. 고난에는 의미가 있습니다. 고난에 하나님의 경륜이 있습니다. 고난 속에 하나님의 시나리오가 있습니다. meaningful, dispensational, 그리고 scenario. 반드시 해피 엔드로 끝날 것입니다. 해피 엔드를 믿는 사람은 그 과정에 대해서 아무런 걱정이 없습니다. 여러분은 서부영화를 보십니까? 서부영화를 볼 때는 마음을 턱 놓고 보십시오. 주인공은 절대로 안죽습니다. 안죽게 되어 있습니다. 나쁜 자만 죽지 좋은 사람은 안죽습니다. 하나님의 시나리오, 해피 엔드, 오메가 포인트(Ω point), 딱 손에 들고 믿음으로 고백하고 그리고 오늘을 사는 것이 그리스도인입니다. 그리스도인은 생각합니다. 십자가 안에서 항상 하나님의 사랑을 확인합니다. 로마서 8장 32절에 말씀합니다. "자기 아들을 아끼지 아니하시고 우리 모든 사람을 위하여 내어주신 이가 어찌 그 아들과 함께 모든것을 우리에게 은사로 주지 아니하시겠느뇨." 엄청나게도 나를 위하여 아들을 보내시고 십자가에 못박히게 하심으로 죄사함을 주신 하나님께서 그 아들과 함께 모든것을 은사로 주지 아니하시겠느뇨—그러므로 모든것은 은사입니다. 모든것이 축복입니다. 철저하게 그렇게 믿고 오늘을 사는 것이 그리스도인입니다.

오늘본문을 다시 자세히 보면 이런 말씀이 있습니다. "애매히 고난을 받아도…" 세상에는 애매한 고난이 있습니다. '애매히'—헬라말로 '아디코스'라 하는 이 말은 unjustly라는 뜻입니다. 부당하게 당하는 고난입니다. 나에게는 잘못이 없습니다. 나의 실수도 아닙니다. 다른 사람의 실수로 인해서 내가 당하는 것입니다. 이를테면 옆집 사람이 불조심하지 않아서 불이 났고 그 집 불나면서 우리집까지 타버렸다고 합시다. 나에게는 잘못이 없지 않습니까. 다른 사람에게 연루되어서 뜻도 모르는, 아무 이유도 없는, 정말로 맹랑한 고난을 당할 때가 많습니다. 특히 요새는 사업하다가 연쇄부도가 나서 어렵게 되는 사람들이 참 많읍니다. 애매하게 고난을 당합니다. 왜 당하는지, 어째서 당하는지, 결과가 어디에 있는지, 아무것도 모릅니다. 그저 당할 따름입니다. 그러나 믿음의 사람은 생각합니다. 이것도 하나님께는 뜻이 있습니다. 하나님께는 지혜가 있습니다. 하나님께는 사랑이 있습니다. 그러므로 오늘 성경은 말씀합니다. "애매히 고난을 받아도 하나님을 생각함으로 슬픔을 참으면 이는 아름다우나…" 아름답다—헬라원문은 '카리스' 곧 은혜롭다는 말입니다. 한 번 생각해봅시다. '누가 나를 괴롭히는가?' 생각하지 마십시오. '누가 나에게 돌을 던지는가?' 보지도 마십시오. '왜 이런 일이 있느냐?' 더는 묻지도 마십시오. 하나님을 생각하고 하나님의 큰 능력, 큰 은혜를 생각하면서 참으십시오. 그리하면 은혜가 될 것입니다.

또 20절에는 '죄가 있어 고난당하면'이라고 했습니다. 물론입니다. 인생은 추수입니다. 가만히, 깊이 생각해보십시오. 심은대로 거둡니다. 오늘도 심고 또 한편으로 거둡니다. 어제 심고 오늘 거두고, 오늘 심고 내일 거둡니다. 부모가 심고 자식이 거두고, 여러분이 심고 자식이 거둡니다. 이것을 잊지 마십시오. 남의 눈에 눈물을 냈습니까? 당신 눈에 피가 날 것입니다. 남을 속였습니까? 근사하게 속였습니까? 천만의 말씀입니다. 엄청나게 속을 때가 올 것입니다. 이것을 잊지 말아야 합니다. 내 죄 때문에—내가 말 잘못 한 것, 말로 인한 실수, 부덕한 말, 부덕한 행동, 내가 심고 내가 거두는 것입니다. 그렇다면 이제는 회개가 있을 뿐입니다. 심은대로 거두는데 무슨 할 말이 있습니까. 죄 때문에 고난당하는 것, 가장 저질적인 고난입니다. 그러나 회개하고 다른, 새로운 삶의 전환점을 이루어야 될 것입니다. 고난을 통해서 이제라도 회개의 길을 찾는 것이 옳은 자세라고 생각합니다. 그리고 그 다음에 보니 "오직 선을 행함으로 고난을 받고 참으면"이라고 말씀합니다. 이것은 자발적인 것입니다. 선택적인 것입니다. 「쿠오바디스」라고 하는 영화를 대개들 보셨을 것입니다. 거기 보면 로마라고 하는 도시가 맘에 안든다고 소위 예술가를 자처하는 네로 황제가 사람을 시켜서 불을 지릅니다. 다 태워버리고 다시 만들려고. 불을 지른 다음에 원성이 많으니까 그 탓을 기독교인에게 씌워버립니다. 기독교인들이 항상 불로 심판한다고 하다가 불을 질렀다고. 이래서 정말 애매하지 않습니까. 불은 네로 황제가 지르고 죽기는 기독교인들이 죽습니다. 수만 명을 잡아다가 원형극장에서 죽입니다. 이렇게 억울하고 애매한 죽음을 당해야 되겠습니까. 그래서 거기에 있던 베드로가 같이 있는 사람들과 함께 도망을 합니다. 로마에서만 빠져나가면 되니까. 로마 성 밖으로 나갈 때 예수님께서 길을 막으십니다. 예수님께서 로마쪽으로 향하여 가십니다. 베드로가 "주여 어디로 가십니까(쿠오 바디스 도미네)?" 하니 예수님 말씀이 "네가 버리고 나온 로마로 가서 내가 다시 십자가에 못 박히려 한다" 하십니다. 여기서 베드로가 "아닙니다. 제가 가겠습니다" 하고 발길을 돌려 로마로 갑니다. 가서 그는 십자가에 죽되 "예수님께서 십자가에서 달려 돌아가셨는데 내가 감히 어떻게 같은 모양으로 죽겠느냐? 거꾸로 매달아라" 해서 거꾸로 십자가에 달린 채 순교를 합니다. 그가 예수님을 만났던 곳, 거기에 발자국이 있습니다. 저는 로마에 갈 때마다 그 자리에 한 번씩 서봅니다. 여기 서서 주님을 만나고 다시 로마로 돌아가는 베드로의 그 모습을 생각해봅니다. 피해가다가 잡히는 것은 십자가가 아닙니다. 한탄하며 저주하며 죽는 것도 순교가 아닙니다. 그리스도인의 고난은 선택적입니다. 온전히 선택적입니다. 죄가 있어서 당하는 것이 아닙니다. 사랑하기 때문에 하나님의 뜻을 위하여 일부러 당하는 것입니다. 우스운 이야기가 있습니다. 소크라테스가 잘 아는대로 억울하게 죽지 않았습니까. 그가 유명한 말을 했지요. "악법도 법이다." 악법에 의해 그는 처형이 되는데, 처형장에 나갈 때 제자들이 따라가면서 "억울합니다. 분합니다. 억울합니다. 무슨 죄가 있어서 선생님이 이렇게 죽으십니까?" 하니 소크라테스가 돌아보고 빙그레 웃고 한 말이 명답입니다. "이 사람들아, 그럼 내가 죄가 있어서 죽어야 하겠느냐?" 그렇지 않습니까. 적어도 죄가 없이 죽어야지요. 여러분, 어차피 고난을 당합니다. 그렇다면 여러분이 억울하다, 억울하다, 할 것이 아닙니다. 사실 억울한 고난을 당해야 사람다운 사람이지 죄가 있어서 당해서야 사람답겠습니까. 그 억울하다는 것은 괜찮은 것입니다. 선택적으로 고난의 길을 가는 것입니다.

    오늘본문은 특별히 이렇게 말씀합니다. '그리스도께서 본을 끼쳐 우리로하여금 따라오게 하셨느니라.' 그리스도의 고난당하시는 모습을 보십시오. 첫째, 죄 없이 당하시고, 둘째, 입에 궤사가 없으십니다. 아무 변명이 없으십니다. 변명이 없어야 됩니다. 한마디 변명도 있어서는 안됩니다. 또한 대신 욕하지 않으십니다. "욕을 받으시되 대신 욕하지도 않으시고 고난을 받으시되 위협하지 아니하시고…" 위협하다―그것이 무슨 소리입니까. 저는 짓궂은 생각을 할 때가 있습니다. 십자가에서 만약에 예수님께서 두 가지 말씀을 이렇게 하셨다고 하면 어떻게 되겠습니까. "아이고 내 팔자야." "이놈들 두고보자. 심판날에 지옥으로 보내겠다." 그렇게 말씀하셨으면 어떻게 되겠습니까. 그 십자가의 뜻이 망가지고 마는 것입니다, 그 말 한 마디에. 그러므로 그리스도인은 욕을 당해도 욕하지 않고 궤사도 없고 변명도 없고 위협하지도 않고 오직 공의로운 하나님께 다 맡기고 즐겁게 감사함으로 십자가를 집니다. 이것이 그리스도인의 모습입니다. 이것이 그리스도인의 가는 길입니다. 한 불행한 예술가가 있었습니다. 그는 열 살도 되기 전에 고아가 되었습니다. 배고픈 소년기를 보냈습니다. 이 형은 가족을 부양하기 위하여 힘겨워서 동생들을 미워하기도 했습니다. 장성한 뒤에도 불행은 계속됩니다. 결혼한 지 13년만에 아내와 사별하고 재혼을 했습니다. 그는 무려 스무 명의 자녀를 낳았는데 그 중 열 명이 열 살 전에 죽었습니다. 얼마나 비참한 생을 살았습니까. 그 둘 남은 가운데도 하나는 정신박약아입니다. 이 예술가는 노후에도 비참했습니다. 인생 말년에 시력을 잃었으며 뇌출혈로 인하여 반신불수가 되기도 했습니다. 그러나 일생을 통해서 역경을 뚫고 끊임없이 불후의 명작을 썼습니다. 많은 명곡을 썼습니다. 그는 작품마다 그 첫머리에는 '그리스도의 이름으로'라고 쓰고 마무리에는 '오직 하나님께 영광'이라고 썼습니다. 이 사람이 바로 요한 세바스찬 바하입니다. 바하를 모르는 사람은 없습니다. 바하의 곡을 들어보지 않은 사람도 없습니다. 그리고 그 영광넘치는 바하를 알지마는 바하가 한평생 이렇게 모진 고생을 했다는 것은 잘 알지 못합니다. 그는 고난 속에서 주의 음성을 들었습니다. 그 모진 고난 속에서 하나님의 영광을 보았습니다. 그래서 감동적인 것입니다. 그리스도인은 고난의 의미를 압니다. 고난의 결과도 압니다. 고난의 필요도 압니다. 그 속에 있는 하나님의 능력과 사랑을 압니다. 고난 속에서 새롭게 하나님의 사랑을 확인하면서 하나님의 영광을 찬양하고 높은, 높은 곳으로 점점 성숙해가는 것입니다. 여러분, 이 고난을 어떤 의미로 바꾸어야 하겠습니까. 그리스도인의 바른 자세를 통해서 날마다 새로운 승리가 함께하기를 바랍니다. △

끝까지 사랑하시다

유월절 전에 예수께서 자기가 세상을 떠나 아버지께로 돌아가실 때가 이른 줄 아시고 세상에 있는 자기 사람들을 사랑하시되 끝까지 사랑하시니라 마귀가 벌써 시몬의 아들 가룟 유다의 마음에 예수를 팔려는 생각을 넣었더니 저녁 먹는 중 예수는 아버지께서 모든 것을 자기 손에 맡기신 것과 또 자기가 하나님께로부터 오셨다가 하나님께로 돌아가실 것을 아시고 저녁 잡수시던 자리에서 일어나 겉옷을 벗고 수건을 가져다가 허리에 두르시고 이에 대야에 물을 담아 제자들의 발을 씻기시고 그 두르신 수건으로 씻기기를 시작하여 시몬 베드로에게 이르시니 가로되 주여 주께서 내 발을 씻기시나이까 예수께서 대답하여 가라사대 나의 하는 것을 네가 이제는 알지 못하나 이후에는 알리라 베드로가 가로되 내 발을 절대로 씻기지 못하시리이다 예수께서 대답하시되 내가 너를 씻기지 아니하면 네가 나와 상관이 없느니라 시몬 베드로가 가로되 주여 내 발뿐 아니라 손과 머리도 씻겨 주옵소서 예수께서 가라사대 이미 목욕한 자는 발밖에 씻을 필요가 없느니라 온몸이 깨끗하니라 너희가 깨끗하나 다는 아니니라 하시니 이는 자기를 팔 자가 누구인지 아심이라 그러므로 다는 깨끗지 아니하다 하시니라

(요한복음 13 : 1 - 11)

끝까지 사랑하시다

　결혼에 실패한 한 여자가 있었습니다. 첫번째 남편과의 사이에서 태어난 아들이 있어서 이 아들을 데리고 두 번째 결혼을 했지만 역시 원만하지 못하여 많이 구타를 당하고 많은 고생을 하다가 더는 견딜 수 없어서 또다시 이혼을 하고 다시 세 번째 남자와 결혼을 했으나 역시 원만하지 못했습니다. 결혼을 할 때마다 맨처음 얻은 이 아들이 마치 큰 혹과도 같이 아주 불편하고 거추장스러운 존재로만 느껴졌습니다. 아들의 입장에서는 계속해서 의붓아버지를 두 번 세 번 바꾸어야 하는 그런 처지에서 사랑을 받지 못하는 존재로 '나는 왜 세상에 태어났는가. 왜 살아야 하는가'하는 고통을 느끼며 아버지와 어머니의 무서운 부부싸움을 보면서 그렇게 살았고 자라났습니다. 세 남자에게 배신당한 이 어머니는 아들에게 "사람을 믿지 말아라. 사람을 사랑하지 말아라. 세상에 사랑은 없다. 사랑하는 것처럼 보이지만 다 가짜다. 아무것도 믿을 것이 못된다"하고 가르쳤습니다. 급기야 이 아이는 공격형의 성격을 가지게 되었고 고등학교를 다니다가 큰 사고를 쳐서 퇴학을 당하고 군대에 입대하여 또 큰 사고를 내어 불명예제대를 당했습니다. 어쩌다 결혼을 했지만 아내의 사랑을 받아줄 줄을 모르고 이해할 줄도 모릅니다. 항상 부부싸움을 격하게 하고 절망감을 느끼고 있었습니다. 어느날 그가 나가는 직장 건물 옥상에 올라가서 누군가를 기다립니다. 1963년 11월 22일 존 F. 케네디 대통령이 그 건물 앞을 지나갈 때 그를 향하여 총을 쏘았습니다. 바로 이때 제가 미국에 있었습니다. 그 엄청난 사건을 거기서 듣고 볼 수가 있었습니다. 세상에 태어나서 한 번도 사랑을 받아

본 적이 없는 한 사람이 이같은 엄청난 사건 엄청난 비극을 일으킨 것입니다. 제임스 밥슨이라고 하는 유명한 의사는 이 사실에 대하여 이렇게 해석하고 있습니다. '가정의 비극이 우리 사회의 가장 큰 비극을 만들었습니다. 어머니로부터 전혀 사랑을 받지 못한 한 아들이 저지른 역사적인 비극이었습니다.' 여러분, 사람은 밥을 먹고 사는 것이 아닙니다. 사랑을 먹고 삽니다. 우리는 알거나모르거나 사랑을 받고 살고 사랑을 하면서 살게 되어 있습니다. 여러분, 이유야 어떠하든지 아이를 호되게 나무라든가 혹은 때려본 적이 있습니까? 두고 보십시오. 사흘 후에 그 아이는 감기에 걸립니다. 어쩌면 병원에 가게 됩니다. 아이들은 자신이 왜 꾸중을 듣고 매를 맞는지를 잘 모릅니다. 그러나 그렇게 사랑스럽던 어머니의 눈, 그 사랑스럽던 아버지의 눈이 무섭게 변할 때 아이들은 참을 수가 없습니다. 그것은 하늘이 무너지는 것같은 경험입니다. 그래서 병이 듭니다. 보십시오. 그 어린아이들과 부모님 사이는 오직 사랑, 사랑을 느끼고 사랑을 보고 사랑을 먹고, 그리고 자라고 성장하고 건강한 것입니다. 이 줄이 끊어지면 못삽니다. 사랑은 생명입니다. 세상에 비극이 있다면 사랑이 없다는 것입니다. 사랑을 믿지 않는 것입니다. 사랑을 받아들이지 않는 것입니다. 사랑을 이해하려고들지 않습니다. 그리고 사랑을 배반하는 데 비극이 있는 것입니다. 복음이 무엇입니까. 복음은 하나님이 세상을 이처럼 사랑하사 독생자를 주셨다는 것입니다(요 3 : 16). 하나님은 사랑이십니다. 다시말해서 복음은 하나님께서 당신을 사랑하신다는 것입니다. 지금 그 처지 그대로 놓고 받아들이십시오. 십자가를 쳐다보십시오. 하나님께서 당신을 사랑하십니다. 이 사랑을 느끼고 이 사랑을 받아들이고 이 사랑을 믿을 때 구원에 이르는 것입니다. 십자가 속에 사랑이 계시되어 있습니다. 그 사랑을 성경 66권은 우리에게 설명해주고 있습니다. 저는 신학공부를 하는 중에 언젠가 칼 바르트의 책에서 이 한 문장을 찾고 얼마나 기뻐했는지, 지금도 두고두고 외우고 있습니다. 'God's love does not find its object but creates it.' 너무나도 귀한 말입니다. '하나님의 사랑은 대상을 찾는 것이 아니라 대상을 창조하신다.' 여러분, 사랑받을만해서 사랑을 받는 것이 아닙니다. 사랑받을만하기 때문에 사랑을 받고 있다고 착각하지 마십시오. 사랑받을만한 자가 못되는 것을 사랑하셔서 사랑받을만한 자로 창조하시는 것입니다. 사랑을 아는 자로, 사랑을 믿는 자로, 사랑을 하는 자로 하나님께서 재창조하시는 것이 구원이요, 그것이 바로 복음입니다.

오늘본문에 예수님께서 그 엄청난 사랑을, 그 사랑의 속성을 드라마틱하게 상징적으로 실제상황에서 계시해주고 있습니다. 예수님께서는 이 창조적 사랑을 말씀하실 뿐만 아니라 바로 실천하고 계십니다. 예수님께서는 제자들을 사랑하셨습니다. 끝까지 사랑하셨습니다. 시간적으로도 끝까지요 능력적으로도 끝까지요 속성적으로도 끝까지입니다. 인간의 모든 한계를 넘어서 끝까지 사랑하셨습니다. 예수님께서는 지금 생각하건대 그로부터 열두 시간도 채 못되어서 십자가에 돌아가십니다. 눈앞에 십자가가 있습니다. 다 알고 계십니다. 십자가의 길을 환하게 알고 계십니다. 그리고 '종강파티'처럼 마지막으로 유월절만찬을 드십니다. 얼마나 비장합니까. 바로 그 순간에 예수님께서는 제자들을 사랑하셨습니다. 십자가의 고통을 가지고 십자가를 지고 가시지만 가시면서 그 총중에도 예수님께서는 제자들을 사랑하셨습니다. 제자들을 걱정하셨습니다. 놀라운 이야기가 아닙니까. 자신은 수난을 당하면서 자신의 고통과 불안과 그 아픔을 다 초월하고 제자들을 사랑하셨습니다. 일반적으로 사람들은 자기처지와 자기기분에 매여서 사랑하기도 하고 사랑을 버리기도 합니다. 제가 어떤 때 꼭 찾아가야 될 환자가 있었는데 약속을 하고도 이래저래 찾아가지 못하다가 언젠가 한 번 밤 10시가 넘어서 '더 이래선 안되지. 아무래도 내가 저분이 세상떠나기 전에 한 번 더 가서 뵈어야겠다'하고 병원을 찾아가본 일이 있습니다. 그 분은 지금 주사바늘을 온몸에 꽂고 코에다 산소호흡기를 하고 있었습니다만 찾아들어갔더니 자기가 아픈 것, 자기가 지금 임종이 가까웠다는 것은 생각하지 않고 "그 바쁘신 중에 어떻게 오셨습니까? 내일 아침 또 새벽기도 나가셔야 될 텐데…" 걱정까지 해주면서 어떻게 이 어려운 걸음을 하셨느냐고 자꾸 말씀을 하십니다. 아이고, 그렇지 않습니다, 나야 건강한 사람이니 가든지 오든지 상관이 있겠습니까, 지금 얼마나 어렵습니까, 위로를 해보아도 "아닙니다. 나는 어차피 이렇게 가는 길이며, 목사님의 사랑을 많이 받아왔는데 오늘 이 시간에까지 이런 어려운 걸음을 해주시다니요…" 이렇게 말씀하시며 저를 걱정해주시더라고요. '이분이 아주 심덕이 높구나.' 저는 이렇게 생각을 합니다. 덕의 수준이 높다고 생각을 해봅니다. 병원에 가보면 자기가 좀 아프다고해서, 자기가 아픈 것이 다른 사람 때문이 아닌데도 좌우간 주변사람들 다 못살게 구는 사람이 있습니다. 미국에서 의학공부를 하고 의사가 되고 훌륭한 일을 많이 하다가 그래도 이 의술을 가지고 한국에 와서 한국동포를 위해서 마지막 생을 보내리라 하고 한국에 돌아오는 의사들이 많습니다. 그 의사들이 하는 말입니다. 주사를 놓을 때거나 혹은 실밥을 뽑을 때거나 좀 따끔하게 아플 때가 있습니다. 의사가 미안해서 "조금 아픕니다"하고 시술하게 되는데 이런 경우 대개 미국사람들은 "How are you feeling now(어떻게 느끼십니까)?"하고 물으면 대답으로는 언제나 준비된 대답이 있습니다. "That's OK. Thank you.(괜찮습니다. 고맙습니다.)" 이게 대답입니다. 그런데 한국에서 주사를 놓다가 잘 안들어가고 아프든가 하면 환자가 눈을 딱 부릅뜨고 "너 가짜의사 아니야?" 이런다고 합니다. 간호원, 의사 할것없이 다 욕을 하고 주변사람들의 말도 듣지 않고. 그럴 때 '이것 참, 앓는 것이 무슨 벼슬인가. 왜 이렇게 사람을 못살게 구나. 내가 이런 사람 치료하려고 여기까지 왔나.' 아주 실망할 때가 있다고 합니다. 여러분, 스스로 느껴보십시오. 내가 아픈 것은 내가 아픈 것이지 왜 주변사람들까지 못살게 합니까. 이 수준밖에 안된다, 이 말입니다. 여러분이 정말 속상하고 답답한 일이 있습니까? 그렇다고해서 그래, 남에게 화를 내어도 되는 것입니까? 짜증을 낼 권리가 있는 것입니까? 나는 나대로 살든죽든 나의 길을 가는 것이고, 나는 어떤 순간에도 사랑을 해야 합니다. 그것을 잊지 말아야 합니다. 자신의 처지에 집착하면 이웃을 사랑할 수가 없습니다. 나 자신만 생각하고 바쁘다 뭐다 한다면 뭐 누굴 돌아보겠습니까. 내가 하는 일만 대단한 것으로 안다면 그 순간 사랑에서 멀어집니다. 사랑을 받을 수도 이해할 수도 할 줄도 모르는 것입니다. 헬렌 니어링이라고 하는 분이 쓴 「조화로운 삶」이라는 책에서는 조화로운 삶의 규칙을 아주 쉽게 풀어서 세 가지로 말합니다. 첫째는 웬만하면 오전에는 전화를 받지 말 것, 그리고 기도하는 시간, 성경 읽는 시간, 그리고 사색하는 명상의 시간을 갖도록 하라, 아무리 바빠도 좀 그러한 영적인 경건한 시간을 갖도록, 새벽부터 전화걸고 전화받고,

이 야단 하지 말고, 그건 조화롭지 못하다, 하였습니다. 정말 그렇습니다. 어떤 때에 보면 새벽기도 마치고 내려가서 잠깐 좀 기도하고 있는 그 시간인데 따르릉 전화를 걸어서 별일도 아닌 것 가지고 말을 하는데, 그러면 좀 곤란합니다. 둘째는 어떤 경우에도 사랑하는 사람을 생각하라, 나를 사랑하는 사람, 내게 고마운 사람, 그리고 그것을 긍정적으로 받아들이도록 하라, 하였습니다. 자꾸 나쁜 것만 생각하지 말고 내 생각을 사랑하는 방향으로 돌릴 것입니다. 세 번째는, 돈을 벌더라도 온종일을 몽땅 돈버는 데만 쏟지 마라, 사업을 해도 사업에 미치지 말아라, 성공도 실패도 별것이 아니다, 다 한 사업도 끝낸 사업도 없다, 그러므로 마음의 여유를 가지라, 하였습니다. 얼마나 중요한 이야기입니까. 그래야 나도 생각할 수 있고 남도 생각할 수 있고 남의 사랑을 받아들일 수도 있는 것입니다. 무슨 대단한 일 하는 것처럼 죽느니 사느니, 거기에 목숨을 걸면 안되는 것입니다. 세상에 목숨을 걸만한 일이란 아무것도 없습니다. 왜 죽기 살기로 그러는 것입니까. 아이들 대학입학시험을 봅니다만 거기도 대충대충 해두십시오. 거기에 합격하면 살고 아니면 죽어라—이거 되겠습니까. 그러니까 아이들이 가출을 하지요. 거기에 목숨걸 것 없습니다. 해보고 되면 좋고 안되면 다른 길 찾자, 그러고 말지 거기에 전적으로 집착하니까 아이들 끝나자마자 자살하지 않습니까. 왜 이렇게 됩니까. 누가 이렇게 만들었습니까. 이 세상을 그렇게 사는 것이 아닙니다. 예수님께서는 지금 하고 있는 일에 집착하지마는 이 엄청난 십자가를 앞에 놓고도 제자들을 사랑하셨습니다.

또한 오늘본문을 자세히 보면 가룟 유다가 있는 것을 아시면서 제자들을 사랑하셨습니다. 계속해서 말씀하십니다. 이것은 현장에 있던 사도 요한이 기록한 것입니다. 예수님의 마음속에 가룟 유다가 자꾸 걸림돌이 되었다는 것입니다. 생각해보십시오. 열두 제자의 하나인 가룟 유다가 배신을 합니다. 이 인간이 독사의 눈을 하고 쳐다본단말입니다. 그 가룟 유다와 예수님 사이에 눈이 마주칩니다. 이것을 극복하기가 어려운 것입니다. 이것만 생각하고 집착하면 예수님께서는 가룟 유다를 저주할 수밖에 없습니다. 그러나 예수님께서는 가룟 유다를 불쌍히 여기셨습니다. 가룟 유다가 있는 열두 제자를 함께 사랑하셨습니다. 아주 중요한 말씀입니다. 가룟 유다를 포함해서 열두 제자를 사랑하셨습니다. 크리소스토무스라고 하는 교부는 예수님께서 제자들의 발을 씻기실 때 가룟 유다의 발을 맨먼저 씻기셨다고 말합니다. 가룟 유다의 발을 씻기시며 제자를 사랑하셨습니다. 여러분, 그런 마음이 아니고는 참사랑을 할 수가 없습니다. 좀더 실존적으로 말씀을 드리면 제자들의 마음속에도 가룟 유다 비슷한 마음들이 있습니다. 예수님을 배반할 수 있는 사람들입니다. 베드로가 세 번이나 예수님을 부인하고 도망갑니다. 이런 사건이 다 앞에 있습니다. 다 그렇고그런 사람들입니다. 그러나 예수님께서는 그들을 사랑하셨습니다. 이것을 잊지 마십시오. 설교학에 재미있는 이야기가 있습니다. 설교할 때, 제가 이렇게 설교할 때 지금 보면 우리교회는 특별히 온교인이 다 이렇게 저를 쳐다봅니다. 저는 이것을 자랑스럽게 생각하고 감사합니다. 다른 교회의 목사님들이 와서 보고 깜짝놀랍니다. 집중해서 쳐다보는 데 정신이 없더라고들 하십니다. 그러나 비결이 하나 있습니다. 설교 잘하는 비결은 조는 사람을 보지 않는 것입니다. 졸기만 하나요. 입을 떡 벌리고 천장을 향하여 아주 주무십니다. 그쪽으로 눈이 가기 시작하면 설교를 할 때 목소리가 커집니다. 그러면 그날 설교가 잘못됩니다. 그러니 어떻게 해야 하겠습니까. 안보아야 합니다. 그쪽을 안봐야 합니다. 설교를 잘 안듣는 사람을 안보고 해야지 그쪽으로 자꾸 시선이 가면 어느 사이에 목소리가 커지고 은혜가 없는 것입니다. 아시겠습니까? 이 세상 살면서 가능한 한 좋은 것만 많이 보십시오. 좋은 생각만 많이 하십시오. 긍정적으로 보십시오. 가룟 유다가 분명히 앞에 있습니다. 그럼에도 불구하고 예수님께서는 제자들의 발을 씻기시고 그들을 사랑하셨습니다. 이 점을 생각하여야 합니다. 그런가하면 나머지 제자들도 시기 질투를 하고 있었습니다. 왜 예수님께서 발을 씻기시게 되었는가? 그 배경을 생각하면 참 기가 막힙니다. 밖에서 들어올 때는, 더구나 잔치에 올 때는 발을 씻어야 합니다. 종이 없을 때는 서로가 씻기게 되어 있습니다. 그런데 제자들이 시기 질투가 나서 네가 크냐 내가 크냐, 내가 우편이냐 네가 좌편이냐, 이러고 있을 때니 저들이 생각하기를 네가 내 발을 씻겨라, 그러면 내가 네 발을 씻기겠다, 하고 서로 팽팽하니 맞섰습니다. 결국은 발을 못씻은 채, 예수님의 발도 씻어드리지 못한 채 만찬을 들게 되었습니다. 예수님께서 그들의 그 우락부락한 마음, 시기와 질투로 가득한 마음을 헤아리시고 대야에 물을 떠다가 '발 내어놓아라' 하시고 씻기십니다. 베드로 차례에 갔을 때 베드로의 체면이 말이 아닙니다. 그래서 성경에 보면 '절대로 안됩니다' 했는데 헬라원문대로는 '영원히 안됩니다' 라는 뜻입니다. 내 발은 영원히 씻기시지 못합니다, 하니까 예수님께서 '내가 네 발을 씻기지 아니하면 너는 나와 상관이 없다' 하십니다. 이에 또 생각을 돌려가지고 '얼굴서부터 다 씻겨주세요' 라고 합니다. 좌우간 극성입니다. 이거 다 정말 뜻모르고 하는 소리 아닙니까. 바보

같은 소리지요. 그러나 예수님께서는 그것을 마다하지 않으시고 이러하든 저러하든 발을 씻기시면서 말씀하십니다. "이제는 알지 못하나 이후에는 알리라." 내가 왜 발을 씻기는지 너희가 지금은 모를 것이다, 하고 모르는대로 씻기십니다. 모른다고 책망하지 않으십니다. 모른다고 저버리지도 아니하십니다. 모르면 모르는대로 발을 씻겨주십니다. 그러면 그 언젠가는 알게 될 것이다, 이후에는 알게 될 것이다―사실입니다. 알아서 발을 씻기게 될 것이고 알아서 예수님 뒤를 따라 십자가를 지게 됩니다. 뒤에 알 것을 생각하셨습니다. 그러므로 사랑이란 무엇이냐? 사랑은 이해해주는 것입니다. 현실을 이해하고 사랑은 기다려주는 것입니다. 사랑은 참아주는 것입니다. 사랑은 믿어주는 것입니다. 사랑은 그에게 위탁하는 것입니다. 중요한 일을 맡기셨습니다. 지금은 모르지만 이후에는 알리라―얼마나 귀중합니까. 현재가 아니라 미래를 사랑하신 것입니다. 미래를 바라보며 사랑하신 것입니다. 심리학자 C. R. 로저스(Carl R. Rogers)는 「On Becoming a Person」이라는 저서에서 건강한 인격은 무조건적인 긍정적 관심에 기초한다고 말합니다. 몇가지로 생각해볼만합니다. 먼저는 경험하는 것에 대하여 개방적으로 대하고 수용합니다. 일을 만날 때 피하려고 하지 않습니다. 거기에도 의미가 있으니까요. 개방적으로 수용합니다. 또하나는 실존적 삶을 생각하면서 긍정적으로 현실을 받아들이는 것입니다. 이 속에 깊은 뜻이 있으니까요. 더 중요한 것은 자신에 대한 신념을 가지고 있다는 것입니다. 예수님께서도 하나님께로서 왔다가 하나님께로 가십니다. 십자가를 지고 부활의 아침을 향하여 가십니다. 확실한 미래가 있고 자신만만한 신념이 있기 때문에 제자들을 사랑하실 수 있었던 것입니다. 자기자신에 대해서 확실함이 없는 사람은 휘청거리느라고 사랑할 수가 없습니다. 그래서 말입니다. 심령이 자유로워야 하고 의존적이 아니고 어디에도 끌리지 않고 영적 자유를 느끼고 사명이 확실할 때 사랑할 수 있습니다. 그리고 현실을 넘어서서 창조적인 미래를 바라볼 수 있을 때에 우리는 사랑할 수 있습니다. 어린아이들이 혹 장난도 심하고 해도 우리는 그들의 먼 미래를 바라보고 장난기를 보면서 과학자가 될 것이라고, 엉뚱한 생각을 하는 것을 보면서 이 아이가 큰 사람이 될 것이라고 생각합니다. 왜요? 미래를 바라보기 때문입니다.

하나님께서는 오늘도 여러분을 사랑하십니다. 하나님께서는 나를 사랑하십니다. 우리 가운데 가룟 유다가 있는 것을 알면서도 사랑하십니다. 내 마음속에 가룟 유다 같은 못된 마음이 있는 것을 아시면서도 긍휼히 여기시고 사랑하십니다. 무지하고 몽매하고 어리석고 바보같은 짓을 하고 있건만, 그래도 사랑하십니다. 창조적으로 사랑하십니다. 내가 하나님과 원수되었을 때 그는 나를 위하여 십자가를 지셨습니다. 오늘도 미련한 짓을 하고 있지만 하나님께서는 계속 사랑하십니다. 오직 사랑만이, 이 엄청난 사랑만이 사람을 변화시킵니다. 재창조를 하십니다. 새로운 피조물을 만드십니다. 오직 사랑 안에 구원이 있고 새로워지는 능력이 있는 것입니다. △